2019 年嘉兴市文化
精品重点扶持项目

气韵禾城

嘉兴二十四节气研究

王晓涛　朱　吏　著

浙江工商大学出版社
ZHEJIANG GONGSHANG UNIVERSITY PRESS
·杭州·

图书在版编目（CIP）数据

气韵禾城．嘉兴二十四节气研究 / 王晓涛，朱吏著．
— 杭州：浙江工商大学出版社，2021.8
ISBN 978-7-5178-4625-3

Ⅰ．①气… Ⅱ．①王… ②朱… Ⅲ．①地方文化—介绍—嘉兴②二十四节气—基本知识 Ⅳ．① G127.553 ② P462

中国版本图书馆 CIP 数据核字（2021）第 154105 号

气韵禾城
嘉兴二十四节气研究
QI YUN HECHENG
JIAXING ERSHISI JIEQI YANJIU

王晓涛　朱　吏 著

出 品 人	鲍观明
策划编辑	王黎明
责任编辑	王　琼
责任校对	熊静文
封面设计	红羽文化
责任印制	包建辉
出版发行	浙江工商大学出版社
	（杭州市教工路 198 号　邮政编码 310012）
	（E-mail：zjgsupress@163.com）
	（网址：http://www.zjgsupress.com）
	电话：0571-88904980，88831806（传真）
排　　版	杭州红羽文化创意有限公司
印　　刷	杭州宏雅印刷有限公司
开　　本	880mm×1230mm　1/32
总 印 张	10.625
总 字 数	247 千
版 印 次	2021 年 8 月第 1 版　2021 年 8 月第 1 次印刷
书　　号	ISBN 978-7-5178-4625-3
总 定 价	68.00 元（共 2 册）

目录

嘉兴二十四节气与非物质文化遗产

中国古人将太阳周年运动轨迹划分为 24 等份，每一等份为一个节气，统称"二十四节气"。二十四节气是我们先民认识天地自然时序的时间框架，是中国古代社会生产生活的时间指南，是认知一年中时令、气候、物候等方面变化规律所形成的知识体系及其实践，指导着传统农业生产和日常生活，是中国传统历法体系及其相关实践活动的重要组成部分，是中华民族文化认同的重要载体。它起源于战国时期，在公元前 140 年就已经有完整的记载，自创立以来，已传承发展 2000 多年。在国际气象界，这一知识体系被誉为"中国的第五大发明"。

一、非物质文化遗产的定义并不统一

在 2003 年 10 月通过的联合国教科文组织《保护非物质文化遗产公约》（以下简称《公约》）中，"非物质文化遗产"被定义为，被各社区、群体，有时是个人，视为其文化遗产组成部分的各种社会实践、观念表述、表现形式、知识、技能以及相关的工具、实物、

1

手工艺品和文化场所。包括：①口头传统和表现形式，包括作为非物质文化遗产媒介的语言；②表演艺术；③社会实践、仪式、节庆活动；④有关自然界和宇宙的知识和实践；⑤传统手工艺。这5个方面，实际上构成了《公约》中非物质文化遗产名录的4种类别，分别是人类非物质文化遗产代表作名录，急需保护的非物质文化遗产名录，保护非物质文化遗产的计划、项目和活动（优秀实践名册）以及国际援助。

在2011年6月实施的《中华人民共和国非物质文化遗产法》（以下简称《非遗法》）中，对"非物质文化遗产"的定义为，各族人民世代相传并视为其文化遗产组成部分的各种传统文化表现形式，以及与传统文化表现形式相关的实物和场所。包括：①传统口头文学以及作为其载体的语言；②传统美术、书法、音乐、舞蹈、戏剧、曲艺和杂技；③传统技艺、医药和历法；④传统礼仪、节庆等民俗；⑤传统体育和游艺；⑥其他非物质文化遗产。根据这6个方面，再结合我国基本国情，国家级非物质文化遗产代表性项目名录将非物质文化遗产分为十大门类，其中5个门类的名称在2008年调整后沿用至今。这十大门类如下：民间文学，传统音乐，传统舞蹈，传统戏剧，曲艺，传统体育、游艺与杂技，传统美术，传统技艺，传统医药和民俗。

从《公约》到《非遗法》，从5个方面四大类别到6个方面十大类别，非物质文化遗产的门类更加明细，更加翔实，可操作性更强，对于"非物质文化遗产"概念的解读和定义也更接地气，更符合国情。

二、二十四节气是简称，是阴阳合历

在世界现行的几种历法中，最为普遍的便是以地球围绕太阳旋转的周期作为参照物的太阳历，或称"阳历"，以地球绕太阳一圈为一年，我国当今使用的所谓"公历"就是这一历法。作为传统时间制度组成部分的二十四节气的制定，也是以地球围绕太阳旋转的周期为参照物的。除阳历之外，还有以月球围绕地球旋转周期为参照物的历法，即月亮每经历一次从圆到缺的循环，就是一个月。由于我国古人常把月亮叫作"太阴"，所以这一历法也叫"太阴历""阴历"。很多人认为农历就是阴历，其实并非如此。我国自夏代就开始使用，后经汉武帝太初元年加以修订的兼顾太阳历和太阴历的历法，是阴阳合历，即人们所称的"夏历""农历"，或俗称的"旧历"。这样说来，人们所遵行的夏历实际上是阴阳合历，是既参照了对月亮的观察，又参照了对太阳的观察而制定的历法。

由于二十四节气主要反映的是太阳的周年运动，所以在公历中，它们的日期是相对固定的，上半年的节气在 6 日、21 日左右，下半年的节气在 8 日、23 日左右，前后相差不超过 1—2 日。其中，每月第一个节气为"节气"，即立春、惊蛰等 12 个节气；每月第二个节气为"中气"，即雨水、春分等 12 个节气。"节气"和"中气"交替出现，各历时约 15 天，现在人们已经把"节气"和"中气"统称为"节气"（见表 1）。在传统历法制定中，中气是阴历设置闰月的重要依据，以每月中气的月份置闰，为上一月的闰月。[1]

表 1 节气、中气一览表

月份（阴历月）	节气	中气
正月	立春	雨水
二月	惊蛰	春分
三月	清明	谷雨

---

[1] 中国农业博物馆：《二十四节气》，中国农业出版社 2019 年版，第 4—5 页。

3

月份（阴历月）	节气	中气
四月	立夏	小满
五月	芒种	夏至
六月	小暑	大暑
七月	立秋	处暑
八月	白露	秋分
九月	寒露	霜降
十月	立冬	小雪
十一月	大雪	冬至
十二月	小寒	大寒

事实上，"二十四节气"只是媒体报道和一般口头表述时的简称，并非项目全称，全称为"二十四节气——中国人通过观察太阳周年运动而形成的时间知识体系及其实践"。项目属于"有关自然界和宇宙的知识和实践"一类，而非"社会实践、仪式、节庆活动"。包括二十四节气在内，在我国已入选联合国教科文组织非物质文化遗产名录（名册）的项目中，还有3个代表作项目也是这样的形式，分别是"中国珠算——运用算盘进行数学计算的知识与实践""藏医药浴法——中国藏族有关生命健康和疾病防治的知识与实践"和"送王船——有关人与海洋可持续联系的仪式及相关实践"。

三、二十四节气与嘉兴市非遗项目

《万历嘉兴府志》"卷之一·风俗"对于节气有以下记载："立春后，放风筝。二月二日，下瓜茄菜种。三月三日，闻蛙鸣，米贱。清明暖蚕种，插柳于檐，祭墓挂纸钱，晚食青螺，谓之挑青……春末夏初，浸谷种。小满动油车、丝车、水车，谓之三车。芒种刈菜麦……芒种后，逢壬日立霉，赛神时秧，曰发黄霉。夏至后，逢庚日断霉。又三日为头时，又五日为中时，又七日为末时，禁土木浣涤等事，示不遑也……白露晴，有收……小雪见雪，米贱。长至前一日，赛神。至日祀先，亲朋相拜，如正旦仪，今废。大寒，逢戌立腊。伐木动土，诸无禁忌。是月，酿秫作酒，煮而藏之，曰煮酒。先期用纯白面作曲，并白米白水，名三白酒。"[①] 短短几百字，便勾勒出了明代嘉兴地区的节气相关习俗。

2016 年 11 月 30 日，中国申报的"二十四节气——中国人通过观察太阳周年运动而形成的时间知识体系及其实践"，被联合国教科文组织列入人类非物质文化遗产代表作名录。众所周知，"二十四节气"源于黄河流域，以黄河流域的天文物候为依据，习俗遍布全国各地。尽管在代表作名录中并没有嘉兴地区的项目入选[②]，但并不能掩盖嘉兴地区拥有丰富的节气习俗的事实，含山轧蚕花、高杆船技、网船会等都是当地极为重要的清明节民俗活动，且相继入选国家级非物质文化遗产代表性项目名录。除此之外，双庙渚蚕花水会、船拳、乌镇香市、谷雨庙会等省市级非遗项目也是嘉兴地区重要的节气活动。现将几个相关非遗项目简单介绍如下。

（一）含山轧蚕花

桐乡是江南蚕桑的主要产地，其乡间流传着丰富的蚕乡习俗，以祭拜蚕神、佑蚕丰收为主题的轧蚕花庙会（又称"蚕花庙会"）最具代表性和群体性。其中影响最广、规模最大的是含山轧蚕花庙会。所谓"蚕花"，就是用五颜六色的绉纸扎成的纸花，"轧"是"挤"的意思。传说蚕花娘娘在清明节化作村姑，踏遍含山，在山上留下

---

① 刘应钶修，沈尧中纂，嘉兴市地方志办公室编校：《万历嘉兴府志》，上海古籍出版社 2013 年版，第 9 页。

② 2006 年，"农历二十四节气"被列入我国第一批国家级非物质文化遗产代表性项目名录；2011 年和 2014 年，九华立春祭、班春劝农、石阡说春、三门祭冬、壮族霜降节、苗族赶秋、安仁赶分社又被列入该遗产项目的扩展名录。仅有这几项被列入人类非物质文化遗产代表作名录。

"蚕气"。谁能到含山踏青，谁就能把蚕花喜气带回家，得到蚕花"廿四分"（即双倍丰收之意）。所以，每年清明节，八方蚕农争相上含山。青年男女穿上节日盛装，到山上购得蚕花数朵，或别在发上，或挂在胸前，或插在帽檐上，或插在甘蔗上，相互挤轧，热闹非凡。家庭主人还身背蚕种包，意为沾蚕神仙气以求得蚕茧丰收。庙会时间分头清明、二清明、三清明，从开始到结束，要闹上十来天。含山轧蚕花庙会活动内容丰富，形式多样，表现了江南蚕乡宗教、民俗、生产、生活等方面的特征。2008年6月，含山轧蚕花（嘉兴市桐乡市、湖州市南浔区）被列入第二批国家级非物质文化遗产名录。

（二）高杆船技

高杆船俗称"蚕花船"，又名"标杆船"。高杆船技是桐乡市洲泉镇一带的一项传统民间杂技活动，也是与蚕乡风俗有关的一种娱乐形式。它起源于明末清初，以清代后期和民国时期为盛。高杆船技表演是蚕花水会的一项重要内容，时间为每年清明节前后三日。表演时，水上的一条大船中央摆放着一块可旋转的巨型石臼，上面插一根三四丈高的带梢毛竹。民间将毛竹比喻成"蚕花竹"，表演者身着象征蚕宝宝形象的白色服装，沿杆而上，爬至梢顶，在弯成90°的毛竹上表演各种惊险动作。爬高杆的全套动作有18个。整套动作固定而连贯，极为惊险，集强身、耍技、表演于一体，具有很高的娱乐价值和观赏价值。2011年5月，高杆船技被列入第三批国家级非物质文化遗产名录。

（三）网船会

网船会又称"刘王庙庙会""莲泗荡水上庙会"，每年清明节、中秋节和除夕都会举办，而清明这次最为隆重，与会者最多。"二月清明三月香期，三月清明二月香期。"庙会的时间随当年清明而定，若当年清明在农历二月，庙会就在清明之后三四天；若清明在农历三月，庙会则在清明之前三四天。此时，江浙沪一带及嘉兴本地从事渔业、农业、运输业的船民，驾船汇聚于嘉兴市秀洲区王江泾镇东的莲泗荡，进行祭祀、会亲、娱乐、商品交易，船不下数千艘，蔚为壮观，为江南独特的水上庙会和"渔民狂欢节"。百余年来，网船会在当地已衍变为渔民、船民的节日。赴会者高举会社的大旗。网船会除祭祀神灵外，还有认祖归宗、联络感情的重要文化功能。2011 年 5 月，网船会被列入第三批国家级非物质文化遗产名录。

（四）踏白船

清明节赛船习俗遍及嘉兴各乡村，俗称"踏白船"，均为划船比赛，有时有的选手兼在船上做武术表演，近代则以嘉兴市区三塔的踏白船最为有名。三塔运河上每年一次的踏白船活动极为盛大。古代举行踏白船主要是为了祭祀蚕神，传说农历三月十六为蚕花娘娘生日，故踏白船于是日举行。嘉兴三塔的踏白船，届时先集中于茶禅寺前祀蚕神，比赛结束后亦在庙前谢神聚餐。每当举行踏白船时，运河塘上观者如堵，气氛热烈，为一年地方盛节。踏白船活动历数世纪不衰，演变为生产活动和体育活动。养蚕时桑叶常须由远地购回，运输刻不容缓，举行划船比赛有训练划船技术和提高船行速度之意，兼有文体活动意义。2009 年 6 月，三塔踏白船被列入第三批浙江省非物质文化遗产名录。

（五）谷雨庙会

谷雨庙会主要流传于嘉兴市秀洲区油车港镇一带，据传已有300 余年历史。旧时的谷雨庙会，时间为三天，第一天为会头，第二天为会中，第三天为会尾。会头主要由周围庙宇的菩萨先来"报到"，待次日随行出会。会尾，则进庙烧香，旱年求雨，整理神轿、神装等。会中最热闹，"出会"是重头戏。所谓"出会"，就是抬着庙里的主佛神像，到田间、村坊巡游，意思是请神佛视察田间，减少自然灾害，佑护农业丰收。出会开始，前面八个小伙子身着清一色服装，手持柳条开路，嗡嗡作响，俗称"巡风"，行人看客自觉让路。接着两人肩扛"哗锣"，鸣锣开道，紧随鼓乐队、地戏队、拜香队、提香炉队、仪仗队等。中间菩萨神轿，后面马灯、挑花篮、摇荡航船以及护队人员，整队数百人。旌旗招展、锣鼓喧天，红男绿女、庄严肃穆，队伍穿行于田野村圩，每到一自然村或"社点"，"摆社"停留，设坛祭祀，"一社接一社"，行程不重复。巡游到自然村坊时，祈祷驱邪降福，人口太平。故出会队伍所到之处，男女老少皆顶礼膜拜。庙会期间，无论烧香还是出会，皆有"口彩"，即"风调雨顺、国泰民安、五谷丰登、蚕花茂盛"。抬轿者轮班替换，出会时间为一天，傍晚前返庙，鞭炮齐鸣，信众跪接，另有一番热闹。庙会结束后，人们便紧张地投入春耕生产。2019 年 1 月，谷雨庙会被列入第六批嘉兴市非物质文化遗产代表性项目名录。

此外，随着"2018 中国·嘉兴二十四节气全国学术研讨会"的成功举办，嘉兴二十四节气的基础调研、学术研究的水平与层次不断提升。在二十四节气成功申遗之时，嘉兴市著名文人画家朱樵老师也有极其重要的助力工作，他的画作被印制到由文化部（现为文化和旅游部）支持的《二十四节气国画图册》（中英文版）之中。该图册亮相于二十四节气申遗现场（联合国教科文组织保护非物质文化遗产政府间委员会第十一届常会），被国外与会代表一抢而空，精美的国画作品、精致的排版印刷和准确的文字描述，宛如"国礼"一般，着实是"为国争光"了一番。除此之外，在与节气相关的民俗活动方面，嘉兴也有着深厚的历史文化底蕴。

嘉兴二十四节气基本内容

　　嘉兴人民自古以来以勤劳富庶、民风淳朴著称，这一点从以下古籍记载中便可窥见一斑。《至元嘉禾志》"卷第一·风俗"记载："罕习军旅，尤慕文儒，不忧冻馁，颇勤农务。"[①] 又云："土膏沃饶，风俗淳秀。文贤人物之盛，前后相望。百工众技，与苏杭等。"《汉书·地理志》云："江南地广，或火耕水耨，民食鱼稻，以渔猎山伐为业……信巫鬼，重淫祀。"周杕《古禾杂识·序》记载："嘉禾土壤沃饶，礼让风行，彬彬乎质有其文；殷阜之余，淫佚随之，浸染渐被，所不免也。"吴受福《古禾杂识·跋》记载：《搢绅录》于嘉兴府风俗条下注曰，"土膏沃饶，农桑耕织，风俗淳秀，人物文贤"。以上几条均记载了农务与文儒、礼俗与信仰，展示了嘉兴人对于农业与文化的重视程度。作为文化遗产的二十四节气，在嘉兴也具有较为鲜明的表现及特征。

---

① 单庆修，徐硕纂，嘉兴市地方志办公室编校：《至元嘉禾志》，上海古籍出版社2010年版，第9页。

一、春天的节气

立春

据《月令七十二候集解》记载，立春，正月节。立，建始也。初候，东风解冻。二候，蛰虫始振。三候，鱼陟负冰。立春，不仅是二十四节气中的第一个节气，还是一个重要的节日，通常在公历2月3日—5日之间。自汉武帝改用农历以后，中国历代都以二十四节气中的立春日为"春节"，农历正月初一为"元旦"（农历新年）（辛亥革命之后，改农历正月初一为春节）。立春最早是祭天、祭春神、鞭春牛和祈丰年的日子。"一年之计在于春"，此时域内农家抓紧对越冬作物进行田间管理，中耕松土、追施返春肥。农谚提醒人们"立春雨水到，早起晚睡觉"，备耕开始。

据《古禾杂识》记载："立春前一日，有司舆导鼓吹，迎春于东塔寺。丐者扮春官，具袍笏，跽接道左。胥吏皆执春花，觅市上小儿，妆采菱船，农夫村媪，簑笠耰锄之具，无不毕备。土牛色配干支，裹以芦席，健者抬之，百十人拥护，蒙首疾趋；红楼卷箔，纷然抛果，大率以掷中为吉利。至明日，鞭牛府堂，小牛分遗绅衿家。〔寿案〕土牛以岁之干色为首，枝色为身，纳音色为腹，以立春日干色为角、耳、尾，枝色为胫，纳音色为蹄，俗每以是占一岁之休咎。县礼房吏于立春前数日分送小春牛、句芒神，俱剪纸为之。居民以米豆打牛，曰打春；有司以彩仗鞭牛，曰鞭春。"[1] 该书对立春的描写极为细致，笔墨最多，开篇第一句便是立春，足见立春作为岁时节令的历史文化地位。在旧时嘉兴地区，立春的主要习俗有迎春、春官送福、占卜、打春、鞭春等。春官是周代的一种职官，执掌农耕事务。该项

---

[1] 项映薇、于源著，范笑我点校：《古禾杂识 灯窗琐话》，文物出版社2016年版，第1—2页。

民俗活动有一个十分有意思的现象，立春前的仪式活动较为浓墨重彩，相对来说，立春当日的活动则有些寡淡，仅有"鞭牛府堂，小牛分遗绅衿家"一句。

嘉善地区也有春牛会①的习俗，亦称"打春""鞭春""打春牛"，仪式与前述稍有不同。春牛会是对越冬后耕牛的检阅，也是鼓励耕农保护耕牛的一项措施，旧时此仪式极为隆重。海宁地区旧时则有"看春"②的习俗，意为迎丰年。据《海宁州志稿》卷四十载："立春前一日，邑令率僚属迎春于东郊。陈鼓吹杂剧，以迓勾芒之神，前导春牛，士女纵观，谓之'看春'。至日，官令鞭牛人包五谷争掷，中者以为宜田蚕。此后，延客多用春饼。"而今，随着时代的飞速发展和社会的不断进步，该项民俗活动也已消失。

雨水

据《月令七十二候集解》记载，雨水，正月中。天一生水，春始属木，然生木者必水也，故立春后继之雨水。且东风既解冻，则散而为雨水矣。初候，獭祭鱼。二候，候雁北。三候，草木萌动。雨水，是春季的第二个节气，通常在公历2月18日—20日之间。"春寒多雨水""春长雨水多，春雷百日晴"，该节气或涉及元宵节，无他。

惊蛰

据《月令七十二候集解》记载，惊蛰，二月节。《夏小正》曰，正月启蛰，言发蛰也。万物出乎震，震为雷，故曰惊蛰。是蛰虫惊而出走矣。初候，桃始华。二候，仓庚鸣。三候，鹰化为鸠。惊蛰，是春季的第三个节气，通常在公历3月5日—7日之间。

① 《嘉兴市志》编纂委员会：《嘉兴市志》，中国书籍出版社1997年版，第1920页。
② 海宁市文化广电新闻出版局：《海宁风俗》，浙江古籍出版社2010年版，第68—69页。

"春雷响，万物长"，沉睡在土里的动物都醒来了。"惊蛰一个雷，白米贱如泥""二月二打雷，稻谷满仓堆"，指的是惊蛰期间打雷，预兆着大丰收。"雷打惊蛰前，长久不见天""雷响惊蛰前，七七四十九日勿见天"（指春雨多），若是惊蛰前响雷，必定歉收。该节气或涉及二月二，无他。

春分

据《月令七十二候集解》记载，春分，二月中。分者半也，此当九十日之半，故谓之分。秋同义。夏冬不言分者，盖天地间二气而已。方氏曰，阳生于子，终于午，至卯而中分，故春为阳中，而仲月之节为春分。正阴阳适中，故昼夜无长短云。初候，元鸟至。二候，雷乃发声。三候，始电。春分，是春季的第四个节气，通常在公历 3 月 20 日—21 日之间。

"春分秋分，日夜平分。"《春秋繁露》载："春分者，阴阳相半也，故昼夜均而寒暑平。"自此，进入草长莺飞、春暖花开的时节。农家广兴水利，精耕细作。嘉兴部分地区有春分立蛋的习俗。在地理学意义上，春分这一天，南北半球昼夜平分，黄道平面与赤道平面形成的夹角余角为 66.5°（即地球自转轴和公转轨道的倾斜角度），处于一种相对平衡的状态。因此，有人认为，春分时立蛋容易成功。同理，秋分也有立蛋习俗。在民俗寓意上，立蛋原本只是一个古老的民间游戏，由于颇有趣味性而一直流传至今，并逐渐固定成为春分的习俗，因此民间有"春分到，蛋儿俏"的说法。事实上，立蛋成功与否其实更多与鸡蛋的选择、立蛋的技巧和人们的心态有关。节日方面或涉及花朝节，无他。

清明

据《月令七十二候集解》记载，清明，三月节。按《国语》曰，时有八风，历独指清明风为三月节。此风属巽故也。万物齐乎巽，物至此时，皆以洁齐而清明矣。初候，桐始华。二候，田鼠化为鴽。三候，虹始见。清明，是二十四节气中唯一一个既是节日，又是节气的日子。"清明大似年"，旧时在嘉兴地区，清明是与春节相似的大节，因为此时春光明媚，又在农事、蚕事繁忙前夕，故众多民俗活动均于此时举行。除祭祖扫墓外，与蚕俗相关的习俗主要有含山轧蚕花、蚕花水会、扫蚕花地、高杆船技等。在娱乐及食俗方面，有网船会、赛龙舟、踏白船、船拳、插柳、踏青等习俗，食俗上多为食青团、麦芽塌饼、螺蛳、马兰头等。

清明节，也称"扫墓节""鬼节""冥节"。清明，是春季的第五个节气，通常在公历 4 月 4 日—6 日之间。其间为正清明，在此前后十天左右都是过节的范围。在此段时期，一般人家先在家祭祀祖先，俗称"过清明"。清明节前后，各家主人携家小上坟扫墓，在坟上添土、除草、修树枝，撒以黄纸，并摆上菜肴、粽子之类。民间有"正清明动土百无禁忌"之说，故落葬人家较多。谁家如有亡者过第一个清明节（称"新清明"），家属要备酒菜、青团上坟祭祀，祭完以后，祭品分发给前来观看的人，以此为吉利。

据《古禾杂识》记载："清明日，攀柳条插户镮，小儿女发间缀柳叶。俗竞以是日前后上墓祭扫，焚烧纸钱；村人聚观，分饷角黍。悬纸球于松楸间，归则折桃花、紫荆数枝，插之船尾。〔寿案〕……又乡人出避于外，谓之避青。晚食螺蛳，谓之挑青。闻沈荡向有龙舟之戏，近无。"[1] 由此可见，清明吃螺蛳的习俗由来已久。民国时期桐乡《濮院志》卷六载："清明前一日谓之清明夜……食螺蛳

---

[1] 项映薇、于源著，范笑我点校：《古禾杂识 灯窗琐话》，文物出版社 2016 年版，第 8 页。

名曰挑青，盖蚕病谓之青娘，故云。"旧时，有一种蚕病叫"青娘"，吃螺蛳时用针挑食称作"挑青"，吃过螺蛳就表示此病已除。民谚"清明螺蛳过老酒，强盗来哩勿肯走"，意思是清明时节螺蛳正肥，下酒过饭味道最好。

嘉兴部分地区的养蚕人家，到了晚上一般会将蚕种裹在棉被里，煜在身旁，认为蚕宝宝得到人气可以出壳。有些地方晚上不点灯，据说此举可以灭鼠。《新塍镇志》有"育蚕家门前画石灰像弓矢，驱蚕祟也"①的记载。桐乡河山的蚕民，在清明夜多在自家门口放鞭炮、焰火，热闹非凡，在外工作的都尽量回家团聚，共进晚餐。家家户户尽管菜肴丰盛，但少不了炒螺蛳、糯米嵌藕、发芽豆、马兰头这几样传统菜。据说，这些菜与养蚕有着密切关系。清明一过就到了养蚕季节，蚕民为了把蚕宝宝养好而用一些习俗寄托心愿、期望。当大家把吃剩的螺蛳壳往屋面抛时，老鼠都被吓跑了，小毛毛虫钻进螺蛳壳里做窠，不再来骚扰蚕宝宝。吃藕预示着蚕宝宝吐的丝又长又好。清明的菜桌上还得突出一个"青"字，菜肴中要有三青，如蒜、韭菜、马兰头等时鲜蔬菜。吃发芽豆则是发家致富的好口彩，祝愿蚕儿长得好，蚕花廿四分。②

谷雨

据《月令七十二候集解》记载，谷雨，三月中。自雨水后，土膏脉动，今又雨其谷于水也。初候，萍始生。二候，鸣鸠拂其羽。三候，戴胜降于桑。谷雨，是二十四节气中的第六个节气，也是春天的最后一个节气，还是"二十四番花信风"中的最后一个节气，通常在公历 4 月 19 日—21 日之间。

---

① 《新塍镇志》编纂委员会：《新塍镇志》，上海社会科学院出版社 1998 年版，第 250 页。
② 王福基、袁克露：《嘉兴风情民俗》，浙江人民出版社 1998 年版，第 214 页。

谷雨，即"雨生百谷"之意，是播种移苗、种瓜点豆的重要时节。在嘉兴地区此时节的习俗不多，仅在秀洲区油车港镇永昌寺（一担庙）有着特定的历史传统庙会——谷雨庙会，据传已有300余年历史。关于谷雨庙会的由来，主要存在两种说法：一说康熙年间地方旱灾，田间裂缝，遇道人指点，于谷雨日午时设坛求雨，当时小雨飘飘，次日大雨降临，农作物苏醒。二说康熙二十二年（1683），民族英雄窦尔敦长子在一次战败后，率义军南下整修，途经当地，适逢干旱，窦将军率义军帮助当地拓泾开河、引水抗旱，当年春季作物才获得好收成。窦将军帮助开河引水，正好是在谷雨那天。为纪念此事，每年举行谷雨庙会。谷雨庙会是季节性庙会，集中表现了与农耕文化的紧密联系。庙会的举办在一定意义上是为农耕服务，为春耕生产、养好春蚕做准备，为了祈求风调雨顺、国泰民安、五谷丰登、蚕花茂盛，故参与者成千上万，历几百年而不衰。

与当今庙会相匹配的，是民间文体活动的发展和参与，舞龙队、腰鼓队、莲湘队、花篮队、越剧演出等，娱人娱己，成为庙会活动的礼乐担当。香客、游客在谷雨节日中，度过快乐的一天。无论是在过去还是现在，谷雨庙会结束后，人们便会迅速地投入到紧张的春耕生产当中去，同时，对于农业丰收充满了无穷的信心和希望。

二、夏天的节气

立夏

据《月令七十二候集解》记载，立夏，四月节。立字解见春。夏，假也，物至此时皆假大也。初候，蝼蝈鸣。二候，蚯蚓出。三候，王瓜生。立夏，是夏季的第一个节气，也是二十四节气中的第七个，通常在公历5月5日—7日之间。据《古禾杂识》记载："立夏日，烧春一壶，盘设青梅、朱樱、海蛳、醉笋、粉团等物，为喫立夏。相馈遗者，为送立夏，古所谓樱、笋，厨也。"① 可见，食俗是立夏节气非常重要的仪式活动。

立夏的食俗主要有尝新、烧野米饭、吃立夏塌饼等。平湖新埭有立夏尝三新（也有"尝三鲜"和"见三鲜"之说）和烧野米饭的习俗。尝三新即吃樱桃、青梅、新蚕豆（三鲜主要分地三鲜和水三鲜。地三鲜一般指新蚕豆、豌豆和苋菜，水三鲜通常指螺蛳、鲫鱼和黄鱼）。菜有豆腐、白焐肉、咸蛋等，点心有青汁立夏塌饼。中华人民共和国成立后，立夏日有吃"立夏糕"（即松花糕）的习俗，海宁城镇居民一般吃麻球，认为吃了麻球夏天可以免遭蚊子咬。"立夏吃只蛋，力气多一万。"海宁袁花地区还有大人把小孩带到竹林里，靠在竹子上吃鸡蛋的习俗，通过这种习俗祈求小孩夏天身体健康、不长痱子。烧野米饭的习俗在嘉兴也十分普遍。旧时，小孩子们则带上炊具、糯米到野外采春笋、蚕豆，将采来的野春笋、蚕豆放入糯米中"烧野饭"，也可以加入一些腌肉，这样煮出来的饭比较香。有些地区还有"偷野饭材料"的习俗，小孩子们必须用暗语（切口）招呼，如笋为"钉仁"，菜为"蝴蝶"，蚕豆为"青虫"，柴为"金条"，吃了立夏野米饭意味着这个夏天不会疰夏。② 在海宁地区，立夏日烧野米饭的风俗，还被认为是一种怀古和念祖③的行为。据记载，秦汉以前，普通农户都以野炊为主。那时还未发明铁锅，做饭都用陶罐。出门劳作，带上一陶罐生食，到地头掘个坑，将陶罐加点水窝在泥里，盖严盖子，上面堆些柴草，打火便烧，烧完后，让陶罐在火灰中焖着，要吃饭了，垒开灰堆，就可饱餐一顿香喷喷

① 项映薇、于源著，范笑我点校：《古禾杂识 灯窗琐话》，文物出版社，2016年版，第8页。
② 海宁市文化广电新闻出版局：《海宁风俗》，浙江古籍出版社2010年版，第18页。
③ 王基仁、严海城：《海宁民俗风情大观》，西泠印社出版社1999年版，第309—310页。

的饭食。当年汉将韩信落难时，河边漂母送给他的饭食，就是这种原始的野炊。这种传说故事流传范围相对较小，且可信度并不高，或许为后人附会。

称重，是立夏的另一项重要习俗。据《古禾杂识》记载："（正月初七）人日，俗喜秤人，谓秤则可免一年疾病。此例大约始行于小儿，秤之以验逐年增长若干，继而妇女效之，渐至不问老幼男女，人人效之矣。立夏日亦有是例，谓可禳蛀夏①之患。蛀夏者，俗指病喝也。盖酷暑人最难受，其时往往减食消瘦，故必于暑前权之，则躯体尚未瘦损，差足自慰耳。"② 可见，称重的习俗，历史十分悠久，健康寓意十分明确，由过年"人日称重"习俗演变而来，而"年"对于中国人的重要性不言而喻，因此可间接说明称重习俗的重要程度。旧俗相传立夏为"酒仙生日"，人家饮酒者多，亦有秤人的习俗，谓立夏秤人，可保人不疰夏。③ 据说，给小孩子称的时候有个规矩：秤砣只能向外挂，不可朝里移。报数字不可以报"九"，逢九就报"十"，说是图个吉利。小孩子去称，口袋里还要揣上一块小石头，一来是总想重一点，长快一点；二来这里也有个讲究，叫作"石寿"，据说是预兆长寿的。④ 这也说明了人们对于身体健康的一种期望，希望通过"手/口动增重"的形式，以期吉祥如意、健康长寿。

小满

据《月令七十二候集解》记载，小满，四月中。小满者，物至于此小得盈满。初候，苦菜秀。二候，靡草死。三候，麦秋至。小

---

① 蛀夏：人至夏季，精神倦怠，胃纳不佳，称蛀夏。蛀，用同"疰"。
② 项映薇、于源著，范笑我点校：《古禾杂识 灯窗琐话》，文物出版社 2016 年版，第 3 页。
③ 《嘉兴市志》编纂委员会：《嘉兴市志》，中国书籍出版社 1997 年版，第 1939 页。
④ 王福基、袁克露：《嘉兴风情民俗》，浙江人民出版社 1998 年版，第 230 页。

满是夏季的第二个节气，是二十四节气中的第八个，通常在公历 5 月 20 日—22 日之间。

据《古禾杂识》记载："小满，动三车，丝车、油车、水车也。""芒种，逢壬入梅；夏至，逢庚断梅。又三日为头时，又五日为中时，又七日为末时。时中小儿禁薙头。梅天多雨为梅雨，人或以瓮承檐溜贮之为梅水，烹茶甚佳。"[①] 小满动三车，是对江南地区小满农事的形象总结。小满时节正是水稻蓄水插秧、追肥的时节，需要转动水车打水灌田；春蚕结茧，人们开始煮茧，拾掇纺车缲丝；油菜籽成熟，割收回来送至油坊，启动油车榨油。而"三车"中，最为隆重的可能就数水车了。

旧时农田灌溉的水源，主要依靠河、浜、塘、潭中自然所蓄水源。水源充足时，农户灌溉可各取所需，不受限制。但当蓄水量降到极限或警戒线时，海宁农村会出现抢水现象，为了避免矛盾，人们将这一抢水现象变成一项有组织的抢水比赛，凡用水农户同时抢水，抢水多者多收，少者少收，故农户把它看成一年农事中的一件大事。为了抢好水、多抢水，海宁农村在抢水前一天傍晚，还要举行祭车神仪式。车神，传说是一条帮助贫苦农民取水的白龙。祭车神的仪式是，用一块肉、一个蛋、一碗饭、一杯水，在水车基上点香烛供拜。祭毕，将一杯水泼入田中，口中念念有词，预祝明天抢水马到成功。[②] 车水排灌为农村大事，"小满动三车"，水车一般于小满时启动。此前，农户以村圩为单位举行抢水仪式，行于海宁一带，有演习之意。多由年长执事者约集各户，确定日期，安排准备，至是日黎明出动，燃起火把于水车基上吃麦糕、麦饼、

① 项映薇、于源著，范笑我点校：《古禾杂识 灯窗琐话》，文物出版社 2016 年版，第 9 页。
② 海宁市文化广电新闻出版局：《海宁风俗》，浙江古籍出版社 2010 年版，第 73 页。

麦团，待执事者以鼓锣为号，群以击器相和，踏上小河浜上事先装好的水车，数十辆一齐踏动，把河水引灌入田，至河浜水光方止。[①] 澉浦地区的抢水[②]活动也有一定的乡俗和约定。先是"旷（贮）水"，也就是确定今年是否要从"下河"向"上河"翻水。水"旷"满后，等到需要用水时，大家统一抢水灌溉，这便是踏"抢水车"。踏"抢水车"是当地农家在耕作中的一项要紧农活，一般都在水稻拔节、扬花、灌浆的关键时期进行，人称"抢救命水"，抢水成功，丰收才有希望。

"小满开秧门，芒种两遍田，夏至种田人上岸边。"插秧第一天，俗称"开秧门"，平湖、嘉善等地称"开秧把"。拔秧时，在两把秧合处留一个缺口，俗称"秧门"。早早开秧门，兆兴旺发达。如果扎秧把无门，俗称"一把头"，则被认为不吉利。旧时，无论是种田大户还是小户，对开秧门都十分重视。这天象征一年农事的开端，主人要像办喜事一般，以鱼肉款待插秧人员。[③]

芒种

据《月令七十二候集解》记载，芒种，五月节。谓有芒之种谷可稼种矣。初候，螳螂生。二候，鵙始鸣。三候，反舌无声。芒种是夏季的第三个节气，是二十四节气中的第九个，通常在公历6月5日—7日之间。

"芒种芒种，样样要种。一样勿种，秋后落空。"芒种，也是"忙"种的意思。据《古禾杂识》记载："孟子'不违农时，谷不可胜食也'，注，农时谓春耕、夏耘、秋收之时。今乡人多于春间播种麻、麦之类，谓之春熟。又以蚕事未毕，至四月始播谷。芒种后将秧分植田间，

① 《嘉兴市志》编纂委员会：《嘉兴市志》，中国书籍出版社1997年版，第1922页。
② 海盐县文联、海盐县旅游局：《海盐民俗风情》，西泠印社出版社2001年版，第264—265页。
③ 浙江省民间文艺家协会：《浙江民俗大观》，当代中国出版社1998年版，第258页。

则插秧是也。"① 俗谚有云，"芒种前忙种田，芒种后忙种豆""四月芒种让人种，五月芒种抢来种""芒种雨淋淋，种田没收成"，足见"芒种"时节对生产活动的重要性。

江南地区一般6月上旬到中旬入梅，7月上旬到中旬出梅。据《新塍镇志》记载："芒种后逢壬日入梅，赛神莳秧，夏至后逢庚日断梅，又三日为头时，又五日为中时，又七日为末时，禁土木、浣濯等事，家贮梅水。"② 这表明一般黄梅时节始于芒种，止于夏至（"倒转梅"是例外）。同时，在海宁地区，关于"黄梅天"还流传有一则有趣的故事，现摘录如下。

阿啦③ 这里有句话，叫作"黄梅天，十八变"。每年五月梅子黄熟的辰光，一歇晴，一歇阴，一歇雨，变来变去，怪怪气气，这是为啥呢？

据说，孙悟空西天取经回来后当了菩萨。这年五月，玉皇大帝叫孙悟空管一个月的晴雨差使，伊总想保佑人好，有人来求晴，伊就答应晴，有人来求雨，伊就立即落雨，一日变几变，一出④ 风，一出雨，一歇晴，一歇阴，雨水特别多，大家厌然，就把这种天气叫作"黄梅天"。那么孙悟空怎么会弄出个"黄梅天"来的呢？因为伊是小耳朵⑤，东边讲，东边好，西边讲，西边好，主意拿勿定，五月的天气才变来变去时晴时雨，一直到现在都是这样。这就是黄梅天的来历。⑥

---

① 项映薇、于源著，范笑我点校：《古禾杂识 灯窗琐话》，文物出版社2016年版，第35页。
②《新塍镇志》编纂委员会：《新塍镇志》，上海科学院出版社1998年版，第250页。
③ 阿啦：方言，指我们。
④ 一出：海宁方言，指一阵、一时、一下子。
⑤ 小耳朵：方言，指没有主见的人。
⑥ 陆殿奎：《浙江省民间文学集成·嘉兴市故事卷》，浙江文艺出版社1991年版，第460页。

夏至

据《月令七十二候集解》记载，夏至，五月中。《韵会》曰，夏，假也；至，极也；万物于此皆假大而至极也。初候，鹿角解。二候，蜩始鸣。三候，半夏生。夏至是夏季的第四个节气，是二十四节气中的第十个，通常在公历6月21日—22日之间。

夏至"九九歌"是指人们从夏至日起，开始数"九"，每九天为一九，称为"夏九九"，与冬至"九九歌"类似。嘉兴地区也流传有许多相似版本的"夏九九"，详见"嘉兴二十四节气相关民间歌谣"部分。

小暑

据《月令七十二候集解》记载，小暑，六月节。《说文》曰，暑，热也。就热之中分为大小，月初为小，月中为大，今则热气犹小也。初候，温风至。二候，蟋蟀居壁。三候，鹰始击。小暑是夏季的第五个节气，是二十四节气中的第十一个，通常在公历7月6日—8日之间。

江南的小暑节气，连接的是梅雨季和三伏天。"出梅入伏"，是小暑的气象特点。一般来说，三伏天大约在7月中旬到8月下旬，基本处于小暑与处暑之间，是一年中最炎热的阶段，有的年份能有40天之久。关于小暑和大暑究竟谁是最热节气的争论，其实应该根据不同年份和气象等情况综合而定，并没有固定的说法。

此外，小暑与梅雨的关系是紧密的。《古禾杂识》中便有"小暑一声雷，翻转做黄梅"的记载，其他方志中也有"小暑一声雷，反转做黄梅／要做二黄梅／倒转做黄梅"等类似记载。梅雨是春末夏初出现的一段持续时间较长的阴沉多雨天气，此时正是江南梅子的成熟期，故称"梅雨"，这段时间也被称为"梅雨季"。梅雨季空气湿度大、气温高，衣物等容易发霉，所以也有人把梅雨称为"霉雨"。梅雨季开始的一天称为"入梅"，结束的一天称为"出梅"。正常梅雨天数占梅雨季总天数的一半左右，还会出现"早梅""迟梅""长梅""短梅""空梅""秋梅"和"倒转梅"。"倒转梅"的意思是，正常年份，在小暑之前梅雨应该已经结束；个别年份冷空气势力较强，甚至在小暑前后还会重新推移到江淮地区，形成降水，就好像梅雨天气又回来了一样，故称"倒转"。

大暑

据《月令七十二候集解》记载，大暑，六月中。解见小暑。初候，腐草为萤。二候，土润溽暑。三候，大雨时行。大暑是夏季的最后一个节气，是二十四节气中的第十二个，通常在公历7月22日—24日之间。《古禾杂识》载："且六月中，新嫁女必归，谓之歇夏。歇夏二字，殊堪喷饭。"[1] 尽管该句为文献的"增补"，但"喷饭"二字事实上与当今互联网上的解释基本无异，表明了增补者（王补楼，名寿）对于"歇夏"一词的态度。

在嘉兴塘汇一带多有做米花[2]、歇夏的习俗。歇夏、做米花的习俗相传形成于清朝初年，其用意如下：姑娘出嫁后，在生活、生理上有很大变化，劳累辛苦，需休息调养。再则，小暑、大暑期间农事少，是双方亲家互叙亲情、增进了解的最佳机会，由此形成了这一习俗。当地农民有句口头禅："知了叫，老蝉啼，媳妇归，女儿居。"每年农历五月底、六月初，新婚媳妇的娘家都要做好米花，等待女儿、女婿上门来歇夏。到农历六月初二这一天，新婚夫妻携带精制的米糕及其他礼品，回到娘家拜望二老，并在娘家居住2—

---

① 项映薇、于源著，范笑我点校：《古禾杂识 灯窗琐话》，文物出版社2016年版，第25页。
② 王福基、袁克露：《嘉兴风情民俗》，浙江人民出版社1998年版，第214—215页。

4日。然后娘家将晒干的半成品米花放在油锅内翻氽成松脆香甜的油氽米花，装在箩筐内，摇船送女儿、女婿回家。当天午后，还要将蝴蝶米花送往四邻八眷，所以它又称"结缘米花"。

歇夏这一习俗在嘉兴流传至今，经久不衰，只是在时间上说法较为不一，从夏至到大暑都有，以大暑居多。《嘉兴市志：下》记载："旧时农历六月初六，农事稍闲，农民于是日休息，食馄饨、南瓜等，出嫁姑娘于是日回娘家探望。现时耕作制度改变，农村多于'双抢'结束后才休息。"① 双抢，是指抢收抢种。关于双抢的时间，一般都认为在农历六月。讨夏衣、送夏衣，是嘉兴市东郊农村姑娘出嫁后第一年的一种习俗，即出嫁姑娘要回娘家讨夏衣。姑娘即使不要衣服，时节到了也得回娘家一趟。在大云镇，旧时出嫁姑娘插好秧后，与夫君一起回娘家休息为"息夏"②，有"种好黄秧，回家看看爷娘"的习俗。在娘家住几夜，丈母娘给女儿、女婿添置夏衣。中华人民共和国成立后，双抢结束后才息夏。现时，息夏习俗已渐渐淡薄。

有首《讨夏衣》歌谣，十分形象地记述了旧时讨夏衣的情景。

甘枯茅针扯大旗，姑娘归来讨夏衣。大大看见孙囡归，开开大门笑嘻嘻。娘娘看见孙囡归，拿只饭箩去淘米。爹爹看见姑娘归，拎只提篮买猪蹄。姆妈看见姑娘归，抱牢姑娘揩眼泪。阿哥看见妹子归，掮根竹头揪野鸡。嫂嫂看见姑娘归，关起门来碰布机。姑娘想想吭滋味，拨转身子回转去。姆妈要紧追出门，眼泪盈盈叮嘱伊：做人先要懂规矩，孝敬大人莫忘记；服侍丈夫要周到，小叔当作亲

---

① 《嘉兴市志》编纂委员会：《嘉兴市志：下》，中国书籍出版社1997年版，第1923页。
② 《大云镇志》编纂委员会：《大云镇志》，中国文史出版社2016年版，第368页。

兄弟；伯姆道里要和气……①

　　爹、娘、爷爷、奶奶和阿哥见姑娘回来，个个乐不可支。只有嫂嫂脸呈不悦之色，关门乒乒乓乓，布机碰得老响。姑娘察言观色，心里自然不是滋味。为了少惹是非，避免矛盾，做娘的便耐心规劝女儿，并晓之以做人的道理。女儿在娘家住上一两天，便返回婆家，盼着亲娘送夏衣。因此早上的时候，在乡间道上，经常可以看到兜着花手巾的农家大娘，一手提着拔秧凳，一手拎着元宝篮，篮环旁还系着一顶大凉帽，篮里放着的是一根插秧用的经田绳，一把花阳伞，两身熨得笔挺的夏天衣衫。另外还装了些肉包子、状元糕、姑嫂饼之类的糕点。她们边走边哼着《送夏衣》的民谣："送伢姑娘一只拔秧凳，拔秧起早落夜勿喊腰背痛。送伢姑娘一副经田绳，种出稻来比墨线弹过还要挺……一把凉伞送姑娘，晴天落雨全好撑。一身夏衣送姑娘，夜来替换想着娘……"姑娘看见娘，接下娘手中的篮子，姆妈姆妈地叫个不停。②

三、秋天的节气

立秋

　　据《月令七十二候集解》记载，立秋，七月节。立字解见春。秋，揪也，物于此而揪敛也。初候，凉风至。二候，白露降。三候，寒蝉鸣。立秋是秋季的第一个节气，是二十四节气中的第十三个，通常在公历 8 月 7 日—9 日之间。

　　立秋开始，天气转凉。立秋之日，可以帮助人们预卜秋后气候

---

① 浙江省民间文艺家协会：《浙江民俗大观》，当代中国出版社 1998 年版，第 428—429 页。
② 同上，第 429 页。

冷、热。① 故农谚谓"朝立秋，凉飕飕；夜立秋，闷吼吼"。在交秋时刻，都食西瓜、葡萄等瓜果，俗称"吃交秋瓜"，以消伏里所受暑气。也有"秋老虎"，意为气温仍很高。是日如有雷，认为有损晚稻的收成。20世纪60—80年代种植两熟制或三熟制晚稻，有"插秧不过立秋关"之说，意为连作晚稻须在立秋前完成，立秋后插秧会明显影响产量。立秋时，民间还有大人孩子都要吃秋桃②的习俗，每人一个。据说吃了桃子后身体会很好，以后不会肚子痛，吃完把桃核留起来，等到除夕时把桃核丢进火炉中烧成灰烬，这样就可以免除一年的瘟疫。

处暑

据《月令七十二候集解》记载，处暑，七月中。处，止也，暑气至此而止矣。初候，鹰乃祭鸟。二候，天地始肃。三候，禾乃登。处暑是秋季的第二个节气，是二十四节气中的第十四个，通常在公历8月22日—24日之间。

海盐文书《农夫汤景》记载："处暑边，采蚕豆，丝瓜裙带豆。过时节，忙兜兜，馄饨鱼肉酒。"俗话说，"苦粽子，甜馄饨"，意思是端午节吃了粽子就要开始农忙了，而七月半裹糖馄饨，农忙已结束，可以犒劳一下自己了。嘉兴地区有"七月半吃馄饨"的习俗，长安盐官一带有"天河对大门，家家吃馄饨"的谚语。旧时每年农历七月十五，农家总要用新麦磨成的面粉做皮子，以肉或菜做馅（也用甜馅，比如豆沙馅），包裹馄饨，或蒸或煮食（蒸食居多）。馄饨熟后，得在堂屋中摆上八仙桌，先祭请祖宗，然后食用。桐乡农村则流传着一种说法：清咸丰年间，有一支被官

① 褚亚芳：《泖水风情》，作家出版社2008年版，第7页。
② 金传达：《细说二十四节气》，气象出版社2016年版，第235—236页。

兵追捕的太平军残部流散于桐乡农村，以种田、打短工为生，跟当地百姓一道劳动生活，相处甚亲。后来，此事被当地财主告密，成百的太平军残部被清兵搜捕杀害。清兵每杀死一个太平军士兵，就将其耳朵割下，以便回去计数领赏。当时正值农历七月半前后，人们在祭奠先祖的时候，为了纪念这些没有耳朵的冤魂，就用面粉捏成耳朵形状的祭品，放在桌上祭供。从此就传下了七月半吃馄饨的习俗。①

"处暑送鸭，无病各家。"人们普遍认为，农历七月中的鸭子最肥美、最具营养，加之鸭肉自身味甘性凉，具有清热去火功能，缓解秋燥功效明显，鸭自然就成了处暑节气餐桌上的一道美味。

白露

据《月令七十二候集解》记载，白露，八月节。秋属金，金色白，阴气渐重，露凝而白也。初候，鸿雁来。二候，元鸟归。三候，群鸟养羞。白露是秋季的第三个节气，是二十四节气中的第十五个，通常在公历9月7日—9日之间。

俗谚云，"白露身不露，赤膊当猪猡""过了白露节，夜冷日里热""白露秋分夜，一夜凉一夜"，表明自白露节气开始，天已逐渐变凉，人们需要注重自身保暖，尤其是在夜晚期间。有关"当猪猡"，嘉兴各地至今都还流传着一个类似的有趣故事，这里便不赘述，详见后文。

秋分

据《月令七十二候集解》记载，秋分，八月中。解见春分。初候，雷始收声。二候，蛰虫坯户。三候，水始涸。秋分是秋季的第四个

---

① 王福基、袁克露：《嘉兴风情民俗》，浙江人民出版社1998年版，第237页。

节气，是二十四节气中的第十六个，通常在公历 9 月 22 日—24 日之间。

《春秋繁露》载："秋分者，阴阳相半也，故昼夜均而寒暑平。"俗谚云，"春分秋分，日夜平分""白露早，寒露迟，秋分播种正当时"。秋分后，江南稻田里的晚稻已然抽穗扬花，是产量形成的关键时期。"白露白迷迷，秋分稻秀齐"，说的就是白露前后大雾蒙蒙，秋分时稻穗饱满，正是收割的好时节。

农历八月十五那天，是我国四大传统节日之一——中秋节。平湖人把过中秋节叫"过八月半"，晚上要祭拜月中的嫦娥，叫"供月华"，其实这个习俗基本等同于"拜月华"。中秋拜月、祭月的习俗，古已有之。据考证，中秋祭月最早是从秋分祭月转变而来的，祭月也曾作为节令祭祀仪式被列入皇家祀典。在周代，已有"春分祭日，夏至祭地，秋分祭月，冬至祭天"的习俗。

寒露

据《月令七十二候集解》记载，寒露，九月节。露气寒冷，将凝结也。初候，鸿雁来宾。二候，雀入大水为蛤。三候，菊有黄华。寒露是秋季的第五个节气，是二十四节气中的第十七个，通常在公历 10 月 8 日—9 日之间。

秋分节气，属农历九月，临近重阳节。俗谚云，"不怕秋分连夜雨，只怕寒露一朝霜""好看青苗好看稻，勿过寒露勿叫好""寒露割青稻，霜降一齐倒"。可见，寒露时节谷物收割、播种时机的选择极为重要。

霜降

据《月令七十二候集解》记载，霜降，九月中。气肃而凝，露结为霜矣。《周语》曰，驷见而陨霜。初候，豺祭兽。二候，草木黄落。三候，蛰虫咸俯。霜降是秋季的最后一个节气，是二十四节气中的第十八个，通常在公历 10 月 23 日—24 日之间。

霜降节气与丰收关系极为密切，霜降至，万物收。俗谚云，"霜降拔葱，勿拔要空""霜降见霜，米烂陈仓""霜降见霜，五谷满仓""霜降不落霜，囤米囤作糠"。由此可见，农作物丰收与否与霜降节气成正相关模式。这时，有两种实物的"待遇"可谓大不同，分别是"霜降的柿子"（完全成熟）和"霜打的茄子"（已经蔫了）。

四、冬天的节气

立冬

据《月令七十二候集解》记载，立冬，十月节。立字解见前。冬，终也，万物收藏也。初候，水始冰。二候，地始冻。三候，雉入大水为蜃。立冬是冬季的第一个节气，是二十四节气中的第十九个，通常在公历 11 月 7 日—8 日之间。

农事上，有"立冬无立稻"之说，意为所有稻禾均要收割，农民开始繁忙的秋收冬种。"立冬种麦正当时"，小麦适时播种，是争取丰收的一个关键环节，也是获得高额产量的基本前提。尽管在物候上，立冬节气还处于深秋时节，若要真正有冬天的感觉，一般要等到 11 月底，但在人们的心中，立冬意味着进入了寒冷的冬季。"立冬补冬，补嘴空"，人们倾向于进暖食驱寒，忌生冷食物。冬令进补是中国人的传统养生观念，螃蟹、鳗鱼、黄鱼、红糖鸡蛋都是比较常见的食物。海宁地区有烧赤豆糯米饭、炖老母鸡、煎补膏等滋补身体的习俗，在炖鸡的佐料方面，喜欢用水发黄豆、八角、小茴香、绍酒等烹饪入味。除了食补以外，药补也是冬令进补的一种方式，如采黄菊、荆芥煎汤沐浴，据说可祛疮毒。

小雪

据《月令七十二候集解》记载，小雪，十月中。雨下而为寒气所薄，故凝而为雪，小者未盛之辞。初候，虹藏不见。二候，天气上升，地气下降。三候，闭塞而成冬。小雪是冬季的第二个节气，是二十四节气中的第二十个，通常在公历 11 月 22 日—23 日之间。

"小雪腌菜，大雪腌肉。"嘉兴的许多农村至今都还有小雪腌菜的传统。嘉兴人腌的菜，一般是青菜、雪菜和大头菜。"小雪弗见叶，到老弗成结""小雪就见雪，蚕豆少结荚"，直接说明了小雪时节的"雪"对农作物生长的影响，也表明了小雪这一时间节点的重要程度。

大雪

据《月令七十二候集解》记载，大雪，十一月节。大者，盛也，至此而雪盛矣。初候，鹖旦不鸣。二候，虎始交。三候，荔挺出。大雪是冬季的第三个节气，是二十四节气中的第二十一个，通常在公历 12 月 6 日—8 日之间。

瑞雪兆丰年，冬雪对于农作物的重要性可见一斑。嘉兴地区也有众多与"雪"相关的俗语，如"春雪是草，冬雪是宝""春雪勿烊，饿断肚肠""腊雪不烊，稻熟饭香"。开春后下的雪，由于地气转暖，即使不出太阳，地面积雪融化的速度也要快得多。由于春雪对农作物的保暖、杀菌、杀虫作用相对大为下降，反而会影响农作物日趋旺盛的正常的光合作用和生长，导致农作物有所减产，以致百姓"饿断肚肠"。冬雪则相反，由于地气寒冷干燥，即使有太阳，地面积雪融化的速度也很缓慢，留存的时间很长，此时，冬雪会形成一种厚厚的"保温层"，使得农作物增收，所以会出现"稻熟饭香"。

冬至

据《月令七十二候集解》记载，冬至，十一月中。终藏之气，至此而极也。初候，蚯蚓结。二候，麋角解。三候，水泉动。冬至是冬季的第四个节气，是二十四节气中的第二十二个，通常在公历12月21日—23日之间。

嘉兴人历来重视冬至，据《嘉兴府志》卷三十四"风俗"载："冬至祀先，冠盖相贺，如元旦仪。"旧时人们通常把冬至与春节相提并论，俗谚"冬至大似年"或"冬至大如年"，可见冬至在嘉兴人心中的地位。据《古禾杂识》记载："冬至节，祀先而不拜节。"① 海宁地区的冬至日，第一件事是祭祀祖宗，仪式颇为讲究，不亚于过年。祭祖一般要两次，先祭"地主太太"，后祭自家祖宗。② 平湖农村冬至时要烧上几个菜，在堂屋八仙桌上焚香点烛，祭祀先祖，焚烧纸锭（俗称"请太太"）后，中午全家人聚宴，一般不邀客人。③

"睡在冬至夜，玩在夏至日"，此谓冬至夜为一年最长之夜的意思。冬至前一日，称为"冬至夜"，晚上家家备香烛锡箔祭祀祖先，饮冬酿酒，食滋补品，此俗今尚存。还有吃糖胡桃炖鸡蛋进补的习惯，考究的人家会烧黄芪鸡进补。民间崇尚冬至进补④，有吃赤豆糯米饭、人参汤、白木耳、核桃仁炖酒、桂圆煮鸡蛋等习俗。富户人家还会摆酒请客，故有"有钱冬至夜，无钱冻一夜"之说。海盐一带以吃羊肉为食补。人家在冬至前后腌鱼肉，准备过年，称

① 项映薇、于源著，范笑我点校：《古禾杂识 灯窗琐话》，文物出版社2016年版，第12页。
② 海宁市文化广电新闻出版局：《海宁风俗》，浙江古籍出版社2010年版，第19页。
③ 张玉观：《水乡风情》，文心出版社2006年版，第12页。
④ 《嘉兴市志》编纂委员会：《嘉兴市志：下》，中国书籍出版社1997年版，第1941页。

"年鱼""年肉",又腌制青菜、雪里蕻,为入冬蔬菜之备,进补以及腌制鱼肉、咸菜之俗延续至今。

冬至日,平湖农村里可做以下几件事:迁祖坟、排坑缸(又称"搭坑棚",指搭建厕所)、整修或新砌"踏渡"(供洗菜、洗衣、提水之用)和移栽屋前屋后大树(冬至动土)。这些"动作"大都安排在冬至,也有其原因。据说,冬至是姜子牙的生日,百姓尊他为姜太公。"姜太公在此,百无禁忌",意思是只要有姜太公在,不管哪种妖魔鬼怪都不敢前来作祟,人们可以放胆动土,绝不会有邪恶袭身。于是,长期以来便形成了冬至动土的习俗。[①] 关于"冬至动土",还流传有两则民间故事:一说太平军失败后,大批将士战死,老百姓出于对他们的敬重,在冬至夜为他们的坟堆挑土加厚,冬至夜"暖坟"习俗由此而来;一说太平军将士死后,他们的家人要在冬至夜迁移遗骨,有不能来迁移的,就由当地百姓加土,留作记号,免得塌损,今后无法辨认,久而久之,形成"暖坟"及冬至移坟葬骨殖的风俗。[②]

进入冬至,便进入一年中最寒冷的阶段,俗称"数九寒冬"。在嘉兴地区,也流传有许多类似版本的"冬九九",详见"嘉兴二十四节气相关民间歌谣"部分。

此外,在嘉兴部分地区,还有一个较为特别的习俗。旧时在冬至节里,财主家在这天会"折租"[③]收租米,有的打九折或八五折,还可用现金折租。如冬至节不交租,以后仍按实租交纳,该习俗现已基本消失。

---

① 王福基、袁克露:《嘉兴风情民俗》,浙江人民出版社1998年版,第185—186页。
② 海盐县文联、海盐县旅游局:《海盐民俗风情》,西泠印社出版社2001年版,第387页。
③ 褚亚芳:《泖水风情》,作家出版社2008年版,第8页。

小寒

据《月令七十二候集解》记载，小寒，十二月节。月初寒尚小，故云。月半则大矣。初候，雁北乡。二候，鹊始巢。三候，雉雊。小寒是冬季的第五个节气，是二十四节气中的第二十三个，通常在公历 1 月 5 日—7 日之间。

"小寒大寒，收作过年。"进入小寒，则离年底不远了，该打扫打扫、收拾收拾准备过年了。小寒期间一般都会包括"腊八节"，嘉兴地区的寺庙也会在这一天举办腊八节相关活动，市民参与度非常高，腊八过后，就基本进入了年的序列。同时由于小寒的气候特征，即将进入最为寒冷的隆冬时节——"三九四九"。有个很特殊的现象，在某些特殊的年份，小寒是冷于大寒的，这一点与小暑和大暑谁最热的争论情况十分类似。

"二十四番花信风"又称为"二十四风"。花信风，是应花期而来的风，所以叫"信"，是中国节气用语。"风有信，花不误，岁岁如此，永不相负。"每年冬去春来，从小寒到谷雨的八个节气、二十四候里，每候都有某种花卉绽蕾开放，带来开花音信的风候。小寒，则是"二十四番花信风"开启的第一个节气。

大寒

据《月令七十二候集解》记载，大寒，十二月中。解见前。初候，鸡乳。二候，征鸟厉疾。三候，水泽腹坚。大寒是冬季的最后一个节气，也是二十四节气中的最后一个，通常在公历 1 月 20 日—21 日之间。

据《古禾杂识》记载："大寒，逢戌为腊，伐木动土俱不忌。"[1]据《新塍镇志》记载："大寒逢戌为起腊，凡伐木动土俱无禁。腊月，

---

[1] 项映薇、于源著，范笑我点校：《古禾杂识 灯窗琐话》，文物出版社 2016 年版，第 13 页。

酿秫作酒煮而藏之，曰'煮酒'，先期用白面作曲，并白米、白水为之，曰'三白酒'；舂粮藏之，经岁不蛀，曰'冬舂米'；乞儿以朱墨涂面跳舞于市，行古傩礼；释道沿门乞米，曰'化香米'。"[②]而今，这些古傩礼等习俗已消失，煮酒、藏粮等习俗尚存。

大寒时节一般都基本临近甚至整体跨越春节，其间的小年、小年夜、除夕、守岁、拜年等年俗活动接踵而至，为人们奉上了一份"春节文化大餐"。俗谓，从小年（祭灶仪式，南方腊月二十四）到大年三十期间，因灶王爷奉命上至天庭汇报工作，人们有十分难得的七天不被"监控"的闲暇时间，可以在此期间整理房屋、准备年货，百无禁忌。当灶王爷返回时，会历经一个隆重的接灶仪式，随后会看到一个焕然一新的场景。

---

① 《新塍镇志》编纂委员会：《新塍镇志》，上海社会科学院出版社 1998 年版，第 251 页。

嘉兴二十四节气相关民间歌谣

二十四节气是我们祖先的重要发现，在国际气象界被誉为"第五大发明"。人们根据太阳在黄道上的不同位置，将全年划分成24个段落，用来表示气候变化，成为当时人们安排农事活动的主要依据。二十四节气依次为立春、雨水、惊蛰、春分、清明、谷雨、立夏、小满、芒种、夏至、小暑、大暑、立秋、处暑、白露、秋分、寒露、霜降、立冬、小雪、大雪、冬至、小寒、大寒。在嘉兴地区，与二十四节气相关的民间歌谣风格相对类似，大致可以分为节气歌、九九歌和其他三类。

一、节气歌

节气歌，顾名思义，是以二十四节气为主题的歌谣，一般形式有文字记录，也有歌谣传唱。这是嘉兴地区比较普遍的一种形式，不仅摆脱了纯文字的单一表达，而且在传唱过程会不断加入、更新和丰富内容。当然，也有名为《节气歌》，却未施行"歌唱"形式的情况出现。

以下列举几条载于《嘉兴民间文学·上卷》①的节气歌，这几首是沈晨婷于 2008 年 8 月在海宁海洲街道采录的内容，表现形式为"歌唱"，在当地具有一定的传唱度。

《廿四节气歌》（苏庆丰演唱）："地球绕着太阳转，转完一圈整一年。一年分为十二月，二十四节紧相连。若按阳历来推算，每月两节不改变。上半年是六、廿一，下半年是八、廿三。这些就是交节日，相差不过一两天。二十四节有先后，四句口诀要记全。春雨惊春清谷天，夏满芒夏两暑连。秋处露秋寒霜降，冬雪雪冬小大寒。"这首歌谣是相对比较普遍的，南北方差异并不明显。

《廿四节气歌》（徐水泉演唱）："一月两个节，一节十五天。立春天地暖，雨水送粪忙。惊蛰快耕地，春分犁不闲。清明多栽树，谷雨忙种田。立夏点瓜豆，小满茧子白。芒种割麦穗，夏至日脚长。小暑不算热，大暑正伏天。立秋秋老虎，处暑摘棉桃。白露秋分夜，一夜长一夜。寒露忙收割，霜降忙耕种。立冬粮入仓，小雪防火灾。大雪防寒冻，冬至夜定长。小寒办年货，大寒过新年。"这首歌谣的内容像是民谚的堆砌，更多关注的是节令气候和农事活动。

《节气气象歌》（部分，王来法演唱）："雨浇上元灯，日晒清明种。上元若下雨，清明定放晴。立春落雨到清明，清明落雨到茧头白。春寒雨多，冬寒雨少。春雾曝死鬼，夏雾做大水。二月二打雷，稻谷满仓堆。春分有雨，病人少有。清明吹南风，今年定是大丰收。"这首歌曲相对比较特殊，并没有将二十四节气全部纳入，多以季节和节日的形式进行了简要表述。

---

① 嘉兴市文化广电新闻出版局：《嘉兴民间文学·上卷》，浙江摄影出版社 2012 年版，第 171—173 页。

　　除了海宁地区以外，在平湖地区也有类似传唱的节气歌[1]："立春梅花是新年，雨水红杏花开鲜。惊蛰大地听雷声，春分蝴蝶伴花眠。清明放鸢风筝舞，谷雨养蚕飞双燕。立夏落谷盘水车，小满家家肥料积。芒种农家种田乐，夏至出还小麦田。小暑白莲早豆熟，大暑棉花开满田。立秋知了催人眠，处暑葵花笑开颜。燕归南方白露边，秋分丹桂香满园。寒露菜秧田间绿，霜降芦花飞满天。立冬报喜献三瑞，小雪鹅毛飞檐前。大雪寒梅迎风开，冬至瑞雪兆丰年。小寒要唱《长生缘》，大寒吉庆永团圆。"（史祥生演唱，屠珍荣1983年12月1日采录于城北乡扶行村）《广陈镇志》（中华书局2011年版）中，也有一则与该节气歌几乎完全一致的记录，仅仅是将"小寒"句中的"《长生缘》"改为"健身曲"。

　　桐乡地区也有完整记录的节气歌内容，该内容是否以"歌唱"的形式进行表达暂未可知。《阳历二十四节歌》："改用阳历真方便，二十四节极好算。每月二节日期定，年年如此不复更。上半年来六廿一，下半年来八廿三。诸位熟读这几句，以后宪书不必看。一月大寒随小寒，若种早稻须耕田。立春雨水二月到，小麦地里草除完。三月惊蛰又春分，种田再耕八寸深。清明谷雨四月过，油菜花黄麦穗青。五月立夏望小满，割麦插秧莫要晚。芒种夏至六月到，黄梅雨中难睁眼。七月大暑接小暑，红日如火锄草苦。立秋处暑八月过，要割高粱玉蜀黍。九月白露又秋分，收稻再把麦田耕。十月寒露霜降来，黄豆白薯都收清。冬小（大）雪农家闲，拿去米麦换洋钱。等（小）大寒冬至到，把酒围炉过新年。"[2]

---

① 平湖县民间文学集成办公室：《中国民间文学集成浙江省嘉兴市平湖县卷》，浙江省民间文学集成办公室1990年版，第295—296页。

② 桐乡市农经局、桐乡市气象局、桐乡市文联：《桐乡农业气象谚语故事》，内部出版，2011年，第183页。

二、九九歌

"九九"是中国古代民间用来表示冬至后或夏至后81天日期的总称，冬至后的81天为"冬九九"，夏至后的81天为"夏九九"，至今仍沿用。"九九歌"严格来说也是歌谣的一种，相对其他类型的节气民间歌谣，具有更高的传唱度。

（一）冬九九

民间常用的是"冬九九"，也就是所谓"数九寒天"，每九天为一个九，依次称为头九、二九、三九，直至九九，一般三九、四九最为寒冷。

"一九二九，伸勿出手；三九四九，冰河上走；五九六九，隔河看柳；七九河冻开，八九燕子来，九九加一九，耕牛遍地走"①，也作"头九暖，二九寒，三九冻脱北鸟卵；四九五九冰上走，六九沿河看杨柳；七九冰冻开，八九燕子来；九九加一九，耕牛遍地走。"此谚在南北方都比较适用，形象地描绘了"冬九九"81天里的气温变化，应该说是影响广泛的九九歌之一。

《九九歌》（平湖市）："冬至起头九，两手缩袖口。二九一十八，嘴里似吃辣；三九二十七，见火亲如蜜；四九三十六，夜眠似露宿；五九四十五，穷汉街头舞；六九五十四，杨柳披发丝；七九六十三，走路脱衣衫；八九七十二，猫狗寻荫地；九九八十一，犁耙一齐出。"②这则《九九歌》不仅流传于平湖地区，在桐乡等地也有流传，在嘉兴地区特色较为明显。

《九九歌》（平湖市）："头九雪花飞，二九鹁鸪啼，

---

① 平湖市政协文教卫体与文史委员会：《平湖俗语选编》，中国文史出版社2017年版，第3页。
② 平湖县民间文学集成办公室：《中国民间文学集成浙江省嘉兴市平湖县卷》，浙江省民间文学集成办公室1990年版，第465—466页。

三九四九，冻碎磨子石臼，五九四十五，沿河好插柳（五九四十五，穷人沿街舞；勿要舞，勿要舞；悬春还有四十五），六九五十四，蜜蜂叫吱吱，七九六十三，开河垒港滩，八九七十二，天上飞柳絮，九九八十一，穷汉受罪毕（刚要伸脚眠，蚊虫跳蚤出）。绝九一朝霜，人吃老白糠。"[1] 在平湖其他地区，"七九到九九"有些许文字更改，但大致意思未变，如"七九六十三，行人脱衣衫；八九七十二，猫狗寻荫地；九九八十一，犁牛勿得歇"。

《冬至后九九歌》（桐乡市）："一九二九，相唤不出手。三九二十七，篱头吹觱篥。四九三十六，夜眠如露宿，五九四十五，太阳开门户。六九五十四，贫儿争意气。七九六十三，布衲檐头担。八九七十二，猫狗寻阴地。九九八十一，犁耙一齐出。"[2]

《九九歌》（海盐县，潘海蟾演唱，胡永良1988年2月采录）："冬至属一九，两手藏进袖；二九一十八，口中似吃辣；三九二十七，见火亲如蜜；四九三十六，关门烘脚炉；五九四十五，开门日头焐；六九五十四，杨柳发细枝；七九六十三，行人把衣袒；八九七十二，柳絮长上翼；九九八十一，日长该早起。"[3]

从以上嘉兴地区的九九歌来看，总体来说县域之间差异较小，只是部分文字表述有些许差别而已。同时，有些较为基本的九九歌类型也与北方差距不大。

（二）夏九九

嘉兴地区的"夏九九"说法相对来说比较普遍，仅桐乡一地便

① 平湖县民间文学集成办公室：《中国民间文学集成浙江省嘉兴市平湖县卷》，浙江省民间文学集成办公室1990年版，第466页。
② 桐乡市农经局、桐乡市气象局、桐乡市文联：《桐乡农业气象谚语故事》，内部出版，2011年，第182—183页。
③ 胡永良、杨学军：《民间文学》，西泠印社出版社2014年版，第372页。

有 3 则，平湖也有 2 则。

《夏九九》（桐乡市）："夏至入头九，羽扇握在手。二九一十八，脱冠着罗纱。三九二十七，出门汗欲滴。四九三十六，卷席露天宿。五九四十五，炎秋似老虎。六九五十四，乘凉进庙祠。七九六十三，床头摸被单。八九七十二，子夜寻夹被。九九八十一，开柜拿棉衣。"①

《九九农事歌》（桐乡市）："头九二九，扇子上手。三九四九，汗水满身流。五九六九，稻田勤灌水。七九六十三，床头放被单。八九七十二，青菜萝卜种子要落地。九九八十一，田里稻穗都出齐。"②

《九九气候歌》（桐乡市）："一九二九，扇子不离手；三九二十七，冰水甜如蜜；四九三十六，拭汗如出浴；五九四十五，头带秋叶舞；六九五十四，乘凉不入寺；七九六十三，上床寻被单；八九七十二，思量盖夹被；九九八十一，家家打炭墼。"③

《夏九九》（平湖市）："一九到二九，扇子勿离手；三九二十七，冰水甜如蜜；四九三十六，揩汗像出浴；五九四十五，树头秋叶舞；六九五十四，乘凉入佛寺；七九六十三，床头寻被单；八九七十二，半夜盖夹被；九九八十一，趱蝍鸣阶沿。"④

《夏九九》（平湖市）："一九至二九，扇子勿离手；三九二十七，冰水甜如蜜；四九三十六，揩汗如出浴；五九四十五，树头秋叶舞；六九五十四，乘凉入佛寺；七九六十三，床头寻被单；

① 嘉兴市文化广电新闻出版局：《嘉兴民间文学·上卷》，浙江摄影出版社 2012 年版，第 173 页。
② 桐乡市农经局、桐乡市气象局、桐乡市文联：《桐乡农业气象谚语故事》，内部出版，2011 年，第 184 页。
③ 同上，第 182 页。
④ 平湖市政协文教卫体与文史委员会：《平湖俗语选编》，中国文史出版社 2017 年版，第 3 页。

八九七十二，思量盖夹被；九九八十一，家家打炭墼。"①

其中，桐乡的第三则《九九气候歌》和平湖的《夏九九》两则，其实内容基本无异，仅有个别文字或语句改变。可见，嘉兴地区有关"夏九九"的俗语、谚语都较为类似。

三、其他

除了节气歌和九九歌这两种民间歌谣的表现形式以外，二十四节气的文化表达形式其实可以更为多样，内容也可以更为丰富。同为"歌"和"唱"，曲艺未尝不是一种很好的表现形式，如流行于海盐地区的"骚子歌"和桐乡地区的"三跳"。

存迹于海盐地区的文书《农夫汤景》②（胡永良根据王林珍民国二十三年抄本校注），又名《二十四节气汤景》《农夫汤书》等，内容大多为叙唱当地风物习俗和奇闻逸事，详细描述了海盐地区乃至江浙沪地区的二十四节气与农业生产、农民生活等风俗。海盐骚子是当地一种源远流长、极富地域特色的大型家庭祭祀仪式的民俗活动，也是浙江省非遗代表性项目。汤书则是活动期间民间待佛仪式中一项极为重要的仪式内容。

农夫汤景

灶内仙汤闻鼻香，金盘托出供侯王。

五色鸡，共羔羊，又加白糖霜。胡椒辣，沙豆香，配成五味汤。

豆腐衣，酱油汤，紫菜共瓜酱。拜朝神，勤上汤，唱神仙忙忙。

二十四气神仙客，表赞农夫月月忙。

---

① 平湖县民间文学集成办公室：《中国民间文学集成浙江省嘉兴市平湖县卷》，浙江省民间文学集成办公室 1990 年版，第 465 页。
② 胡永良：《海盐骚子·文书选集》，西泠印社出版社 2013 年，第 263—266 页。

正月里来初立春，农夫打扮去踏青。

男共女，换衣襟，打扮件件新。亲共眷，并乡邻，拜佛闹盈盈。

雨水节，锦绣春，五谷共出灯。挂红灯，结彩亭，男女尽欢欣。

家家去游元宵节，春宵一刻值千金。

惊蛰交过二月里，瓜茄落地满园青。

做农夫，要勤谨，就搓叶田绳。加车辐，搓棕绳，车轴要端正。

春分边，二月里，棚荐打完成。阴天公，雨落勤，合家闹盈盈。

堆田做岸挑稻秆，万紫千红总是春。

一交三月是清明，划船锣鼓闹盈盈。

先端正，上祖坟，打扮去游春。男共女，乱纷纷，老小一同行。

谷雨边，上庙门，了愿把香焚。晴天公，合乡邻，保佑全家门。

烧香不绝神烟广，路上行人欲断魂。

立夏时节四月天，家家户户养花蚕。

头眠过，是二眠，出火做三眠。买贱叶，爽大眠，开摘上山边。

小满边，蚕做茧，做丝又剥绵。心欢喜，谢神天，豆麦尽收全。

收好春蚕上秧水，才了蚕桑又插田。

五月石榴正放花，天公无雨要踏车。

男人家，捏铁耙，摊田把泥耙。女人家，捏秧把，捉空削棉花。

夏至边，雨麻花，蓑衣箬帽遮。大雨落，急巴巴，处处有虫捉。

黄梅时节勤落雨，青草池塘处处蛙。

六月耘田不会差，随秧转青绿娃娃。

去耘田，草来拔，无雨要踏车。拆二叶，晒蚕沙，不再去闲岔。

大暑边，缮吐沫，男女尽踏车。六月六，如火晒，亏得棚荐遮。

勤谨农夫把家记，日里耘田夜捉麻。

七月凉风初立秋，恰逢织女合牵牛。

耘档落，略闲游，捉空望田头。

一界雨，车轴收，放在屋前头。

处暑边，采蚕豆，丝瓜裙带豆。过时节，忙兜兜，馄饨鱼肉酒。

献请田头来祭祖，白云红叶两悠悠。

八月白露放稻花，不冷不热好摇纱。

男人家，采棉花，女人尽摇纱。捉个空，管瓜茄，勤弹晒棉花。

秋分节，看月华，吃饭说白话。中秋节，不生瓜，茄子不开花。

收过瓜茄多种菜，生活落档亲戚走。

九月重露暖温和，田里晚稻米粒粗。

开稻把，错勿多，淘米把粉磨。斋佛过，自落肚，横竖空工夫。

霜降过，早稻枯，捉稻前后呼。东风起，满天乌，心里急乎乎。

收割黄稻紧下麦，绝胜烟柳满皇都。

十月立冬谷上场，垦田下麦办官粮。

下蚕豆，种菜秧，老小一同行。西北风，急溜溜，开言铺砻床。

小雪边，早主张，粗米加食粮。做生意，趁财相，家道得兴昌。

粗米升合都不缺，雪却输梅一段香。

十一月大雪不见天，不论穷兴尽完全。

有家产，要内管，勤算费粮钱。穷人家，便心酸，缺米又无钱。

冬至边，雪连牵，冻来受饥寒。破帽子，无衣穿，租借极难还。

无柴无米无衣穿，件件心酸阵阵寒。

腊月来到小寒天，零散账目要还全。

南货店，米肉店，多是在上年。街坊去，上年店，纸烛买完全。

大寒边，月中间，账目尽还全。买帽子，做衣穿，鞋子尽完全。

天增岁月人增寿，将谓偷闲学少年。

春夏秋冬赞完全，才见开花又一年。

残冬边，腊月天，再投又一年。主东君，法心虔，志意待神天。

神受纳，降福全，人口保安全。看好蚕，种好田，火烛尽消全。

一年四季都如意，香进长斋笑佛前。

大排筵席待神天，朝神受纳喜心间。

老夫妻，心欢喜，弟兄都完全。攻书本，赛圣贤，及第必争先。

竖旗杆，上牌匾，头名中状元。做高官，置买田，高贵天下传。

滚灯狮子分左右，八尺楼台水接天。

有汤再把汤来念，无汤再把酒来添。

迎仙客，结香莲，表赞祭神天。

连连郎，郎连连，九酒三汤全。

送封筒，拆茶筵，传香喜心欢。

东君事事都如意，疑是蟾宫谪降仙。

该书目共有 16 个唱段（小节），每个唱段 16 句，共计 256 句。受限于作品本身的性质及其他因素，短短 200 多句实在难以将二十四节气的全貌和盘托出，也无法表达出细致的民俗事象。而该书是胡永良老师结合节气的自身经历、个人见闻及诸多文献考证后进行的不断校注和有力补充，已然呈现出了一套相对完整的地方二十四节气民俗图景。

此外，"三跳"也是浙江省非遗代表性项目。作为一种知名的地方曲艺形式，在其曲目中，也有与二十四节气相关的曲目。如《廿四节气堂书（三跳）》："闹花灯放立春天，红杏花开雨水前，芦林惊蛰风雷报，春分蝴蝶舞花间。清明风筝放断线，谷雨嫩茶飞彩云，立夏桑果樱桃美，小满养蚕又种田。芒种时候渔空乐，夏至无雨三伏焱，小暑知了知知叫，大暑池边赏红莲。立秋佳节丹桂放，处暑葵花露笑脸，拜月焚香飘白露，秋分过后稻透齐。交接寒露荷花白，霜降白菊满田园，立冬报喜三元瑞，片片鹅毛小雪天。丝绵暖身是大雪，寒梅冬至望江南，小寒游子思故里，大寒岁末过新年。四季平安家家乐，风调雨顺万万年。"①

---

① 桐乡市农经局、桐乡市气象局、桐乡市文联：《桐乡农业气象谚语故事》，内部出版，2011年，第184—185页。

嘉兴二十四节气相关传说故事

有关嘉兴二十四节气的传说故事其实并不算多，但相对较为集中，多为清明、立夏节气。该类传说以故事的形式讲述各种风俗的来历，虽然不可能完全符合史实，却也是民众对地方历史的一种理解和对区域文化的一种认可，表达了民众对日常生活的热爱和对农业生产的热情，是民众生活智慧的结晶。

一、清明

（一）青团故事

青团子的由来

嘉善民间每逢清明时节，家家都要吃青团子，为什么有这种风俗呢？

传说孟姜女的丈夫万喜良在建造万里长城中身亡后，每年清明节，孟姜女总是身穿白衣裙，千里迢迢去万里长城上坟祭奠丈夫万喜良。可是，她每次所带的祭品除香烛、锡箔以外，白团子、水果、糕点等都在过关时被守关的官兵没收吃光。孟姜女只得在丈夫的坟前点烛焚香，哭拜一番离去，年年如此。

有一年清明节，孟姜女照例去长城祭夫。一路上春雨绵绵，她一步一滑行走着。突然脚下一滑，跌倒在地，一篮祭品滚到青草地里。她起身去收拾祭品时，已是烛扁香断，雪白的糯米团子沾上青草的汁水，颜色变青了。在过关的检查中，守关官兵看到这种表面很脏的团子，都不去没收和争吃了。孟姜女这才顺利地将她亲手做的团子，送到万喜良的坟前祭奠。

从此，孟姜女到了清明节，就搞来青菜叶子，挤出汁水，渗入白米粉里，做成青团子。她拿着青团子去长城扫墓。守关的官兵看到青黑色的团子，都以为是用粗粮做的，再也没有争吃和没收。

故事流传到现在，嘉善农村里，人们都在清明节用青团子上坟，像孟姜女祭丈夫那样虔诚地祭奠自己的亲人。城镇上，在清明时节也有青团子供应，以示清明节已到。在清明节吃青团子就成了民间的一种风俗。

1987 年搜集于嘉善县老干部局，流传于嘉善农村

口述者：涂传锡 男 山东人

搜集者：唐彩生

（原载《中国民间文学集成浙江省嘉善县故事、谚语卷》，嘉善县文化局、文联、文化馆编，浙江省民间文学集成办公室出版，1988 年）

青团子

每到清明时节，江南水乡的老百姓都喜欢蒸青团子吃。说起青团子，这里有一段传说。

当初，太平天国打天下，浙江的老百姓可高兴哩。他们纷纷传说：太平军，是亲人，债务全理清，光棍好娶亲。这样的好队伍，世上少有，人间难寻。大家都盼着太平天国的江山一天天扩大，太平天国的大旗能代代相传！

这年春天，浙江海盐的老百姓正忙着翻耕大田，插秧种田。忽然，远处传来一阵马蹄声，大家抬头望去，只见一个身穿太平军服装的军官正气喘吁吁地向这里奔来，后面人声嘈杂，尘土飞扬，看来追兵马上要赶到。大家的心一下子都提了上来，怎么办？

这时，从田里走上来一个种田人，他就是远近闻名的光棍张三。张家几代长工，好不容易盼来了太平军，他才娶了亲，成了家。今朝恩人遇难，他自然不会袖手旁观，决心豁出性命相救。张三一把拉住那人，帮他脱下军服，藏在秧担下面，一面又递给他一根牛鞭，呶呶嘴叫他下水田驾牛犁田去。

那太平军将领也是农民出身，在家时样样农活拿得起，现在一下田，马上熟门熟路地干了起来。不一会儿，大批清兵赶到，看看在田畈里干活的种田人，一个个都打着赤膊，满腿泥浆，忙得汗流浃背，都不像是太平军，就急忙追到前面去寻找。谁知到前面一看，是个死浜底，并无其他出路。清兵起了疑心，估计太平军将领没有逃远，就索性在村子里住了下来，一面派人四下放哨、搜寻，非要把人找到不可。

张三一看这架势，晓得事情难办，就给太平军将领打了个招呼，要他暂时不要进村，假装农活紧张，干脆泡在田畈里再说。那将领说："别的都好办，就是一天奔波下来，肚子早已饿得咕咕叫了，怕撑不到天黑。"张三一口答应回家给他弄点心去。

一路上，张三见三三两两的清兵在村里窜来窜去，贼头贼脑地探听消息，空气实在紧张！他想：就是点心做好了也送不出去哇，得另外再想个办法才好。正走着，一脚踢着块石子，打了个趔趄。张三低头一看，一簇嫩艾草被他踢得稀烂，脚趾头竟染上了绿油油的颜色。他眼前一亮，喊一声："有办法啦！"连忙唤来村里几个小孩，要他们帮忙采艾草。不一会儿，艾草煮熟，拌上糯米粉，蒸出的团子果然是青光光的。张三抓来一大把水草，裹着青团子，放进秧担，就大大咧咧地挑着出了村。

有个清兵不放心，跟着张三出村，来到田边。张三跟正在犁田的将领打了个招呼，就抓起大把大把的水草往水田里抛。清兵见水草里怎么还夹着一个个圆坨坨、软乎乎的东西，颜色又是青光光的，啥名堂？他没见过，有点吃不准，就打起官腔问道："这是什么东西？"

张三听了，哈哈大笑："这个东西嘛，老爷见了把头摇，穷人见了当作宝。唉，想不到大清的官兵连肥料也识不得，真作孽啊！"

说完，一担水草也抛完了，张三朝那将领眨眨眼睛，挑起空担子自顾自走了。

清兵碰了一鼻子灰。他可从来没种过田，见这些圆坨坨、青光光的东西一下水田，早已沾满了烂泥，也就懒得再去捡起来细看，只好跟着张三回村。

那太平军将领等他们走远了，连忙从田里捞起一个青团子，洗去烂泥，一咬，真香！他顿时来了精神，就一面犁田，一面拣青团子吃。等到天色一片漆黑，他早已把肚子吃得饱饱的，养足了精神，悄悄躲过清兵包围，安全返回太平军的大本营。

你道那太平军将领是谁？原来竟是大名鼎鼎的忠王李秀成。据说，他后来还特地到海盐来拜访张三，并学会了做青团子的本领，带回兵营，广为传播呢。

从此以后，每到清明时节，江浙一带的老百姓都喜欢做青团子吃。这习惯世代相传，一直传到了今天。

讲述者：鲍林鸣
整理者：希稼

（原载《西湖》，1982 年第 1 期）

青汁圆团与清明节

"清明时节雨纷纷"，随着一年一度清明节的临近，平湖农村的青汁圆团又被端上桌了。

相传古代大禹治水，历尽千难万险为民造福，三过家门而不入。大禹死后，人们为了纪念他，清明节时都会带许多精美供品去扫墓。当时，一位年轻人提出，大禹为我们治了水，稻子丰收了，青青的麦苗长势喜人，我们应该用这些稻米和青青的菜叶做成青汁圆团纪念他，让他在九泉之下更加欢喜。大家一听都觉得他的主意不错。于是，到了清明节，大家就用糯米粉及青菜叶试做了"青汁圆团"。由于第一次做没有经验，味道又苦又涩，人们就加进少量石灰水搅拌。煮熟后一尝，果然清除了苦涩味，味道清香可口。从此，每年一到春季青苗返青的清明时节，人们便做起青汁圆团以纪念大禹或祭祀祖宗。久而久之，这就成了平湖农村的传统习俗并流传了下来。

一年四季中，只有清明节才做青汁圆团吃，其他节气一般不做。青汁圆团看上去碧绿生青、光滑晶亮，尝一口清香扑鼻，与白圆团相比，另有一番风味。

做青汁圆团时先要将各种青菜叶或花草叶煮熟，再加少量石灰水搅拌，然后把磨细的糯米粉与之和均匀，搓成一个个圆形团子，上蒸笼煮熟。如果看见别人正在做圆团，要说"哟！你家圆团粉'清香'来，颜色青绿来"作为道喜。青汁圆团的馅一般是红糖赤豆沙，也有用蚕豆红糖搅拌而成的。

青汁圆团既可用于清明节时上坟祭祀，又可作为走亲访友时携带的一种礼物，还可作为上新坟时的一种食物分给大家。

（原载《嘉兴日报〈平湖版〉》，2005 年 4 月 1 日；现载《水乡风情》，张玉观著，文心出版社，2006 年）

（二）清明祭祖

清明节扫墓的来历

话说朱元璋自领兵打败了元朝以后，建立了又一个封建王朝——明朝。朱元璋则成了明王朝的开国皇帝。

这一日早朝已毕，坐在龙椅之上的朱元璋忽然想起了一件事情，就金口一启，说道："众位爱卿，孤自得大家扶持以来，食山珍海味，着龙缎锦绣，享尽了人间之乐。可想起自小抚养拉扯孤的母亲，就食无味，寝不安。今孤想回乡扫祭母坟，不知哪位爱卿愿保驾前往？"

朱元璋话音刚落，朝臣中就跨出一位大将。谁呢？就是痴虎大将军胡大海。这痴虎大将军一踏上金殿，就"扑通"跪下，叫道："皇帝哥哥哎，我胡大海愿保驾前去哟！"朱元璋一看，心里高兴，心想还是我的这位"御弟"，口中说道："好，就让御弟随孤去吧！"

朱元璋刚想吩咐散朝，不想又踏出一位大臣。谁呢？就是他的那位护国军师，明朝的开国丞相刘伯温。只见刘伯温来到朱元璋面前，双膝跪倒，奏道："吾皇万岁，万万岁！臣以为陛下回乡扫祭母坟，实乃大事一件。但不知陛下可还记得其安葬之地？"

一句话，把朱元璋问了个张口结舌。他一想：对啊，自己这几十年来颠沛奔波，怎么还记得起母亲埋葬的地方呢？既不知道母亲的安葬所在，那又怎么去扫祭母坟呢？

朱元璋这一急，脱口而出："那依爱卿之见，孤该怎么办呢？"

"这个嘛——"刘伯温顿了一顿，又说道，"只需略施小计。"朱元璋一听：什么，这也要施计？马上说道："爱卿快讲。"

刘伯温不紧不慢地说道："念我中华民族，自古就有祭奠祖宗的习惯。臣以为只要在清明那天，陛下下道圣旨，令全国百姓都得在这一日到自己祖宗坟上扫祭。然后陛下派人打探，没有人扫祭的坟墓不就是了吗？"

一席话，说得朱元璋和满朝文武都连连点头。朱元璋马上传下圣旨，吩咐立即去办。由于这是皇帝的圣旨，百姓们都不敢不遵守，同时也觉得这样才对得起自己已经过世的亲人，于是清明扫墓这一习俗就一直沿袭到现在。

　　　　　　　　　　1984 年搜集于凤桐乡，流传于凤桐乡

　　　　　　　　　　　　　口述者：王金山　男　嘉善人

　　　　　　　　　　　　　　　　　搜集者：金志方

　　（原载《中国民间文学集成浙江省嘉善县故事、谚语卷》，嘉善县文化局、文联、文化馆编，浙江省民间文学集成办公室出版，1988 年）

正清明上祖坟

　　"南北山头多墓田，清明祭扫各纷然。"海宁民间有清明日到先祖墓前祭扫的习俗，谓之扫墓，或称上坟。我国在秦朝以前就已有祭扫祖茔之事，但不一定在清明日，有在清明前十天到后十天之间的，也有在清明前一天到夏至日止的。唯独海宁是正清明扫墓，说到由来，有一个"孝子寻娘"的动人传说。

　　相传，元朝末年，元文宗图帖睦尔听谋士说"戊辰年，濠州地方有真主降世"，便下诏在濠州地方大肆搜捕、杀戮孕妇。钟离乡有个陈姓孕妇闻讯后连夜偷渡长江，逃往江南，靠乞讨来到海宁。这年 9 月里，她在钱塘江边的一座破庙里产下一个儿子，取名重八，这就是后来的明朝开国皇帝朱元龙（即朱元璋）。

　　朱元龙长大后组织农民起义，从江南打到江北，创立了大明江山。此刻，他想起了慈爱的母亲陈氏，还流落在江南海宁。俗话说，"养育之恩""百善孝为先"。于是，二月初八这天，朱元龙微服私访，来到海宁，到原先他当过小和尚的太平寺，多方打听，人们都说："这个江北老阿太已经长长远远没看见了，怕已不在人世。"朱元龙当即通过海宁州府下令："海宁民间祭扫祖坟，一律定在清明日，不得有违。"这是什么道理呢？原来，朱元龙是想通过清明日扫墓，叫人们到各人坟地去查看一下，坟头上没有压纸钱的便是孤坟。再查看一下，这坟中葬的是男是女，是老是少。最后终于查到了朱元龙母亲"朱陈氏之墓"。听说，后来朱元龙把母亲的遗骸运到了南京，归葬在紫金山下。这就是海宁正清明上坟的由来。

记录整理：王雪康

（原载《海宁民俗风情大观》，王基仁、严海城主编，西泠印社出版社，1999 年）

清明上坟的来历

都说清明上坟是朱元璋定下的规矩。说起这事，还有一段故事哩。

朱元璋做了皇帝以后，忽然想起了自己的母亲，心想自己从军起义，南征北战，一直顾不上回去看望母亲，如今天下太平，也应该接母亲来享享福了。于是一声令下，带领全副銮驾，浩浩荡荡出了南京，直奔浙江海盐而来。

有人要问，朱元璋是安徽凤阳人，他母亲怎么会在海盐呢？这里有个缘故。当初，朱元璋的母亲怀着孩子跟着别人逃难，一路讨饭，历尽艰险，到了杭州湾边上的惹山寺，被当家和尚收留，在寺后面一间破屋里生下了朱元璋。所以今朝朱元璋找母亲，自然是要到海盐来找了。

谁知道，朱元璋来到了惹山脚下，却见当年的惹山寺早已墙坍壁倒，蛛网高悬，空无一人。朱元璋急忙派人四处打听，才知道自己从军后，当家和尚就死了。庙里香火败落，老母亲贫病交加，早已饿死在寺里。多亏几个好心的老人帮助料理后事，才免遭暴尸荒野。如今，那几个老人也相继去世，连老娘的坟墓在哪里，也无人知道。

朱元璋一听，难过啊！想想母亲为了自己，一生受尽了惊吓不说，还起早落夜，与人帮工。6月炎夏，山蚊子成群，她在昏暗的油灯下为人缝制罗裙；寒冬腊月，大雪纷飞，她在封冻的河滩旁为人浆洗衣衫。娘养儿子盼长大。一碗糠粥，上面薄的自己喝，下面稠的留给儿子。到如今，自己当了皇帝，母亲却连尸骨都寻不到了。想到这里，他不由得放声大哭起来。

皇帝一哭，可不得了，满朝文武面面相觑，束手无策。刘伯温在一旁，心里一急，倒急出个办法来，就走上前去如此这般一说。朱元璋这才停住了哭声，传下圣旨：明天是清明节，圣上与民共祭天地，同拜祖宗，钦赐家家上坟祭祖。

圣旨一下，哪个敢不听？百姓们纷纷准备上坟祭祖的事情。第二天，朱元璋微服出巡，只见家家坟头香烟缭绕，哭声哀哀，走遍了坟地，没有一个坟前是冷冷清清的，而在那边的河滩旁，有个孤零零的小土坟，没人去祭奠。朱元璋认得那河滩正是母亲当年为人浆洗衣衫的地方，心中一热，知道这一定是亲娘的坟墓了，急忙到坟前跪下，放声大哭起来。

朱元璋回到南京以后，立即拨出一大笔银子，把这个荒草孤坟修成国太坟，同时重建惹山寺。又因为这个寺庙当年住过国太，所以改名"白龙庵"。传说清明上坟的习惯，也是打从朱元璋之后，才世代相传的。

讲述者：周瑞祥

记录整理者：周乐训 1983 年 10 月采录

（原载《鹃花》1984 年第 3 期，现载《民间文学》，胡永良、杨学军主编，西泠印社出版社，2014 年）

（三）习俗气候

清明夜为啥吃螺蛳

据传，南宋末年，恭帝赵显年幼无能，太后谢氏掌权，奸臣当道，在以忽必烈为首的蒙古人面前，献土卖国，致使元军大举南犯，江南各地到处驻扎着元军。

这年春天，江南一个小村坊来了一队元军，他们大肆抢劫掳掠，殴打村民，晚上不准点灯。哪家要是娶媳妇，新娘子都难逃他们的侮辱，还强迫每户人家供养一个元兵。对于这些元兵，人人都恨之入骨。大家暗中约定，清明节夜里，以螺蛳壳撒在瓦上的声音为信号，全村一齐动手。清明节这一天，全村家家户户都炒螺蛳吃。到半夜三更，元兵们困得稀里糊涂时，突然各家的屋面上响起了"噼里啪啦"的声音。元兵们半梦半醒还以为落冰雹了呢。没等他们清醒过来，村民们的铁耙、锄头、扁担、菜刀早已叫他们一命呜呼了。驻在村里的元兵一个不剩全被杀死。为了躲避元军的报复，村民们连夜赶做了许许多多的圆子、粽子，准备三天内不动烟火，带足圆子、粽子，离开村庄到荒草野地去躲避灾祸。

据说，现在清明夜吃螺蛳并把壳撒在瓦上的习俗，就是从那时开始的。

讲述者：沈荣春 男

记录整理者：朱瑞民 1982 年 2 月 10 日采录于洲泉

（原载《中国民间文学集成浙江省桐乡县卷》，桐乡县民间文学集成办公室编，浙江省民间文学集成办公室出版，1989 年）

清明为啥插杨柳

在桐乡农村，流传着清明节插杨柳的习俗。据说，这一风俗还是唐朝时候传下来的。

黄巢造反的时候，有一年春天，一支造反军被官兵围困在运河边上一树林里。造反军专杀财主，搭救穷人，穷人从心底里拥护造反军。村上的穷苦百姓得知造反军被围，担心他们挨饿，千方百计给造反军送吃的。这天正好是清明前夕，大家准备拿一些清明团子和粽子送去。为了躲避官兵耳目，他们把团子和粽子放在草篰里，上面折几枝抽叶的杨柳条盖着，装成割了羊草的样子送出去。造反军收到老百姓送来的食物，万分感激，说道："百姓是义军父母，义军是百姓子弟，父母爱子弟，子弟敬父母。明天义军就要突围反攻了，你们回去转告其他百姓，凡是拥护义军的乡亲，只要在门前屋檐上插上柳条，就会受到保护。"送东西的人回村以后，把这个消息偷偷地转告了全村穷苦百姓。第二天是清明节，村里家家门前都插上了青青的杨柳条。义军突围反攻时，大家都平安无事。从此，这一带就留下了清明节插杨柳的风俗。

讲述者：陈圣良 男

记录整理者：陆富良 1985 年 6 月采录于安兴乡茶店

（原载《中国民间文学集成浙江省桐乡县卷》，桐乡县民间文学集成办公室编，浙江省民间文学集成办公室出版，1989 年）

清明雨

在很久很久以前，清明时节是风和日丽、春光明媚的，可后来，因为一条龙为母亲上坟，才弄得"清明时节雨纷纷，路上行人欲断魂"。说起清明雨的由来，在杭嘉湖一带，有这样一个传说。

凌采莲生长在大海边的一个村子里，天生丽质，貌若天仙，是上下三村最漂亮的姑娘。再加上她贤惠懂事，非一般女子可比。这天，县官下村办案，一眼就看上了她，要收她做偏房。族长正愁巴结不上县太爷，一看机会来了，就自告奋勇地做起了媒人。凌采莲自然不愿意嫁给一个糟老头子，可在族长软硬兼施之下，凌采莲的父亲只得违心地答应了。

尽管凌采莲死活不从，但想到母亲早亡，父亲又当爹又当妈地把自己抚养长大，为了父亲，她还是上了花轿。但在渡河时，凌采莲猛地拉开轿帘，冲出花轿，纵身一跳，跃入了大水中。等到迎亲的人回过神来，哪里还有她的身影。

凌采莲沉入水中后，半昏迷中好像有人把她托了起来。不知过了多少时间，她漂浮到了岸边，慢慢地苏醒过来。睁开眼睛看到一位模样俊俏的后生，看来是他救了自己。

路上，后生告诉她，他姓金名龙，父母早亡，独自一人住在大海边，靠种地、捕鱼度日。在金龙的追问下，凌采莲也说了自己的遭遇。他们来到海边一间单独的茅屋里，金龙说，这就是他的家。

回去还不是重落虎口，无家可归、走投无路的凌采莲对这位救命恩人有了爱慕之意，就这样，他们将茅屋做洞房，当天就结成了夫妻。

其实，金龙并不是人，而是一条龙。这天他正在大水中游玩，看到有人跳水，就把她救了起来，想不到两人成了夫妻。夫妇俩恩恩爱爱，不知不觉两个多月过去了。金龙想，自己是异类的事，瞒得了一时，瞒不了一世，与其以后被她识破，还不如主动说出实情，就对妻子说了。

凌采莲并没有感到吃惊，因为有一天早上，她在清理被褥时，看到了一块鳞片，后又发觉金龙腰身有一个新的小小伤疤，想到那天水中的情形，觉察到自己的丈夫不是人类，可能是条龙。看他待自己不错，再说嫁鸡随鸡，已是夫妻，所以也顾不得许多了。

这一年，家乡大旱，凌采莲想，自己从小没有母亲，村里人对她比亲人还要好，长大后一直没能报答，心中感到内疚。现在已三个多月没有下过雨了，草木都快要枯死，吃水已经非常困难。既然丈夫是条龙，下一场雨就不是一件困难的事，就要金龙为她去报恩。

金龙虽然感到为难，但想到，自己妻子知道真相后并没有害怕，更没有离他而去，这样的好妻子，就是为她上刀山下火海也是应该的，所以当即就答应了。第二天一早，他显出真身，直冲云霄。不一会儿，乌云密布，大雨倾盆，金龙一口气下了4个小时的雨，喜得百姓跪在雨中对着他拜谢。

金龙清楚，自己已违犯了天条，但为妻子报了恩，解除了百姓的干旱之苦，也值得。这事终于被玉皇大帝知道了，天庭追究是谁下的雨，很快查到了金龙身上。玉帝大怒，下旨将金龙捉拿归案，斩首了。

凌采莲悲痛欲绝，想一死了之，但想到腹中已有金龙的骨肉，说什么也要把他生下来抚养成人，这才对得起死去的夫君。

十月怀胎后，凌采莲生了一个儿子。她含辛茹苦，好不容易八年过去了。儿子小金龙非常懂事，帮妈妈干活，凌采莲感到欣慰。

女儿还活着的消息，终究被凌采莲的父亲得知了，他好高兴啊，连忙把女儿和外孙接到了家里。

当年，凌采莲往水中一跳，县官就怪罪于族长，还要他赔偿损失。凌采莲家已死了人，更何况家徒四壁，族长也捞不到什么。他十分生气，如今一听凌采莲回来了，自然不肯放过她，就抓住她没有丈夫而私生儿子的把柄，指责她不守规矩、伤风败俗，要按族规处置。

凌父说什么也不会想到，这么多年了，族长还不肯放过采莲，接回女儿反而害了她，可面对有财有势的族长，以及那可怕的族规，他也无可奈何，心中好似刀剐，只得暗暗流泪。

这天上午，在族长的指使下，几个汉子把凌采莲放进了竹编的猪笼中。小金龙冲过去解救母亲，可小小年纪，哪里是他们的对手。

看到母亲被抛入了水中，小金龙愤怒到了极点，心口烈火似的燃烧着，胸腔里的怒气直冒青烟。他感觉到浑身火烫，奇痒难忍，头顶胀得剧痛。突然间，小金龙头上长出了角，口边生须，眼睛突出，面色金黄，人头变成了龙头。不一会儿，他的颈项上也长满了金鳞，迅速地往身上蔓延，很快成了龙身。在场的人惊呆了，家奴们哪里还敢抓他，吓得魂飞魄散，只顾自己逃命了。

小金龙朝着外公点了点头，尾巴一甩，把坐在太师椅上督阵的族长扫出三丈远，族长当场摔死了。

小金龙跳入大水，把猪笼一把抓起，放到了外公面前。可是，凌采莲早已没有气了。

一声霹雳，小金龙腾空而起，进入云端，向大海而去。顿时，天空"哗哗"地下起了大雨。

后来，每到清明节前后，小金龙都要来给母亲上坟。一路上，风雨相陪。有人说，这是小金龙为母亲的惨死而流的泪水。从那个时候开始，清明前后就会下雨，人们叫它清明雨。

（原载《桐乡农业气象谚语故事》，桐乡市农经局、桐乡市气象局、桐乡市文联编印，内部出版，2011 年）

二、立夏

（一）立夏食俗

立夏吃麻团

每年立夏，我们这一带农村有吃麻团的风俗习惯。麻团用蒸熟的糯米粉制成，内包糖馅，外撒芝麻，又糯又甜，味道蛮好。

麻团在街上点心店里日常有得卖，为啥立夏一定要吃呢？这里有一个说法。从前，一年夏天，有一个名叫阿大的年轻人下田干活。他管的田离家有两里多路，回家吃饭很不方便。他为了多干些活，每天出工时，总随身带几个糯米团子充饥。一天，阿大走在路上，突然被一群乌蚊挡住了去路。阿大大步快走，想避过这群乌蚊，可是避来避去避不掉。他走到哪里乌蚊飞到哪里，乌蚊在他眼前乱飞乱撞，弄得他眼睛也睁不开。他用汗巾边赶边走，走了好长时间，才走到田头。当他下到田里干活时，这群乌蚊仍旧缠住他不放。阿大无可奈何，只好用手不停地拍。过了一会儿，阿大感到肚子有点饿，便到田头树荫下面坐定，摸出糯米团子来吃。这时，一群乌蚊又飞过来叮人，还叮团子。糯米团子有黏性，乌蚊一叮上去就被粘住，到后来团子上粘了一批乌蚊，黑压压一片，好像撒了一层黑芝麻。这样一来，吓得其余的乌蚊再也不敢飞过来了。

第二天正好是立夏日，阿大做糯米团子时，有意在团子上面撒了一层黑芝麻。这天阿大出工时，边走边吃芝麻团子，说也奇怪，那些乌蚊见了阿大都远远地飞开了。原来乌蚊见到芝麻团子怕了。后来人们传开来说，立夏日吃了麻团，乌蚊就不会来叮。从此，立夏吃麻团的风俗就流传开了。

讲述者：朱月娥

记录整理者：范树立 1980 年 2 月采录于桐乡市崇福镇虎啸乡
李家坝村

（原载《中国民间文学集成浙江省桐乡县卷》，桐乡县民间文
学集成办公室编，浙江省民间文学集成办公室出版，1989 年）

嘉善的立夏塌饼

在嘉善农村，关于立夏塌饼有一段有趣的传说。

一位女子回娘家探亲，返回夫家时，打算做些团子带回去。阿
嫂作弄她，在糯米粉中掺入了做饴糖用的麦芽粉，以至糅合后软得
做不成团子，勉强做成了，但一放下，还是软塌成饼，于是称作"塌
饼"。那女子回去时，阿嫂还假意相送，途中遇雨，那媳妇因吃了
塌饼，饼里的草头有驱寒驱湿的疗效，安然无恙。阿嫂没吃塌饼，
感染了风寒。你看，立夏塌饼不仅软糯可口，还有祛风散寒的功效。
从此，立夏前后做立夏塌饼相沿成习。

记录整理：李身铿

（原载《中国食品》，1989 年第 4 期）

立夏塌饼

这天，刘备又想起赤壁之战，心想那次打败曹军，全靠吴国的援助。为了好好感谢孙权，刘备特地派猛将赵云送一份厚礼到吴国。临走那天，刘备又吩咐手下再赶制几百个糯米团子，也一起送去。

蜀国到吴国路远迢迢，再加上一路颠簸，几百个糯米团子送到吴国时，早已被压得扁扁的。赵云一看，这下子可坏了，要是把这些压扁的团子献给吴国，岂不有失蜀国的体面？但如果不送又怎么向刘备交代呢？赵云灵机一动，就对孙权说："吴王，我们蜀国历来有做'塌饼'的习俗，今天拿来献丑了。望吴王笑纳。"孙权一看，这塌饼虽然表面难看，但米粉却雪白锃亮，上面还印着一个"福"字呢。他就随手抓起一个咬了一口，觉得又糯又甜，十分爽口，便频频颔首，连声称好。

赵云到达吴国的日期刚巧是立夏日，孙权便将这塌饼叫作"立夏塌饼"，分给大小官员、皇妃、宫女品尝。

从那时候起，每年立夏日这一天，吴国皇宫总是仿效蜀国的塌饼，做上几百个分给大家吃。后来，老百姓也都学会了这样做。直到现在，浙江、江苏南部一带农村，每逢立夏日，都要磨米粉做塌饼吃。

讲述者：孙玉观

记录时间：1987 年 1 月 11 日

搜集整理者：俞关庚

（原载《中国民间文学集成浙江省嘉兴市海盐县卷》，海盐县民间文学集成办公室编，海盐县民间文学集成办公室出版，1989 年）

立夏塌饼

相传三国时，赵子龙在长坂坡，从曹营百万军中救出刘阿斗。可是赵子龙把阿斗交给刘备时，刘阿斗的生母已经去世。刘备带着周岁的孩子怎能南征北战呀？当时孙夫人在吴国还没有孩子，刘备是吴国太的爱婿，所以，决定让阿斗去吴国。

于是刘备就派小校 10 名，使女 10 名，由赵子龙护送去吴国。刘备还准备了礼物，其中有 20 蒸团子，装成两担，每一蒸团子叠起来，每一层团子用青菜叶隔开。

一到吴国都城，刚巧是立夏，孙夫人一见到白白胖胖的小阿斗，就亲热了一番。但是，阿斗由她抚养，她思想上有顾虑：她是晚娘，如果抚养得不好，刘备要责怪，而且在百姓中也会留下不好的影响；如果不接受，又说不过去。她仔细一想，想出一个办法：何不用秤把小阿斗在赵子龙面前称一称，到明年立夏再称，小阿斗养得好不好就知道了。所以，孙夫人对赵子龙说："赵将军，我们把小阿斗称一称，到明年立夏再称，如果重了，也好向玄德报个喜讯。"赵子龙当然答应。

称罢阿斗，赵子龙想把礼物送上去，这时候，看到两担团子被压得扁扁的，青菜叶子把团子染成了绿色。赵子龙不愧能文能武，他随机应变地说道："主母娘娘，我们蜀国有这样的风俗，在立夏，家家要做扁塌塌的塌饼，因而主公要我送上 20 蒸塌饼，请主母娘娘收下。"孙夫人高兴地接受了丈夫的礼物，分给宫女们吃了。塌饼又甜又糯，宫女吃了都说谢谢刘皇叔的恩赐。

从此孙夫人在每年的立夏，把小阿斗称一称，并做塌饼分给宫女们吃，立夏吃塌饼就慢慢成了风俗。

1981 年搜集于大云乡，流传于嘉善县农村

口述者：胡炳其　男　嘉善人

搜集者：唐彩生

（原载《采风》，现载《中国民间文学集成浙江省嘉善县故事、谚语卷》，嘉善县文化局、文联、文化馆编，浙江省民间文学集成办公室出版，1988 年）

（二）立夏称人

立夏称人

称人习俗，据说起源于元代。元朝统一江南后，在每个村坊派驻一个蒙古人来监管社会秩序。此人要由村里供养，他进来时会先称一称自己的体重，以后每到立夏这天，他都要重称一次，如果发现体重减轻，便要村里人赔银子，村里人怕赔不起，平时只好小心供养此人。久而久之，当地人也习惯在立夏这天称称自己的体重。从季节上看，立夏正值农忙即将开始之时，人的身体由于气候变化大，容易消瘦，谓之"疰夏"，所以，先称一下自己的体重，其实也是衡量身体是否强壮的一种简易方法，于是这种立夏称人的做法沿袭了下来。

（原载《一百个民间习俗》，嘉兴市南湖区档案局、嘉兴市南湖区文化馆编，团结出版社，2015 年）

三、小满与芒种

小满栽秧一两家，芒种插秧满天下

据传，不知道哪朝哪代，在今桐乡的留良一带，有一户李姓农家，家中的两位主劳力先后因病过世，只剩下祖孙俩相依为命。好在爷爷身子骨硬朗，总算把孙子拉扯成人。

这一年，孙子李季舟 15 岁了，长得高高大大，十分结实。这天是芒种前的一天，晚上，爷爷对季舟说："季舟啊，早点儿睡，明天早点起来跟爷爷插秧去。春争日，夏争时，从明天开始我们要大忙了。"季舟懂事地答应一声，便乖乖地睡了。

第二天，祖孙俩准备出门。爷爷抬头望了望天边，只见东方一片红霞，他转身进屋，拿了两件蓑衣。季舟不解地问："爷爷，今天天气这么好，红霞满天，一定是个大热天，你带蓑衣干什么？"爷爷笑笑，指指天边的红霞，朗声道："到底是小孩子家，不懂了吧？早霞勿出门，晚霞晒煞人。以后你要记牢，早晨起来见到红霞，晚上回来一定会落雨，出门一定得带上蓑衣，要不然让雨淋湿了，会得病的。"

季舟虽然将信将疑，但他一向很听爷爷的话，就接过了爷爷递过来的蓑衣出了门。

祖孙俩一边说笑着，一边往秧田赶。当他们来到田头时，只见田头树根边有一个洞穴，洞穴口爬满了蚯蚓，把洞穴给堵了起来。季舟毕竟还带有孩子气，好奇地蹲下身子去拨弄那些蚯蚓，爷爷看了看，不觉皱起了眉，对孙子说："季舟，不要看了，赶紧下田，我们得抢时间，必须在大雨来之前，把这垄秧田插完。"

季舟抬头看了看天，又不解地问："你不是说，晚上回家的时候才会落雨吗？你看，这天这么好，哪会落雨啊？"

爷爷指着洞口的蚯蚓，笑着说："你又不懂了，蚯蚓封洞有大雨，老话句句不落空，相信爷爷，赶紧下田！"

当这垄秧田快要插完的时候，天就起了变化，刚才还是艳阳高照的天空现已乌云密布，祖孙俩赶紧上了田埂，找了个屋檐躲雨。不一会儿，果然下起倾盆大雨。

祖孙俩站在屋檐下，季舟不由得对爷爷心服口服，他好奇地问爷爷："爷爷，为什么一定要赶在芒种后插秧呢？"爷爷回答道："我们家人少，不能与别人比，早点插，从小满开始就插秧，把时间拉长点，就不用这么累了啊。"

爷爷又笑着说："小满栽秧一两家，芒种插秧满天下。芒种后插秧，日后才会有好收成，这都是祖祖辈辈积累下来的经验啊！"

（原载《桐乡农业气象谚语故事》，桐乡市农经局、桐乡市气象局、桐乡市文联编印，内部出版，2011 年）

四、小暑

小暑一声雷，倒转做黄梅

杭白菊是桐乡特产，是一年收成的重点。但它生长周期较长，需要精心管理。关于杭白菊丰收，还有这样一句谚语："小暑一声雷，倒转做黄梅。"

杭嘉湖地区，每年到 6 月中旬都会进入梅雨季节，天气潮湿闷热，对农作物生长大有好处，但菊花最怕水淹。有个老农叫阿善，他每天去菊花地里修剪压枝，开沟排水。到了小暑的前一天，阿善心想，今年的梅雨还好，菊花没有被淹死，只要过了这个多雨的季节，今年菊花肯定会丰收。

可是，小暑这天，天空传来轰隆隆的雷声，接着就下起了雨。阿善一看，连忙身披蓑衣头戴箬帽，拿着铁锹来到菊花地里，把原先的排水沟挖大、挖深。别人看见了，对他说："阿善伯，你这是有力没处使，挖沟干什么，梅雨季节都过去了，马上就要高温了，天气一热还要往菊花地里浇水。现在正下雨，还是回家休息吧。"

阿善对那人说："俗话说，小暑一声雷，倒做黄梅十八天，今天小暑打雷了，就要下十八天的大雨，不开沟排水，到时什么都来不及了。"

那些人不听劝告，都笑阿善太呆了。可到了夜里，雨还是没止住，天边好像缺了一角似的，没完没了地下。第二天，人们到菊花地里一看，只有阿善的菊花地里的水排光了。

大雨一连下了整整十八天，把菊花都淹了大半，这一年，只有阿善家的菊花长势喜人，丰收在望。人们不得不佩服阿善聪明，于是这句谚语"小暑一声雷，倒转做黄梅"就流传了下来。

（原载《桐乡农业气象谚语故事》，桐乡市农经局、桐乡市气象局、桐乡市文联编印，内部出版，2011 年）

五、大暑

大暑种田勿为迟

从前，运河边上有户人家，母子两人相依为命。儿子阿根是个孝子，他除了把几亩田地种好之外，还把母亲照料得舒舒服服。

有一年，老母亲生病了，阿根忙前忙后地照料，等母亲的病好时，已到了大暑，他才想起几亩田还没种呢，错过了种田的最佳时节黄梅天。这天，阿根来到田头，看到别人家的田里早栽的秧苗绿油油的，而自家的田里还是一片荒草，那些秧苗又老又黄。望着眼前的情景，想想今年耽误了农时，错过了种田时节，今后一年的生活没有着落，年迈多病的老母亲将跟着自己饿肚子，阿根急得一屁股坐在地上号啕大哭。

这时，从远处飘然走来一位白胡子老人，看到阿根一个人坐在田头哭，便问道："一个大小伙子，有什么事如此伤心啊？"

阿根便将因老母亲生病，服侍老人误了种田，母子俩今后生活没有着落的情况告诉了老人。白胡子老人听完诉说，一手捋着胡子，一手拍着他的肩膀，笑呵呵地说："大暑种田勿为迟，铁杵挑稻两头矢。"说完，老人便飘然而去。阿根听了老人的话，心想反正田空着，母亲的病好了不用再看顾，就死马当作活马医，种下去再说。于是他赶紧耕田、插秧。之后又勤管理，多施肥。不久，他家田里的秧苗长势追上了别人家先种的田，秋收时他家的稻子也获得了丰收。从此以后，"大暑种田勿为迟"这句话便在这一带种田的农民中传开了。

（原载《桐乡农业气象谚语故事》，桐乡市农经局、桐乡市气象局、桐乡市文联编印，内部出版，2011年1月）

六、白露

白露身不露，赤膊当猪猡

在杭嘉湖一带，流传着这样一句谚语：白露身不露，赤膊当猪猡。为什么这么说？这里有一个传说。

从前，有一个姓张的孝子，以帮人杀猪为生。家中只有一个患病的老母亲。因为家境贫寒，张屠户40多岁了还娶不上妻子。他为了省下钱，给老母亲抓药，春秋穿得很单薄，一到夏天就索性打起了赤膊。

立秋后，天气一天天凉起来，人们都穿上了长袖衬衣，体弱怕冷的，甚至穿起了夹袄。白天有太阳时，还暖热些，但一到晚上，不穿衣服就扛不住了。张屠户却仍然光着上身。眼看白露到了，这天，他照例五更起床，打算帮雇主去杀猪。但他一起来就打了个寒战，夏天毕竟已经过去，夜里有些寒冷。老母亲听到他的动静，在床上叫道："儿呀，白露到了，你千万要穿上衣服，别露身感冒了。"张屠户答道："娘呀，儿子不冷，儿子要赤膊去杀猪猡呢。"

张屠户告别母亲，拿着杀猪工具出了门。露寒夜冷，张屠户忍着身上的寒冷，急急向雇主家走去。这次的雇主在五里外的李家村。天上的月亮不知躲到哪儿去了，只有几颗星星在漆黑的夜中闪着微弱的亮光。张屠户匆匆忙忙走着，不久身上热起来了，走了一会儿身上又冒出汗来。忽然，他似乎听到一种轻微的"沙沙"声。尽管他是屠夫，但在这静寂的黑暗中，听到这种声音，还是感到毛骨悚然。于是他加快了脚步，只听得到他越来越粗重的"呼哧、呼哧"的喘气声。由于急于赶路，在走近一片桑地时，他掉了一只鞋子，于是急忙弯下身子，睁大眼睛四处寻找起来。就在这时，突然从桑地中冲出两个人来，还没等他弄明白怎么回事，就已被他们捆绑起来，只听一人喊道："终于抓住你这畜生了！"张屠户急了，连声叫道："你们是谁？想干什么？"那两人听了，连忙拿出火柴，划亮了，看到被他们捆在地上的张屠户，惊讶地叫道："咦，怎么是个人呢？"另一人说道："天这么冷了，你怎么不穿衣服？"原来，他们跑了一只大肥猪，出来寻找，找了好久也找不到，正在失望，在黑暗中看到一堆白肉在"呼哧、呼哧"地晃动着，便以为是那只走丢的猪猡。

张屠户听了，哭笑不得：想不到自己这个杀猪的，反让人当成了猪猡！

到了白露这个季节，天气已经转凉，不能再像夏天那样，贪凉不穿衣服，否则就容易感冒生病。后来，老年人为了告诫年轻人，就常用这个故事来教育他们，有了这句"白露身不露，赤膊当猪猡"的谚语。

（原载《桐乡农业气象谚语故事》，桐乡市农经局、桐乡市气象局、桐乡市文联编印，内部出版，2011年）

七、冬至

冬至夜为什么要吃鸡蛋煮桂圆

在嘉善县城中，有冬至夜吃鸡蛋煮桂圆的风俗。据说，冬至夜全家吃鸡蛋和桂圆，保佑一年内身体健康，家庭像鸡蛋、桂圆一样，能圆圆满满、万事如意。

关于鸡蛋煮桂圆的风俗由来，有一个传说。

在明朝年间，嘉善城里出了一位在朝为官的魏大中，他为人耿直，敢于直言，忠心耿耿，忠君报国。他看到朝廷上奸臣魏忠贤独霸朝纲，危害忠良。他不怕魏忠贤官大势大，仗势欺人，列举了魏忠贤的十大罪状，在上朝时奏本皇上。可是皇帝不听他的忠告，反听魏忠贤的谗言，说魏大中贪污受贿，要将他推出午门斩首。多亏在朝忠臣保奏，才保住了性命，皇帝下旨："魏大中削职为民，遣送回家。"

魏大中被遣送回家那天，刚巧是冬至夜，魏夫人安慰了一番丈夫后，就烧出一碗热气腾腾的鸡蛋煮桂圆，里面有 3 个鸡蛋和 7 颗桂圆，说："不管三七二十一，补好身体要紧。老爷两袖清风，不怕奸臣侮辱、迫害。总有一天皇上会明白，老爷会胜利。"

这一年魏大中在家，果然身体健康、精神饱满，而且把奸臣魏忠贤的罪行具体地写成奏折，寄往京城。当魏忠贤知道魏大中还在揭发他的罪行时，他就在皇上面前参奏一本，把魏大中捉往京城，打入大牢。魏忠贤指使奸党，把与奸臣斗争一生的魏大中毒死狱中。

嘉善县城的百姓为了纪念这位具有大无畏精神的忠臣义士，形成冬至夜吃鸡蛋（3 个）煮桂圆（7 颗）的风俗。

1975 年搜集于魏塘镇，流传于城镇

口述者：徐明良 男 嘉善人

搜集者：唐彩生

（原载《中国民间文学集成浙江省嘉善县故事、谚语卷》，嘉善县文化局、文联、文化馆编，浙江省民间文学集成办公室出版，1988 年）

嘉兴二十四节气相关民间谚语

众所周知，谚语是人类语言的精华之一，是劳动人民的智慧结晶，是中华传统文化的重要组成部分。它以口口相传的形式流传至今，深受当地人民的喜爱。自古以来，我国以农立国，农业历史悠久，农谚相当丰富。二十四节气谚语是农耕文化的重要载体，是我国农业的宝贵财富。它道理直白、语言生动，通过节气物候、气象、雨雪、气温、湿度以及各种生态、物象的变化，透过简单通俗且精练生动、幽默风趣的话语，形成简明易懂的丰富经验，并对天气和气候进行预报，指导人们的农事活动。

千百年来，民间谚语为农业生产提供了宝贵的经验。下面以嘉兴地区部分史料典籍（主要包括各类古籍、县志、镇志、民间文学集成等）为蓝本，搜集、整理了部分民谚，以春夏秋冬四季的形式简要列举如下。

一、春季

立春赶春，万象回春。

立春不逢九，五谷样样有。

立春有雨春多雨。

立春晴好，个个节气好。

春打六九头，穷人苦出头。

立春落雨到清明，一日落雨一日晴。

腊月立春春水早，正月立春春水迟。

三朝雾露勿开眼，雨水淋淋没阶沿。

雨打正月半，一场勿好看。

雷响惊蛰前，七七四十九日勿见天。

雷打惊蛰头，低田好种豆。

惊蛰开雷，清明断雪，谷雨断霜。

惊蛰一声雷，翻转做忙头。

惊蛰雷声响，稻谷堆满场。

惊蛰不动风，冷到五月中。

惊蛰清田勤，虫死几千万。

吃了春分饭，一天长一线。

春分麦起身，一刻值千金（肥水要紧跟）。

春分大风夏至雨。

春分无雨到清明。

春分勿暖，秋分勿凉。

春分刮大风，刮到四月中。

春分早晨西南风，台风虫害有一宗。

春分雨勿歇，清明前后有好日。

清明下秧，勿得问爷娘。

清明前后，种瓜播豆。

清明寒，只讲蚕；清明热，只讲叶。

清明无雨早黄梅。

清明前头三朝露，条条沟里摊床铺。

二月清明，打过清明；三月清明，打齐清明。

二月清明不要慌，三月清明早下秧。

吃了清明粽，寒衣勿可送。

清明要明，谷雨要淋。

谷雨有雨，缸里有米；谷雨有雷，大雨相随。

谷雨前，好种棉；谷雨后，好种豆。

谷雨前后一场雨，好比秀才中了举。

谷雨头眠正合时。

谷雨三朝蚕出窝。

谷雨麦挺直，立夏麦秀齐。

谷雨雨勿休，桑叶好喂牛。

谷雨树头响，一瓣桑叶一斤鲞。

二、夏季

立夏三朝豆腥气。

立夏东南风，几日几夜好天空。

立夏吹北风，十个鱼塘九个空。

立夏叮当响，三斤桑叶换斤鲞。

立夏日，偷豆荚，黄狗咬脱屁曼肩（屁股）。

立夏勿吃梅，老来呒人陪。

立夏着棉袄，蚕娘活倒灶。

小满勿满，芒种勿管；小满要满，芒种勿旱。

小满勿满，黄梅勿管。

小满山头雾，小麦变成糊。

小满三日望麦黄。

麦到小满日夜黄。

出伙沿塘白，小满动三车。

芒种忙，收麦芒。

四月芒种让人种，五月芒种抢来种。

芒种芒种，样样要种，一样勿种，秋后落空。

芒种撤还田，借种春花不要钱。

芒种雨绵绵，夏至火烧天。

芒种雨淋淋，种田没收成。

芒种勿落谷，祖宗抱头哭。

吃了夏至面（饭），一天短一线。

夏至端午前，千步泼水好种田。

夏至难逢端午日，百年难遇岁朝春。

夏至根边草，好比毒蛇咬。

夏至弗种田，日夜弗得眠。

夏至大烂，梅雨当饭。

夏至三朝雾，河鳅要摸路（出门要摸路）。

夏至西南风，十个棉铃九个空。

夏至东风摇，小麦坐水牢。

夏至东南踏断腰，夏至西南没小桥。

夏至种豆，重阳种麦。

小暑一声雷，倒转（翻转／反转）做黄梅。

小暑勿见日头，大暑晒开石头。

小暑西南勿转头，三石一亩勿担忧。

小暑怕东风，大暑怕红霞。

小暑热过头，大暑凉飕飕；小暑凉飕飕，大暑热吼吼。

小暑里莳秧，只捞点钱粮。

小暑补棵一斗米，大暑补棵一升米。

大暑勿浇苗，到老无好苗。

大暑勿热，五谷勿结。

大暑前后，晒煞河鳅。

大暑热勿透，大热在秋后。

大暑勿耘稻，到老吭好稻。

三、秋季

雨打秋头，廿个大日头（晒煞鳝头）。

雨打秋尾巴，大水满人家。

朝立秋，凉飕飕；晚立秋，热吼吼。

早秋凉飕飕，晚秋晒煞牛。

立秋勿拔草，处暑勿长稻。

立秋种芝麻，老死勿开花。

七月立秋收成好，六月立秋年要荒。

一场秋雨一场寒，十场秋雨穿上棉。

处暑一声雷，瘪谷满场堆。

处暑勿开黄花，收勿到好棉花。

处暑勿浇苗，到老吭好稻。

处暑处暑，处处要水。

处暑里候雨，谷仓里候米。

处暑根头白，农民吃一派。

处暑根头摸一摸，一把烂泥一把谷。

处暑落雨好收成。

若要谷，处暑根头摸（处暑两边摸）。

白露身不露，赤膊当猪猡。

白露白弥弥（咪咪／迷迷），秋分稻秀齐。

白露勿露白，露白要赤脚。

白露前是雨，白露后是鬼。

白露吹东风，十个铃子九个浓；白露西北风，十个铃子九个空。

白露三朝，棉花上街。

过了白露节，夜冷日里热。

秋分秋分，昼夜平分。

秋分种蒜，寒露种麦。

秋分落好油菜秧，移栽过雪要发僵。

秋分晴到底，砻糠变成米。

秋分播草籽，寒露正当时。

秋分稻勿秀，割掉喂老牛。

寒露割青稻（无青稻／割早稻），霜降（立冬）一齐倒。

寒露三朝西北风，十个箔篮九个空。

不怕秋分连夜雨，只怕寒露一朝霜。

好看青苗好看稻，勿过寒露勿叫好。

八月寒露抢着种，九月寒露想着种。

大麦勿过寒露，小麦勿过霜降。

寒露开花，勿结铃子。

霜降拔葱，勿拔要空。

霜降见霜，米烂陈仓。

霜降前降霜，挑米像挑糠；霜降后降霜，稻谷打满仓。

霜降蚕豆立冬麦，过了时节侪勿发。

霜降播草籽，十爿九爿死。

四、冬季

蟹立冬，影无踪。

立冬种麦正得时。

立冬晴，一冬干。

立冬吭雨一冬晴，立冬落雨一冬雨。

立冬勿出洞，到老一根葱。

小雪打雷，种子发霉。

小雪雪花飞（雪满天），来年必丰年。

冬雪丰年春雪灾，落雪勿冷烊雪寒。

冬雪落得早，来年收成好。

冬雪是宝，春雪是草。

小雪弗见叶，老来勿见荚。

小雪就见雪，蚕豆少结荚。

小雪无云大雪补，大雪无云要春早。

小雪封地，大雪封河。

大雪不冻，惊蛰不开。

大雪下雪，来年雨不缺。

冬至大如年。

干净冬至邋遢年，邋遢冬至晴过年（干净年）。

有钿吃一夜，吭钿冻一夜。

冬至无霜，石臼无糠。

晴过冬至落过年，霜吊南风连夜雨。

冬至月头，吭菜油抹头。

冬至月尾巴，借田种菜花。

冬至勿结冰，冬后冷煞人。

冬至西北风，来年旱一春。

冬至前犁金，冬至后犁铁。

冬至月头，买被卖牛；冬至月尾，买牛卖被。

冬至一过，只吃勿做。

冬至馄饨夏至面。

吃了冬至面，一日长一线。

冬至出日头，正月冻煞牛。

一九有雪，九九有雪。

头九寒，九九暖；头九暖，九九寒。

冷在三九，热在三伏。

三九勿冷看六九，六九勿冷倒春寒。

三九不冷倒春。

三九四九，冻碎石臼。

小寒无雨，大暑必旱。

数九不冷，来年多虫（有瘟）。

小寒大寒，收作过年。

小寒接大寒，勤进猪栏和牛圈。

小寒大寒施腊肥，油菜小麦过冬齐。

附 录

冬至为何"大如年"?

2016 年 11 月 30 日，中国申报的"二十四节气——中国人通过观察太阳周年运动而形成的时间知识体系及其实践"顺利入选联合国教科文组织人类非物质文化遗产代表作名录。在入选名录不到一个月的时候，就迎来了二十四节气中一个极其重要的节气——冬至。毫无疑问，在二十四节气发展的历史长河中，冬至是异常重要的，不仅早在 2500 多年前的春秋时期就已经被人们用土圭观测太阳测定了出来，是中国最早确定的一个节气，而且曾多次被官方定为节日，甚至一度成为中国人的"岁首"，即过年。近些年，每每冬至临近之时，媒体都非常喜欢且习惯用"冬至大如年"这则谚语作为标题，以表达冬至在国人心中的重要地位。那它为何会流传至今呢？应该逃不脱"岁首""祭祀"和"数九"这三个词。

一、旧时岁首：一朝冬至"曾是年"

冬至也是中华民族的传统节日，又被称为"冬节""长至节""亚岁"等，人们早在2500多年前的春秋时代就开始过冬至了。[1]其实，冬至习俗原本是周朝年俗的残余，"冬至大如年"原本就是因为"冬至曾是年"。

早在春秋时期，"冬至"作为节气就已被正式确立。从周朝至秦朝，古人都以农历十一月为正月，冬至为岁首。[2]《周易·复》载："先王以至日闭关，商旅不行，后不省方。"《周礼·春官·神仕》载："以冬至日，致天神人鬼。"也就是说，官方要在冬至这一天举行国家祭祀典礼，"上祀天神，下祭人鬼"。

汉代改用夏历，冬至虽不再是岁首，但其节庆活动依然隆重非凡。《后汉书·礼仪志》载："冬至前后，君子安身静体，百官绝事，不听政，择吉辰而后省事。"说的是，在冬至前后，朝廷上下都要放假休息，共同欢乐地过一个"安身静体"的节日。《白虎通义》还对冬至日"休兵、不兴事、闭关、商旅不行"的原因进行了解释："此日阳气微，王者承天理物，故率天下静，不复行役，以扶助微气，成万物也。"

唐、宋时期，冬至延续了其"节日"定位，成了祭天祭祖的日子，皇帝要在这一天到郊外进行祭天大典，称为"冬至郊天"，百姓则会在这一天向父母尊长祭拜。

明清两代皇帝冬至要到天坛祭天，次日则在太和殿里接受文武百官的朝贺。清代顾禄撰写的《清嘉录》[3]卷十一中便有"十一月·冬至大如年"的相关记载："郡人最重冬至节……节前一夕，俗呼'冬至夜'……诸凡仪文，加于常节，故有'冬至大如年'之谚。"这

---

① 阿成：《冬至大如年》，《人民日报海外版》2016年12月3日，第10版。

② 施立学：《冬至为何"大如年"》，《长春日报》2016年12月15日，第7版。

③ 顾禄撰，来新夏校点：《清嘉录》，上海古籍出版社1986年版，第155页。

是关于"冬至大如年"最早、最完整的文字记载。该书是清代道光年间苏州文士顾禄的著作，以十二月为序，记述了苏州及其附近地区的节令习俗。而苏州与嘉兴的距离，一直比较近。时至今日，这句谚语依然在江南地区广泛流传，尤其是在嘉兴地区。海宁地区民众对冬至日非常看重，把冬至与春节相提并论，也有"冬至大如年"之说。冬至日第一件事是祭祀祖宗，仪式颇为讲究，不亚于过年。祭祖一般要两次，先祭"地主太太"，后祭自家祖宗。冬至夜，有吃糖胡桃炖鸡蛋进补的习惯，考究人家烧黄芪鸡进补。冬至前后，家家腌制鱼肉，称"年鱼""年肉"。① 《新塍镇志》中也有类似记载。冬至日，亦为鬼神之节，俗云"冬至大如年"。冬至前一夜为冬至夜，晚上家家备香烛、锡箔祭祀祖先，饮冬酿酒、食滋补品，此俗今尚存。乡谚云，"睡在冬至夜，玩在夏至日"，此谓冬至夜为一年最长之夜的意思。② 《大云镇志》将"冬至"视为"大节日"，即"冬至，古代为大节日，祭祖，祖坟复土，露天棺材将尸骨敛入甏里，掩埋做坟，焚烧棺材，有钱人家做喜坑。近年，有些人家在此日把骨灰盒入公墓安葬"③。此外，还有"冬至动土，百无禁忌"的说法。

民国时期也曾把"冬至"作为正式节日，放假一天。陕西地区旧时还流传有谚语："冬至大如年，先生（指老师）不放（假）不给钱。冬至大似节，东家不放（工）不肯歇。"说的就是过去的冬至曾像过年一样重要，学生、长短工都该享受假期。

直到现在，我国仍有许多地方在冬至这天过节庆贺。

---

① 海宁市文化广电新闻出版局：《海宁风俗》，浙江古籍出版社 2010 年版，第 19 页。
② 《新塍镇志》编纂委员会：《新塍镇志》，上海社会科学院出版社 1998 年版，第 251 页。
③ 《大云镇志》编纂委员会：《大云镇志》，中国文史出版社 2016 年版，第 366 页。

二、举国祭祀：一场冬至"见面会"

《周礼》载："以冬至日，致天神人鬼。"文字简单直观地表明了冬至时节的一个民俗事象——祭祀。祭祀的内容又清晰地涵盖了三界——神界、人间和鬼界，对这三界进行的不同祭祀活动分别代表了不同的民俗寓意。一般来说，冬至之日，皇帝祭天，百姓祭祖，当然也不乏有人会去纪念古人或祭奠孤魂野鬼。例如，在"三门祭冬"中就有"取长流水、祈天祭祖、演祝寿戏、行敬老礼、设老人宴"等多项冬至节气民俗活动。在古代，每一次的祭祀活动，都堪称一次有计划的"多方见面会"。

（一）祭神

前文提到，汉时的冬至已被官方作为节日，朝廷放假，官方会举办庆贺仪式，俗称"贺冬"（又称"拜冬"，至今我国有些地区依旧有"馄饨拜冬"的习俗）。《汉书》载："冬至阳气起，君道长，故贺。"人们认为，冬至后白昼渐长，阳气回升，节气再次循环，是吉日，自然应该庆贺。宋时，冬至逐渐成为祭祀神灵和祖先的节日，节日气氛也到达顶峰，可与过年相提并论。

明清时，皇帝与文武百官在冬至这一天到郊外举行盛大的祭天大典，称为"冬至郊天"，次日则在太和殿里接受文武百官的朝贺[1]，其节日地位可见一斑。祭天要在郊外进行，故祭天又称"郊祀"。因为天属阳、地属阴，又因为南代表阳、北代表阴，所以冬至祭天要在南郊进行。[2]冬至这天，祭天大典通常由天子主持举行，体现了国人敬天畏地、尊重自然的情怀，表达了为天下苍生祈求风

---

① 董学玉、肖克之：《二十四节气》，中国农业出版社2012年版，第67页。

② 施立学：《冬至为何"大如年"》，《长春日报》2016年12月15日，第7版。

和日丽天气的愿望，同时寓意国家强盛、与民同乐。当然，冬至这一天，官方也会请各方能人根据日影的长短来重新校对日晷、核对历法、核算阴阳五行，甚至给乐器定音等。民间还会以冬至日的天气好坏、冬至节气在一月中的位置，来预测往后的天气。比如"冬至在月头，要冷在年底；冬至在月尾，要冷在正月；冬至在月中，无雪也没霜"等谚语。

（二）祭人

除了祭天以外，祭祖也是冬至节日中最不可或缺的一项民俗活动，同时也是涉及地域最广、涉及人数最多，最接近人们日常生活的民俗活动。上至皇帝，下至百姓，无一例外都要祭祖。直至今日，依旧如此。据记载，旧时在冬至这一天，皇帝会到太庙"荐新"，即以新收获的黍米做成供品祭祖，平民百姓也以新收获的谷物上供。《东京梦华录》①中也有"冬至祭祖"的相关记载："十一月冬至。京师最重此节……享祀先祖。"《中华全国风俗志》中也有"冬至节，祭扫坟墓"之说。《醉翁谈录》里还记载了为长辈祈寿的"冬至守夜"习俗："守冬爷长命，守岁娘长命。"冬至，也有"夜长至""昼短至"②等叫法。

除祭祖之外，还有些地区会在冬至这天纪念有关神话人物或历史人物。吃馄饨是冬至食俗之一，过去的老北京就流传有"冬至馄饨夏至面"的谚语，仅仅与馄饨有关的神话人物和历史故事就有三个。一是纪念盘古诞生，因其生于"混沌"谐音而来；二是庆贺道教元始天尊诞辰，象征混沌未分；三是出于抵御北方匈奴（浑氏和屯氏两个首领）的美好愿望，冬至日将肉馅包在一起，取名"馄

---

① 孟元老著，王莹注译：《东京梦华录》，中国画报出版社 2016 年版，第 247 页。
② 高倩艺：《二十四节气民俗》，中国社会出版社 2010 年版，第 41 页。

饨"，食之以求战乱平息。在北方其他地区，尤其是河南地区，冬至吃饺子以纪念历史人物——医圣张仲景。俗谚"冬至不端饺子碗，冻掉耳朵没人管"，说的便是医圣张仲景的故事。河南人一般俗称饺子为"捏冻耳朵"。相传旧时冬至之日，大雪纷飞，医官张仲景告老还乡回南阳，路遇百姓饥寒交迫，耳朵多被冻伤，于心不忍搭起医棚，用羊肉、辣椒等驱寒的药材做制作材料，随后包成了"耳朵状"，以汤煮熟之，人们服用后，便治好了耳朵，俗称"驱寒娇耳汤"。当地人们吃饺子以纪念医圣张仲景的做法便流传了下来。

（三）其他

除祭天、祭祖外，还有一项简单的祭祀活动容易被人忽略，那就是祭祀孤魂野鬼。在浙江湖州地区，除了家祭之外，还有些人家会到三岔路口祭奠无家可归的孤魂野鬼。

据记载，我国有些地区还存在冬至前后祭拜孔子的习俗——"释菜礼"。该习俗一般适用于大一点的学馆，是最早祭拜孔子的朴素的礼仪，不用动物祭祀，只有芹藻之类的素食果品。冬至敬师，在东汉崔寔《四民月令》中已有记述，直至民国时期仍有流传。

除此之外，在冬至节礼中，古书中还记载有向长辈献鞋袜的活动，俗称"履长"，即对长辈表示礼敬之俗。《太平御览》[①] 载："近古妇人，常以冬至日上履袜于舅姑，践长至之义。"三国时期曹植在《冬至献袜履表》中，除了恭敬的颂赞之外，还登记了"鞋子七双""袜子若干副"等贡品。[②]

---

① 李昉，等：《太平御览》，中华书局 1960 年版。

② 金传达：《细说二十四节气》，气象出版社 2016 年版，第 326 页。

三、全民数九：一堂冬至"文化课"

民谚有言，"吃了冬至饭，一天长一线"，意思就是说，过了冬至这一天，阳气上升，白昼日渐变长。"算不算，数不数，过了冬至就进九""夏至未来莫道热，冬至未来莫道寒"。民间还有"提冬数九""数九寒冬"的说法，就是以冬至为起点，九天为一个时间段开始数的。也就是说，自冬至起，才算正式进入了严寒时期。

九是阳数，又是数中之最大。古人认为，冬至过后阳气开始上升，大地回暖，用阳数九来数九消寒，是祈盼来年丰收的好兆头。所以，"数九"也在全国各地广泛流传。极具智慧的古人们把"数九"玩出了"新花样"，从"画九九"到"写九九"，再到"唱九九"，俨然是给现代人上了一场极为生动、趣味、风雅的"文化课"。

（一）"图文并茂"的九九消寒图

"九九歌"的产生和流传由来已久，关于"数九"习俗的文字记载有"俗用冬至日数及九九八十一日，为寒尽"，为南北朝时期梁朝宗懔《荆楚岁时记》① 记载，至今已有 1400 多年的历史。到了明代，士绅阶层产生与发展起"画九""写九"的习俗，使数九所反映的暖长寒消的情况形象化，数九不仅是一项科学记录天气变化的时间活动，也是一项有趣的"熬冬"智能游戏。不管是画的还是写的，统称"九九消寒图"。不管是哪种"九九消寒图"，只要认真填画，都能真实记录寒消暖长的具体状况，成为一份珍贵的资料。

图画版——"画九九"

常见的消寒图是一棵梅树，树上有九朵梅花，每朵梅花有九枚（而非一般的五枚）花瓣。人们自冬至起，每天用红笔涂满一瓣，

---

① 宗懔撰，宋金龙校注：《荆楚岁时记》，山西人民出版社 1987 年版。

等到九朵花全部涂满，已是节交惊蛰，到了春耕之时了。关于这幅消寒图的由来，有两种不同的说法。一说是南宋将领文天祥在抗元战争中被俘后在狱中所作，恰逢冬至，因狱中无法计时便创作了此图。另一说是出现于明代刘侗、于奕正所著《帝京景物略》①："日冬至，画素梅一枝，为瓣八十有一，日染一瓣，瓣尽而九九出，则春深矣，曰'九九消寒图'。"这一说法未必可信，因为元时就有该消寒图的相关文字记载，如杨允孚《滦京杂咏》②："试数窗间九九图，余寒消尽暖回初。梅花点遍无余白，看到今朝是杏株。"

《帝京景物略》中还提到一种九九消寒风俗游戏：有人在纸上刻印上九九之歌（又称"消寒益气歌"），拿到市场上卖。其用法是，每天在与九九歌相应的九九圈里做记号，用不同位置涂黑一半的形式表达出阴、晴、雨、雪、风等天气情况（上阴、下晴、右雨、左风、雪当中）。这样，待九九结束，便可得到两幅消寒图，即"贺圈消寒图"和"消寒益气歌消寒图"。《京都风俗志》中说，利用此圈可对数九天的阴晴雨雪一目了然，还可用其"占来年丰歉"。除此之外，古时还有其他类似此种"涂抹数九"的方法，如画一种"九九消寒表"，来计算寒尽暖来的日子。

文字版——"写九九"

文字版"九九消寒"指的便是"九九消寒句"。这是一个非常有趣的消寒方式，是以描字的形式出现的。例如"庭前垂柳珍重待春风"这句话，每个字都是九笔（繁体字的笔画），共九个字。③

① 刘侗、于奕正：《帝京景物略》，北京古籍出版社1980年版。
② 杨允孚：《滦京杂咏（及其他二种）》，中华书局1985年版。
③ 郁华：《农历冬月：又逢"九九消寒"时（民俗）》，《人民日报海外版》2016年12月3日，第10版。

自冬至起每天涂一笔，九个字填完就是九九消寒时，且已时至惊蛰。"九九消寒句"其实并不仅仅有这么一句，比较常见的还有"幸保幽姿珍重春风面""雁南飞柳芽茂便是春"等。

更富有诗意的当属"九九消寒联"。例如，"故城秋荒屏栏树枯荣，庭前春幽挟草巷重茵"上下联的每个字都是九画，形象生动、惟妙惟肖地勾画了从秋风、寒霜、枯枝、落叶到寒消春至、绿草如茵的整个过程，相传此联也是文天祥在狱中所作。又如"柔柳轻盈香茗贺春临，幽柏玲珑浓荫送秋残"，此联每字九画，名曰"九九迎春联"，从数九起，由两人分别写上下联，每天描一笔，各写完八十一笔，冬尽联成。除此之外，还有"春泉垂春柳春染春美，秋院挂秋柿秋送秋香"等多种九九消寒联。

（二）传唱不衰的民谣"数九歌"

除了"画九"和"写九"以外，还有一种更形象、更有趣的"数九"，就是民间歌谣——"数九歌"（也叫"九九歌"）。从宋元开始，"数九歌"便流传于我国南北各地。歌谣内容多涉及民风民俗、物候农事等，因而各地"数九歌"也不尽相同，却大同小异。有一首通俗易懂又广为流传于北方的歌谣版本是这样的："一九二九不出手；三九四九冰上走；五九六九，河边看杨柳；七九河开，八九雁来；九九加一九，耕牛遍地走。"[①]

在嘉兴地区，也有类似谚语："一九二九，伸勿出手；三九四九，冰河上走；五九六九，隔河看柳；七九河冻开，八九燕子来，九九加一九，耕牛遍地走。"[②] 或者如："一九二九勿出手，

---

① 戴望云：《冬至为何大如年：圣诞节曾被称为"洋冬至"》，澎湃新闻 2015 年 12 月 22 日。
② 平湖县民间文学集成办公室：《中国民间文学集成浙江省嘉兴市平湖县卷》，浙江省民间文学集成办公室 1990 年版，第 465—466 页。

三九四九冰上走，五九看春柳，六九春打头，七九冻河开，八九燕子来，九九加一九，耕牛遍地走。"①

　　翻阅历史古籍后，我们可以窥见古人是怎么传唱"数九歌"的。关于"数九歌"，《清嘉录》②卷十一的"冬至大如年·连冬起九"里便有相关记载：俗从冬至日数起，至九九八十一而寒尽，名曰"连冬起九"，亦曰"九里天"。歌云："一九二九，相唤弗出手；三九二十七，篱头吹觱篥；四九三十六，夜眠如露宿；五九四十五，穷汉街头舞。不要舞，不要舞，还有春寒四十五；六九五十四，苍蝇垛屋枢；七九六十三，布衲两肩摊；八九七十二，猫狗躺淘地；九九八十一，穷汉受罪毕。刚要伸脚眠，蚊虫跳蚤出。"

　　看起来这首"数九歌"已经与上条差异十分明显，然而在嘉兴地区依然有类似的记载。桐乡、平湖、海盐地区也有类似记录，这里不再赘述。

　　读完了之后，是不是更叹服古人的智慧呢？

　　综上所述，二十四节气中的冬至，无论是作为现代的"节气"、过去的"节日"，还是旧时的"岁首"，唯有它敢说"大如年"，其重要程度也早已无可替代。冬至习俗在发展演变过程中，随着时代的发展逐渐衍生和吸收了更多新的习俗，如祭天、祭祖等习俗，不仅丰富了冬至的文化内涵，而且最终自然而然地成为冬至习俗的有益补充。冬至"数九"的习俗，也随着朝代的不断更替而逐渐演变，从过去"画九九"到"写九九"，再到如今的"唱九九"，无一不凝结着古代劳动人民集体智慧的结晶。在当下，"二十四节气"

---

① 平湖市政协文教卫体与文史委员会：《平湖俗语选编》，中国文史出版社 2017 年版，第 3 页。
② 顾禄撰，来新夏校点：《清嘉录》，上海古籍出版社 1986 年版，第 155 页。

已被成功列入人类非物质文化遗产代表作名录，但申遗成功不是最终目的，非遗保护依旧任重道远。我们能做的和需要做的事，还有很多，很多。

二十四节气艺术作品与现代生活融入研究①

2016 年 11 月 30 日，中国申报的"二十四节气——中国人通过观察太阳周年运动而形成的时间知识体系及其实践"被正式列入联合国教科文组织人类非物质文化遗产代表作名录。此后，中共中央办公厅、国务院办公厅《关于实施中华优秀传统文化传承发展工程的意见》正式发布，全国上下瞬间掀起了新一轮的传统文化学习和传播高潮，其中不得不提的是二十四节气，尤其是在艺术作品融入现代生活这一方面。

一、艺术作品对于二十四节气的重要意义

这里所指艺术作品是狭义上的与二十四节气直接相关的艺术品——书画类和艺术设计类作品。尽管现代农业气象预报已经非常准确，农业气候分析也越来越客观，但是流传千年的物候现象仍旧可以用作农事操作的重要依据。② 对于二十四节气，从生产生活、传说故事、民俗活动、医疗养生甚至艺术作品等众多领域来说，都十分具有研究价值。对于逐渐走向"文化 IP"行列的二十四节气，近两年来，社会各界在其艺术作品开发层面显得异常投入。之所以会呈现出艺术作品的井喷态势，正是由于中国艺术对于二十四节气的传承与保护有着极其重要的意义。

二十四节气艺术作品，可使节气本身文化内涵更加丰富，文化体系更加完善。与其他各类项目有地域限制不同，二十四节气一直为全国各地所采用，并在长期的生产生活实践过程中逐渐丰富了文

---

① 王晓涛、朱吏撰，原载《2018 中国·嘉兴二十四节气全国学术研讨会论文集》，叶涛、王登峰、金琴龙、王一伟主编，中国书店出版社 2019 年版，略有修改。
② 金传达：《细说二十四节气》，气象出版社 2016 年版，第 22 页。

化内涵，将物质文化和精神文化进行了有机统一，上至国家层面的祭祀典礼，下至民众的生产生活仪式和民俗文化活动，包括歌谣谚语、传说故事、诗词和艺术作品等，二十四节气的文化体系越发完善。

二十四节气艺术作品，可使节气本身艺术形式更加多样，文化资料更加完备。随着时代的发展和社会的进步，二十四节气的文化表现形式逐渐呈现出多元化的趋势，越来越多的艺术形式不断出现在了人们的视野当中，如二十四节气动图、国画、App 客户端和笔记本（手账）等。这些多样的艺术形式，使得二十四节气的文化资料库越发充盈和完备，为今后二十四节气的保护、传承与发展提供了更多有效且不可多得的素材。

二十四节气艺术作品，可使节气本身传播渠道更加通畅，融入生活更加便捷。伴随着二十四节气艺术作品而来的，是高流量和高曝光率。一件成功的艺术作品能够为该项目带来前所未有的发展空间，在互联网时代的当下，二十四节气的传播渠道则更为通畅，艺术作品成功的概率也自然会得到巨大的提升，这使得节气融入现代生活变得更加便捷。同时，以更多样、更优质的节气艺术作品对二十四节气进行有益的传承，也是我们所需承担的重任。

二、现存二十四节气相关艺术形式及作品

时至今日，二十四节气的传承其实并未中断过。农业生产领域的生产者一直有意无意地使用着二十四节气的知识，城市居民也依据二十四节气来把握一年之中气候的变化。不仅如此，人们还将指导生产的节气与文化生活结合，形成民族节气、岁时文化，并随着历史长河的涌进而不断丰富和发展，既有谚语、歌谣传说等非物质（文化）遗产，又有传统生产工具、生活器具、工艺品、书画等艺术作品，还有与节气密切相关的节日文化、生产仪式和民间风俗。[1] 在此，十分值得一提的便是艺术作品。据笔者不完全统计，在众多已出版的二十四节气普及读物[2]，上线或举办的二十四节气视频、展览中，鲜有将艺术作品纳入节气文化体系的。艺术作品作为二十四节气传承保护的重要形式，显然有着不可或缺的地位，尤其是在文化遗产的文化创意设计方面，不仅具有极大的操作可行性，还具有非凡的艺术地位。那么，二十四节气相关艺术形式及作品都有哪些呢？

（一）书法绘画类

在"二十四节气——中国人通过观察太阳周年运动而形成的时间知识体系及其实践"成功申遗之前，关于节气的书画等艺术作品多未被大众所熟知，就在项目入选后数日，网络上突然涌现出了众多有关节气的艺术作品（尽管有些作品很早便已面世）。该类艺术作品目前有《二十四节气国画图册》（朱樵、林帝浣，于2016年亮相于联合国教科文组织申遗现场）、《江宏伟画二十四节气》（江宏伟）、《二十四节气》（老树，即刘树勇）、《食气时代——二十四节气美食插画设计》（罗书环，获2017德国红点传达设计大奖）、《二十四节气诗书》（赵学敏）、《二十四节气美食图》（李晓林）和二十四节气装饰画（全国）等。

（二）艺术设计类

该类艺术作品主要有《二十四节气》水印版画（魏立中，曾于2017年走进联合国教科文组织总部）、二十四节气篆刻作品（全

---

[1] 董学玉、肖克之：《二十四节气》，中国农业出版社2012年版，第2—8页。
[2] 笔者查看了市面上较多的二十四节气综合科普类出版物（不含单项读物，如养生、美食等），在几家针对节气较为权威的出版机构或编写组织（中国农业出版社、气象出版社和中国民俗学会编写组）的出版物中，依然未能在目录或正文中找到艺术作品的踪影，文中出现的依旧是农事活动、气候物候、习俗、食俗、谚语、诗词、故事传说、养生等内容。

国）、二十四节气浮雕或石雕作品（全国）、二十四节气剪纸作品（全国）、二十四节气农民画作品（全国）、二十四节气动图（石昌鸿）、四时节气·剪纸七巧板（杨慧子）、《节气作业》涂色手账、《从前慢》节气手账[①]、二十四节气笔记本、二十四节气剪纸体作品（杨康）、二十四节气字体设计（全国）、二十四节气插画或海报（全国）、二十四节气台历或日历（全国）[②]、二十四节气书签或明信片（全国）、《二十四节气》摄影作品（青简，还有各类高校版和城市版）、二十四节气标识系统设计（北京国际设计周）、二十四节气文化图谱（四川文化产业职业学院非遗学院）以及与服饰、丝绸相关的设计作品等。

三、二十四节气艺术作品的传承、传播案例分析

毫无疑问，艺术作品能够在一定程度上引起人们对某一行业的关注。例如，以9.315亿元成交（以8.1亿元落槌，加佣金总计9.315亿元）的齐白石水墨画作《山水十二条屏》，坐拥"全球最贵中国艺术品""2017年中国拍卖最贵艺术品""齐白石个人拍卖最高价纪录"和"中国书画拍卖全球拍卖纪录"等多项纪录。尽管二十四节气艺术作品尚不能达到此高度，但该类艺术作品会对文化传承、传播及关注度方面进行有效提升已是不争的事实。

在互联网时代，文化传承、传播的形式是多样的，层次是多重

---

① 《节气作业》涂色手账和《从前慢》节气手账均为"有礼有节"旗下产品。"有礼有节"是一个中式美学品牌，以"礼"为核心美学研发概念，开发具有东方生活风格的美学用品。《节气作业》是一本以二十四节气为主题的涂色手账，被盛赞为"中国版《秘密花园》""国民生活手账"等，甚至被誉为"现代人的节气生活指南"。

② 日历如《二十四节气台历》（中英文版）、《思无邪：物候历2018》（上海古籍出版社）、《二十四节气诗画日历（2018）》（中国农业博物馆）、《二十四节气文化知识日历》（华东师范大学出版社）和《2018年传统文化年历笔记》（辽宁教育出版社）等。

的。任何一种传播形式和任何一个层次的传承，都可能从量变演变为质变，甚至最终演变成裂变，其传承、传播效果可以大到无法估量的程度，二十四节气艺术作品同样如此。在传播方面，艺术作品有着传播范围广、力度大、渠道宽的优势。在传承方面，艺术作品有着易理解、易接受、易学习的特点。在艺术方面，作品有着更为浓厚的艺术气息和更为优秀的艺术表达，如通过书画的形式将不易理解的节气通俗易懂且艺术化地展现出来。这些就是节气艺术作品的优势。

当然，节气艺术作品在文化传承、传播方面也有着一定的劣势。如在创意设计方面，存在背离节气元素的过度设计、经济至上的商业炒作和脱离实际的盲目开发等现象。在传承、传播方面，宣传展示居多，传承体验较少，上述几类艺术作品中能够供人们进行体验的屈指可数。《二十四节气国画图册》（中英文版）是一个在国外传承、传播的经典案例。该图册完美亮相于联合国教科文组织申遗现场，艳惊四座，被誉为"最美图册"。该图册采用了中国传统的竖排书法写作模式，自左向右翻是中文版，自右向左翻是英文版，中英文内容相互呼应。文字部分由中国民俗学会与中国农业博物馆合作完成，两套国画分别由国内两位知名画家完成并无偿授权。此外，与图册共同出现在现场的还有《二十四节气台历》（中英文版）。该台历文案为七十二候，图案为二十四番花信风。图册和台历两者合力，完美覆盖了二十四节气应有的丰富文化内涵，以简单直观的图文形式讲述了二十四节气的"中国故事"。在此之前，国内的二十四节气艺术作品则相对较少。在某种意义上，我们甚至可以说，是该套图册和台历开启了二十四节气艺术创作的大门，使其一举走出国门，让更多的国外友人对其有了一种全新的了解途径和方式。《节气作业》涂色手账则是在国内传承、传播比较优秀的艺术作品。它与人们看到的其他几乎"空白"的手账内页不同，试图用完整而丰富的内容体系指引人们顺着节气的方向生活，并且力求让人们在有趣的阅读、书写和涂色中找到生活里的闲情娱趣。据官方介绍，它是由挑选出的 48 幅超精细的涂色线稿，1000 多幅不重复的小插画，整体保留的 20000 多字内容最终组合而成的。2016 年，它由节气新说、食物恋、乐不宜迟、生活笔记、绘生活五大板块组成，后又于 2018 年推出 2.0 版，分为节气新说、乐不宜迟、时间餐桌、生活笔记四大板块，囊括了民俗文化、养生饮食、生活娱乐等节气应具备的所有重要方面，兼具了可读、可写、可画、好玩、好看、好用等多重特点，将节气丰富的文化内涵以一种极为有趣、简易的方式进行了集中展现。

四、二十四节气艺术作品创作的建议

相对于其他文创产品来说，人们在市面上能够看到的与二十四节气相关的文化产品其实并不多，尤其是艺术作品。这种情况，在申遗成功后的近几年中已有较大改观。然而，想要在一个固定空间内完整地体现出二十四节气这项文化内涵极为丰富、覆盖范围极为广泛的项目，无疑对艺术家或设计者的艺术作品创作、理解能力和工艺水平有着极高的要求。鉴于此，笔者提出以下几点创作建议。

（一）自我提升

系统了解节气，提取文化元素。在节气艺术作品创作之前，首先应该对自身的艺术造诣和水平有准确的认知，及时主动对自身进行必要的节气文化知识提升，让自己在认知水平、艺术造诣上得到一定的提升。如果对节气文化理解不够透彻、深入，作品的文化内涵往往不够，容易产生"变形"，甚至"畸形"。在创作之时，应注意适当保留传统文化元素，积极提取节气文化元素。与此同时，积极开拓个人的互联网思维，增加人们与产品之间的交互，适当增加科技成分占比，将节气文化创意发挥到极致。综合国内现有的节气艺术作品来说，其主旨应多体现简单实用、文艺生活、感情维系和记忆唤醒几方面的功能。目前，形式多种多样的节气日历、内容丰富多彩的节气手账、文艺气息浓厚的节气明信片，均有成为节气艺术作品创作典型案例的潜质，同时也都有一定的文化表现、艺术品位提升空间。

（二）跨界传播

寻求跨界合作，拓宽传播渠道。二十四节气是一项极其便于跨界合作的项目，其丰富的文化内涵和广泛的地域范围都为跨界合作提供了便利的条件。例如，某手机里安装的日历就会每到一个节气发一条推送消息至桌面，提醒用户节气已至，节气内容图文并茂，物候天气、民俗活动、饮食习俗、诗词欣赏样样俱到。这其实已经成为二十四节气众多传播渠道中的一个非常优秀的窗口。那么，延伸开来后，我们会发现，众多国产手机的日历和天气预报 App、公共交通 App、饮食 App，以及三大移动运营商等，未来都会是极其重要的传播渠道。此外，音视频是目前二十四节气传播的主要途径之一，如短视频《二十四节气美食》（2014）、国语动漫《二十四节气的故事》（2015）、短视频《二十四节气》（2016）等。更鲜明的是这项跨界剧目——中国首部创意民俗儿童剧《二十四个奶奶》（2017）[1]。

（三）有序传承

注重传承时序，侧重有所不同。二十四节气的传承与保护并非千人一面。群体不同，时间不同，传承方式也应有所改变。对于中小学生，各地可考虑采用结合本地实际的校本课程在校园中传承二十四节气。如2014年上海市松江区九亭第四小学的全市首本《二十四节气诵读》校本教材[2]，2017年武汉市江岸区鄱阳街小学将绘本《这就是二十四节气》上的内容编印成纸质学案发给学生[3]，嘉兴市秀洲区曾举办"二十四节气我来画"（秀洲农民画）活动[4]，试图通过全社会的参与将二十四节气融入人们的生活之中。对于大学生，华东师范大学自2016年至今连续举办节气茶会，带领全市多数高校师生，切身体验中国传统的民俗文化。对于普通市民，则多数是在日常生活中感知自然、感知节气，如阅读节气绘本、使用节气笔记本、食用节气食物、参与节气活动等。

综上所述，艺术作品对于二十四节气传承与保护的重要性不言而喻，二十四节气艺术作品的大量涌现在未来几年已是必然趋势。在现行的众多二十四节气艺术作品中，能够完美融入人们日常生活的还尚未出现（仅有个别较为优秀的案例）。因此，如何让作品成功融入现代生活是一个十分值得研究的课题。

---

[1] 该剧将二十四节气文化巧妙融入其中，以祖孙亲情为线索，在展示中华优秀传统文化的同时，向孩子传递真善美，传递一种积极向上的正能量。该剧以中国传统二十四节气为主线，讲述了主人公小男孩翔翔，因父母工作繁忙无暇照顾，被父母从南方送到陕西老家，由奶奶代为照料的故事。剧情从翔翔初到奶奶家时的不适应、对奶奶的排斥，到随着时间的推移，因奶奶无微不至的关心与大自然神奇美妙的四季变换，翔翔渐渐爱上了这个陌生的地方，并在心底和奶奶建立了浓厚的亲情与默契。
[2] 许沁：《课本中，培养中小学生诗词"童子功"》，《解放日报》2017年2月21日，第1版。
[3] 邓小龙：《"二十四节气"课程进入小学课堂》，《长江日报》2017年4月14日，第7版。
[4] 该活动分为三组，分别为成人组、中学组和小学组。

《节气作业》："再创造"的
二十四节气文化创意产品案例分析①

2016 年 11 月 30 日，中国申报的"二十四节气——中国人通过观察太阳周年运动而形成的时间知识体系及其实践"被正式列入联合国教科文组织人类非物质文化遗产代表作名录。此后，二十四节气便强势进入了国人的视野。紧接着，2017 年 1 月，中共中央办公厅、国务院办公厅《关于实施中华优秀传统文化传承发展工程的意见》正式发布，全国上下又瞬间掀起了新一轮的传统文化传播高潮。与此同时，社会各界对于二十四节气的关注度也日渐提升，其中不得不提的便是对于二十四节气的"再创造"。

一、节气的现实意义及"再创造"的可行性分析

当今社会，对人们来说，二十四节气究竟还有没有现实意义呢？

先看民谚：种田无定例，全靠看节气。立春阳气转，雨水沿河边。惊蛰乌鸦叫，春分滴水干。清明忙种粟，谷雨种大田。立夏鹅毛住，小满雀来全。芒种大家乐，夏至不着棉。小暑不算热，大暑在伏天。立秋忙打垫，处暑动刀镰。白露快割地，秋分无生田。寒露不算冷，霜降变了天。立冬先封地，小雪河封严。大雪交冬月，冬至数九天。小寒忙买办，大寒要过年。②

该则民谚完美体现了节气对古代农业生产生活的重要性。目前，中国传统的农历与二十四节气已经融为一体。节气是按太阳的运行确定的，它的存在使得人们既可以利用农历去判断日数、潮汐、动

---

① 王晓涛、朱吏撰，原载《中国立春文化与二十四节气研究文集》，余仁洪执行主编，浙江工商大学出版社，2019 年版，略有修改。

② 高倩艺：《二十四节气民俗》，中国社会出版社 2010 年版，第 45 页。

植物生长周期等，又可以判断长时间范围内的农牧业季节情况。①
几千年来，我国广大的劳动人民就是根据二十四节气与七十二候安
排农事活动的。因此，从农业发展与生产生活的角度来说，二十四
节气的存在依旧有着重要的现实意义。

正是二十四节气的应用，使人类增强了认识自然、利用自然的
能力，加速了世界文明发展的进程。随着历史长河的涌进，节气文
化被不断丰富和发展，形成谚语、歌谣传说等非物质（文化）遗产，
传统生产工具、生活器具，工艺品、书画等艺术作品，以及与节气
密切相关的节日文化、生产仪式和民间风俗。工艺品和书画等艺术
作品作为二十四节气保护与传承的重要方面，显然有着不可或缺的
地位，尤其是在文化遗产的文化创意设计方面，不仅具有极大的操
作可行性，还具有非同凡响的艺术地位。因此，从民俗文化与艺术"再
创造"的角度来说，二十四节气的存在依旧有着强烈的现实意义。

那么，二十四节气是否具有被"再创造"的可行性呢？答案是
肯定的。《二十四节气国画图册》（中英文版）便是一个经典案例。
在此之前，国内对于二十四节气的"再创造"较少。从某种意义上，
我们甚至可以说，是该套图册和台历开启了二十四节气"再创造"
的大门，使得二十四节气逐渐走向了文化产业之路，让更多的文创
企业、设计师多了一种设计思路和途径，让更多的国人多了一种体
验、体会二十四节气的方式和方法。

二、《节气作业》涂色手账及其特色分析

在众多已被"再创造"的二十四节气产品之中，有一种产品自
从一出现，便获得了许多自媒体和个人的极大赞誉，那就是——《节

---

① 金传达：《细说二十四节气》，气象出版社 2016 年版，第 22 页。

气作业》涂色手账。

什么是手账？手账指的是用于记事的本子，用于记录生活，在其主要流行地区的日本几乎是人手一本。提起涂色，想必读者或多或少都会有一定了解。2015 年，《秘密花园》成人涂色书火爆全球，"涂色"成了一个十分重要的关键词。在中国风靡一年后，2016 年，《节气作业》随即问世。在网络上搜索可发现，其实市面上的《节气作业》有多种，这里指的《节气作业》为"有礼有节"品牌下的系列产品之一。之所以选择将其作为案例进行分析，是因为它无与伦比的影响力和无可匹敌的市场占有率[①]。

《节气作业》是一本以二十四节气为主题的涂色手账。2016 年版的手账拥有五大内容板块，分别是节气新说、食物恋、乐不宜迟、生活笔记、绘生活，囊括了民俗文化、养生饮食、生活娱乐等节气应具备的所有重要方面。"节气新说"部分重在知识普及。该手账采用了 24 张节气主题插画，并配上了少量暖心的文字进行全新阐述，在插画方面植入了令人惊艳的 AR 效果，真正做到用现代人的方式诠释古老的节气智慧。"食物恋"部分重在时令美食。该手账在努力教我们，即便在忙碌的日子里也要及时品尝餐桌上那些缓慢生长的节令味道。"乐不宜迟"部分重在娱乐生活。该手账在试图时刻提醒我们，每个节气都有一定的"仪式感"，应在恰当的时间做恰当的事情，用娱乐精神化解生活的心结。"生活笔记"部分重在记忆留存。该手账的留白是让我们以文字或涂鸦的形式留下自己的生活记忆。"绘生活"部分重在压力释放，是手账的点睛之笔，工作之余，人们亲自对绘本进行涂色、手绘，创造自己的"秘密花园"，

---

① 影响力和占有率：该两项数据暂无准确统计，但从各大媒体对该绘本铺天盖地的赞扬之声可见，影响力和市场占有率一定非同一般。且同类产品极少，竞争力相对较差。

合理释放压力，才能更好地生活。该绘本将二十四节气丰富的文化内涵，以一种极为有趣、简易的方式进行了集中展现，十分讨喜。

整个手账中，笔者认为最亮眼的应是黑科技 AR 的融入。试想，只要拿手机一扫，手账上原本定格的二十四节气美图一下子就"活"了，伴随着引人入胜的美妙音效，瞬间在手机上跃动起来，就像动态剪影一般。当然，要想使用 AR 需要先下载专属 App。该团队将专属 App 和令人惊艳的 AR 同步推出，使得该手账不仅可读、可写、可涂，还可以通过 App 感受全新的体验和互动模式（自己制作专属的传家日历），变身"掌上节气手账""掌上传家日历"。从某种程度上来说，它确实值得被赞为"现代人的节气生活指南"。

三、现存的节气"再创造"模式及其利弊分析

目前，市面上能够看到的有关二十四节气的产品类型并不太多，笔者将其主要概括为图书音像、文化创意和艺术创作三类。如果从纯粹"再创造"的角度来说，就只有后两者的联系较为紧密，尤其是文创产品。在二十四节气实际"再创造"的过程中，也存在诸多问题和利弊。

（一）图书音像

建议以知识普及为终极目标。严格来说，图书出版算不上"再创造"，然而该类作品也时有创新之举。该类节气作品已无须赘言，如《二十四节气民俗》（中国社会出版社）、《二十四节气》（中国农业出版社）、《这就是二十四节气》（海豚出版社）、《时间之书：余世存说二十四节气》（中国友谊出版公司）、《二十四节气志》（中信出版社）和《时光知味》（吉林科学技术出版社）等。音像类包括网络直播或视频节目，如短视频《二十四节气美食》（2014）、国语动漫《二十四节气的故事》（2015）、短视频《二十四节气》（2016）等，以及光明网的《致非遗 敬匠心》（2017）大型非遗直播活动。关于图书音像，比较值得一提的是，近些年许多地区都在努力采用不同的校本课程在校园中传承二十四节气，如上海市松江区九亭第四小学的校本教材《二十四节气诵读》、湖北省武汉市江岸区鄱阳街小学的《这就是二十四节气》纸质学案。

毫无疑问，图书出版和音像视频这类传统保护模式对二十四节气保护来说依旧意义重大，尤其是在知识普及这一方面，在很长一段时间内都是其他形式所无法取代的。然而，其弊端也非常鲜明，即传承能力非常有限。纵观该类书籍和音像，我们会发现，作品虽多，但真正的"大众普及读物/视频"少之又少，众多已出版读物为节气体验、节气美食、节气养生、节气绘本类，鲜有针对民俗文化类的读物。因此，试点开设独具特色的校本课程不失为一个比较不错的途径，《这就是二十四节气》类型的科普读物也是小学生非常不错的课外/课堂读物选择。此外，在固定节气开展相应的民俗文化、美食体验、物候问答等多种形式的课程活动，让学生能够切身体会到节气的文化内涵和艺术魅力。

（二）文化创意

建议以艺术熏陶为主要目的。文创产品如今如雨后春笋一般生机勃勃，目前主要有手账、明信片、日历、书签、胶带、贴纸、丝巾、陶瓷杯等。由于文创产品较多，现仅简要介绍较知名产品。手账如《节气作业》涂色手账、《从前慢》节气手账、《时令如花：七十二候·花信风》（中国画报出版社）①、《这就是二十四节气自然笔记本》（海豚出版社）、《时间之书：余世存说二十四节气》

---

① 《时令如花：七十二候·花信风》：由日本著名画家巨势小石绘画，以七十二候为主线，每一候里选一种花与物候对应，辅以对时令习俗的介绍，描写时令景物的古诗、民谚等，让读者在欣赏精美画作的同时，亦对与时令相关的文化有所了解。

（中国友谊出版公司）礼盒版①和2017《桃花扇》主题二十四节气手账（石小梅昆曲工作室）等。明信片如《中国二十四节气（汉英明信片）》（五洲传播出版社）以及网上各类二十四节气明信片（主要包括国画、美景、美食、动漫、动植物及地域性图片等）。日历如《二十四节气台历》（中英文版）、《思无邪：物候历2018》（上海古籍出版社）、《二十四节气诗画日历（2018）》（中国农业博物馆）、《二十四节气文化知识日历》（华东师范大学出版社）和《2018年传统文化年历笔记》（辽宁教育出版社）等。书签如二十四节气锦色书签套装（中国国家博物馆）及各类节气主题的书签。胶带、贴纸如文创故宫胶带（统领衙门），以节气为主题的特种邮票、首日封（春、夏）、丝巾、陶瓷杯等也已上市。

在二十四节气"再创造"的路上，文化创意是永远无法被绕过的，自然也是探讨的重点。从国内现有的"再创造"模式和已存在的创意产品来说，其主旨在于体现"简单实用、文艺生活、感情维系和记忆唤醒"几方面的功能。形式多种多样的节气日历，内容丰富多彩的节气手账，文艺气息浓厚的节气明信片，无一不是节气文化创意的典型案例。当然，也有一定弊端。例如，设计师对节气文化理解不够透彻、深入，作品的文化内涵往往不够，容易产生"变形"，甚至"畸形"。因此，笔者建议，在节气"再创造"之前，首先应该对设计师进行一定的节气文化知识普及和进阶培训，让其在认知水平上得到一定的提升。"再创造"之时，应注意适当保留传统文化元素，积极提取节气元素。与此同时，积极开拓互联网思维，增加人们与产品之间的交互，适当增加科技成分占比，将节气

---

① 《时间之书：余世存说二十四节气》：该书所用二十四节气插图为老树所作，礼盒版含《时间之书》（节气国民读本）、《时间印象》（节气画片）和《时间笔记》（节气手账）。

文化创意发挥到极致。

（三）艺术创作

建议以文化产业为重点方向。艺术作品主要有书画、摄影、木版水印、设计、剪纸等。书画类作品主要有《二十四节气国画图册》（朱樵、林帝浣）、《江宏伟画二十四节气》（江宏伟）、《二十四节气》（老树）等。摄影作品主要有《二十四节气》（青简）等。木版水印主要有《二十四节气》木版水印（魏立中）。设计类有二十四节气动图（石昌鸿）、二十四节气标识系统设计（北京国际设计周）和二十四节气文化图谱（四川文化产业职业学院非遗学院）等。此外，还有众多有关节气的艺术体现，包括与剪纸、服饰、丝绸、美食等艺术形式相结合。综观与二十四节气相关的艺术作品，鲜有将"七十二候""二十四番花信风"纳入其中的，而这两项又是构成二十四节气最重要的组成部分。一年有 24 个节气，每个节气又分为三候，共有七十二候。花信风，即风报花之消息。自小寒起至次年谷雨止，共 8 个节气，分二十四候，每一候中，人们挑选一种花期最准确的花为代表，叫作这一节气中的花信风，意即带来开花音信的风候，称二十四番花信风。因此，除二十四节气本身，与其相关的候应、花信也应被列入艺术创作计划之中。

在"二十四节气——中国人通过观察太阳周年运动而形成的时间知识体系及其实践"被正式列入联合国教科文组织人类非物质文化遗产代表作名录之前，有关节气的艺术创作在网络上并不如现在火爆。而今的二十四节气，已经逐渐迈步走向了文化产业的道路。毫无疑问，二十四节气俨然成了一个"文化 IP"，越来越多的文艺工作者、行业设计师，甚至企业家都在积极主动与其接近，寄希望能够或多或少与其发生一些"关系"。艺术创作的弊端也异常鲜明，即作品价格相对偏高。走文化产业之路，无法避免的便是"涉商"。众所周知，成为一名艺术家的道路是无比漫长的，艺术家的作品价格高自然也无可厚非，一路上伴随着艺术家的一定是满满的家国情怀、过人的文化涵养和高超的艺术造诣。因此，笔者建议，鉴于艺术创作未来极有可能成为二十四节气跻身文化产业的重要途径，对于相关艺术家的"苛刻要求"一定要一直持续下去，力争涌现更多的艺术家，让更好的作品问世。

四、结语

无论是从农业生产还是从文化娱乐方面来说，目前二十四节气的现实意义依然重大，全国上下均在不遗余力地对节气进行保护、传承，其方式多种多样，内容丰富多彩，成果极其丰硕。毫无疑问，二十四节气的保护与传承是一个极其漫长的过程，如何对其进行有益的"再创造"无疑是一个十分艰难的过程。上文提及的《节气作业》也仅仅是众多硕果之一，鲜明的艺术特色、文化气息和爆棚的科技感使其像一朵奇葩盛开在行业之中，一时间引起了国人的广泛关注。

《节气作业》的火爆引发了笔者一些简单的思考，我们是否应该未雨绸缪，力争让这艘飞速运行的"二十四节气号"飞船永不偏离这条"文化轨道"？究竟应采用何种"再创造"模式？"再创造"过程中应注意哪些要素？鉴于此，笔者做了一定的利弊分析并提出了一些建议，希望能够对二十四节气的"再创造"有一定益处。文中表述或有不当之处，观点尚有浅薄之处，望各位读者能够给予批评并不吝赐教。

二十四节气文化传播的当下问题研究①

2016 年 11 月 30 日，中国申报的"二十四节气——中国人通过观察太阳周年运动而形成的时间知识体系及其实践"被正式列入联合国教科文组织人类非物质文化遗产代表作名录。自此，我国便开启了新一轮的节气文化传播高潮。随后，2017 年 1 月 25 日，中共中央办公厅、国务院办公厅正式印发《关于实施中华优秀传统文化传承发展工程的意见》，标志着新一轮学习传统文化的热潮再次掀起，保护与传承中国传统文化再次成为一项全民运动，而作为中国传统文化的重要组成部分和优秀代表——非物质文化遗产，也自然而然在其旺盛的火炉之上又"燃"了一把（上一次是 2005 年申遗开始之际）。然而，在旺盛的火炉不断燃烧之余，也不免会留下一些"污染"问题。这些长期与火炉共存的问题就是当今我们面临的非遗保护问题，二十四节气的保护自然也未能免俗。

一、从民俗到艺术：流变的文化传统

提及二十四节气，人们都会有一定的认知。对于普通农民来说，最容易联想到的便是农时农耕、民俗养生，同时多数人依旧将其视为指导农业生产生活的重要日历。对于文人雅士来说，节气会变得更有韵味，他们对酒当歌、吟诗作赋、挥毫泼墨、画梅数九。对于朝廷官员来说，测定天时、修正历法、主办祭祀、指导生产，每一样都不能少。

如今，随着时代的飞速进步和科技的迅猛发展，仅仅是气象预报的出现，便使得二十四节气渐渐失去了其农事生产"指挥官"的

---

① 王晓涛、朱吏撰，原载《嘉兴公共文化》，2018 年第 2 期，经授权发布，略有修改。

身份。以三门祭冬为例，该项民俗活动在当地人心中影响极大。但在项目申遗成功之前，该项目的活动半径也仅限于台州市甚至三门县，充其量也逃不脱浙江省的文化范围。申遗成功后的首个重要节气恰逢冬至，作为申遗成员中重要项目保护地的三门县也承担了浙江省"二十四节气"保护传承座谈会的重任，第一时间召开了座谈会，趁着节气申遗成功的热潮未散，成功在国人面前强势"刷屏"。毫无疑问，二十四节气的文化传统已经开始发生了流变，逐渐从传统的民俗、农事活动向文学、艺术领域迈进。从目前的情况来看，二十四节气在这项职责之外的"其他"领域，再次焕发了青春。

在"二十四节气——中国人通过观察太阳周年运动而形成的时间知识体系及其实践"被正式列入联合国教科文组织人类非物质文化遗产代表作名录之前，关于节气的摄影、画作等艺术作品甚至民俗活动都还未被大众所熟知和接受。就在项目入选后数日，中国社会科学网官媒率先报道了《二十四节气国画图册》亮相联合国教科文组织申遗现场的消息，之后网络上突然涌现出了众多有关节气的艺术作品，自此也标志着二十四节气在艺术领域获得了极大的认可。目前，为大众熟知的"二十四节气"艺术作品主要包括《二十四节气国画图册》（朱樵、林帝浣）、《二十四节气》（老树）、《二十四节气》水印版画（魏立中）、《二十四节气》摄影作品（青简）和二十四节气动图（石鸿昌）。一时间，这些艺术作品如雨后春笋般出现（有些作品很早便已面世，如林帝浣的国画作品、青简的摄影作品），使得部分国人从另一个角度对二十四节气进行了再认知，对于流变的二十四节气文化传统来说，无疑是一项有益的补充与丰富。

二、从民间到社会：多样的传播形式

对于二十四节气，在生产生活、传说故事、民俗活动、医疗养生甚至前文提及的国画、摄影等节气艺术作品等众多领域，十分具有研究价值，其风格多样的传播形式也使其逐渐走向了"文化 IP"的行列，对其进行的学术研究、产业开发也在近几年变得异常火爆。例如，"节气茶会"正式随着节气申遗的当口应运而生。2016 年11 月22 日，华东师范大学"节气茶会"第一期顺利开办，计划以二十四节气为节点，面向全校师生，举行 24 场节气茶会，带领同学们以茶为媒感知自然的节奏，体会传统中国人的天时观念，也可以让参与其中的人切身体验中国传统的民俗文化，让高雅的茶文化浸润校园。[①]

与此同时，自媒体作为一种新兴事物在近几年野蛮生长。二十四节气的网络传播也呈现出多种形式，社会参与度逐渐提高，已经从传统的纸媒图文、科教视频转变成音频、小视频、短视频和网络直播。如今，在许多听书 App（如喜马拉雅）上都能听到关于节气的音频。此外，2014 年短视频《二十四节气美食》、2015 年国语动漫《二十四节气的故事》上线；2016 年，短视频《二十四节气》（本视频由多位中国民俗学会专家指导、参与录制）上线。不仅如此，各大自媒体也纷纷组织起了节气专题，如"三联节气"。2016年，中国民俗学会官方微信公众号"民俗学论坛"正式对二十四节气进行专题推送，通过图文、视频、外链等多种形式对节气文化进行传播，效果十分显著（节气图文的阅读量往往比前后几日头条图

① 华东师范大学民俗学研究所. 华东师范大学民俗学博士联合涵芬楼创立校园"节气茶会"[EB/OL].（2016-12-12）. http://news.ecnu.edu.cn/50/c4/c1833a86212/page.htm.

文阅读量高出 4—5 倍）。2017 年，民俗学论坛又携手光明网举办《致非遗 敬匠心》大型非遗直播节目，成功举办了二十四节气专场活动。

众所周知，"十里不同风，百里不同俗"，民俗活动向来极具地域性，基本上，每个节气，不同地区会有不同的民俗活动。目前，随着互联网的迅猛发展，社会参与度变得越来越高。许多旧时民间组织的民俗活动已经走出了地域局限，使得越来越多的人可以体验到不同的风土人情。比较鲜明的例子是三门祭冬和九华立春祭。2016 年冬至，三门祭冬民俗活动从官方直播① 和网络直播② 两个不同的窗口同时走出国门，极大地缩短了与世界之间的物理距离，让众多远在万里之外的国内外友人都可以通过网络来了解、认知三门县的这项古老的民俗活动。2017 年立春，衢州新闻网首次通过网络直播了"九华立春祭"（衢州市柯城区九华乡）的相关民俗仪式与活动。

此外，还有一种十分重要的传播形式极其容易被忽略，那就是学术研究。一般来说，我们可以将研究成果的发表作为学术作品的二次传播，对于近几年的二十四节气研究来说，还要再加上学术研讨会。何出此言呢？毋庸置疑，此项目申遗成功之后，全国上下对于节气文化的保护热情持续高涨，从"二十四节气列入联合国教科文组织'人类非物质文化遗产代表作名录'保护工作座谈会"（2016 年 12 月，北京），到浙江省"二十四节气"保护传承座谈会（2016 年 12 月，浙江三门），到中国立春文化研究中心成立大会暨首届立春文化传承保护研讨会（2017 年 2 月，浙江衢州），到"中国二十四节气研究中心"落户文化部恭王府管理中心（2017 年 3 月，

---

① 官方直播：包括中央电视台、浙江日报、浙江卫视等。

② 网络直播：包括萤石直播等。

北京），到人类非物质文化遗产二十四节气"安仁赶分社"保护工作座谈会（2017 年 3 月，湖南安仁），再到"二十四节气"保护传承学术研讨会（2017 年 4 月，安徽淮南），再到"二十四节气"保护联盟成立大会（2017 年 5 月，浙江杭州），以及二十四节气霜降节保护工作座谈会（2017 年 10 月，广西天等）等如此频繁的系列学术研讨会，都对节气文化的深入研究与二次传播起到了至关重要的作用。就目前来说，上述纷繁多样的传播形式对于节气文化传统的保护与传承无疑是十分有效的途径。

三、从生活到生产：突出的传播问题

"二十四节气"源于农业生产和日常生活，却日渐脱离两者。跳出生活的节气，无疑是没有生命力的。申遗成功之后，尽管各级部门都进行了大量的保护工作，但是依旧有一些"顽疾"难以祛除，且这类"顽疾"往往突出存在于文化传播过程之中。

首先，过度商业化。它已经是文化保护过程中的"顽疾"，适当的商业化会给文化传播带来积极效应，过分的商业化却容易使节气失去原有的味道。如今商业化的进程俨然已经到了"造节"的地步（如"双 11""双 12""618"等），许多商家甚至会选择在清明、冬至做活动，每个节气中出现的食物（青团、饺子、春卷等）又容易被商家利用包装成厨神大赛等，甚至近两年还出现了清明"代客扫墓"①的网络现象。该类事件经过网络持续传播与发酵，已经给清明等节日节气文化传播带来了不小的负面影响。此外，随着二十四节气文化的逐渐升温，一些小型的节气文创产品也在各大

---

① 代客扫墓：清明节，一些上班族因为没时间回家祭祖，于是网上兴起了清明节代客哭坟的现象。在墓前号啕大哭的人，可能和墓地里面的人毫无瓜葛，他们只是"代理扫墓"的业务员。

销售平台上线，金额小到几毛钱的明信片、书签，数百元的作业手账、装饰画，同时也有大到数万元甚至数十万元的节气国画原作。

其次，强势品牌化。前文已提到，民俗活动有极大的区域性，节气活动仅在本地区具有较大的影响力和知名度，对于本地以外的人们，吸引力则势必大幅下降。有些地区则会倾向于将某个节气活动或其中的某个活动"做大做强"，不惜耗费重金打造节气品牌，到头来却只是劳民伤财。以浙江省台州市三门县为例，民间有"冬至大如年"的说法，假如当地政府意欲借势打造"中国冬至"的品牌，实际上很明显是不讨喜且不合适的。一则是因为冬至的独特意义和中国人的敬畏之心；二则是因为项目区域性过强，不宜推广。因此，对于节气的品牌化塑造，应遵从各地的实际情况与节气内涵。

最后，过分学术化。一般来说，学术研究对于节气文化的保护与传承都会有一定的积极影响，但是如果有过分学术化的趋势则会有反作用。从目前来看，自申遗成功之后，我国各地已经相继开展了很多相关学术研讨会（前文已提及），频繁地召开学术研讨会可能会产生多种较大的影响。一是学术意见的改造，即专家意见在一定程度上左右了节气活动的传承与发展。例如，某个专家指出某项祭祀活动在学理上不合理（实际上民众沿袭多年，十分认可），强行要求更改。二是大型活动的创造，即为了配合该项大型学术活动而人为地制造一些原本没有或不应该出现的民俗表演。三是褒贬不一的评论，学术争论一直是学术进步的阶梯。专家之间各执一词、对活动褒贬不一，其实对于身处文化地域本身的人们尤其是传承人来说，是会有一定心理影响的。

四、从保护到传承：长远的规划方案

非遗保护工作一直以来都存在着滞后性，因此对于保护措施的制定，需要有一种智慧的眼光，形成一项长远的规划方案。正如非物质文化遗产司原巡视员马盛德所说："申报的成功并不是使命的终结，而是非遗保护工作的又一个里程碑。"如今，"二十四节气——中国人通过观察太阳周年运动而形成的时间知识体系及其实践"申遗成功已经将近五周年，非遗保护的成果也已逐渐凸显。笔者非常同意清华大学历史系教授彭林对于二十四节气保护的说法，他说，"对'二十四节气'真正的保护，是让它在我们的生活里面活着、用着"①。然而，如何让节气出现在我们的生活里，是当下亟待解决的问题。对此，笔者提出以下建议。

第一，继续挖掘整理，做好基础保护工作。归根结底，节气的文化内涵最终还是要回归本源，如清明、冬至的祭祖。对于任何保护工作来说，基础保护工作都是根本，也是做好一切工作最重要的基石。因此，在做好外部民俗活动工作的同时，仍然需要大力进行相关节气的挖掘整理工作，完善相关基础材料，保证资料的完整性与准确性。

第二，稳固节气内涵，进行适当商业运作。对于商业开放和运作，过去的非遗保护多持反对态度。如今随着互联网的发展，故步自封的非遗保护势必无法走得更长远。笔者建议，目前的非遗保护尤其是对于二十四节气的保护，在商业运作方面应持半开放态度，在稳固节气内涵的基础上有尺度地进行适当开发，让节气活在、用

---

① 彭林：在"二十四节气列入联合国教科文组织'人类非物质文化遗产代表作名录'保护工作座谈会"上的发言，2016 年 12 月 21 日，北京。

在我们的生活里。

第三，认清保护主体，相关单位各司其职。关于二十四节气的非遗保护，需要时刻认清"政府主导、社会参与、合理利用、传承发展"的十六字方针，对于保护与传承工作，需认知政府只是主导者，群众才是主体，社区机构是组织者，学者专家的职责任务是对节气文化的价值进行提炼与升华。唯有对各相关单位进行明确的责任分工，才能更有效地保护与传承节气文化。

第四，扩大节气影响，继续举办民俗活动。民俗活动对于节气文化保护与传承的重要性一直是毋庸置疑的，因此，笔者建议，在未来的节气文化保护与传承中，继续加大对节气文化活动的支持力度，让作为主体的群众感受到节气文化的凝聚力，让旁观者感受到节气文化的独特魅力，让作为社区机构的组织者感受到组织节气文化活动的成就感。

责任分担：作为“文化事件”的韩国申遗①

曾几何时，中韩申遗“冲突”不断。临近 2015 年大雪节气，从联合国教科文组织保护非物质文化遗产政府间委员会第十届会议传来韩国“拔河”申遗这则消息，令国人谈“韩”色变，“恐韩症”再度发作。此次“恐”的不是足球，而是申遗这件“事”。申遗本来是“件事”，却最终变成了“事件”，甚至经过了多年的积淀，演变成了一个“文化事件”。如今多年过去，新的几批联合国教科文组织非物质文化遗产名录项目（以下简称“教科文非遗名录项目”）也相继公布，“济州岛海女（女性潜水员）文化”（2016年，单独申报）、“猎鹰训练术——一项活态人类遗产”（2016年，联合申报）、“朝鲜族传统摔跤‘希日木’”（2018年，联合申报）、“韩国燃灯会”（2020年，单独申报）相继入选人类非物质文化遗产代表作名录，“中韩申遗之争”的话题很少再次出现。但是，2015 年的“拔河”申遗事件，还是让国人十分愤怒。

这里的“文化事件”指的是韩国端午（2005）、泡菜（2013）、暖炕（2014）、拔河（2015）申遗等事件。之后，有关韩国的常用“关键词”自然也从原本的“整容”“韩剧”“综艺”等变为了“申遗”。源于中国的韩国项目屡次申遗成功，让国人感觉犹如自己在半夜酣睡中被人硬生生地拔掉了门牙，瞬间惊醒后疼得到处咒骂，可气的是，这种事竟不止发生一次。拔牙之痛，绝非一方之责。每每“申遗”之时，韩国总能时不时给国人门牙上来一记“重钳”。“重钳”之后，痛定思痛，循着漏风的门牙去寻找韩国“申遗”的漏洞，并

---

① 王晓涛撰，原载中国社会科学网，2016 年 10 月 31 日，经授权发布，原文有修改。

以此查漏补缺，明确相关责任，已经刻不容缓。那么，"冲突不断"的中韩申遗，究竟是谁之过？

一、屡遭质疑的政府

从谩骂声中可以感受到，中国的"申遗"是"有问题的"。"拔河"事件后，网络上大致存在3种声音。一种是知识派，他们了解非遗的概念与特征，对此类事件波澜不惊，也不跟风；一种是盲目派，他们认为韩国抢了中国文化，长此以往，文化流失的严重后果将不堪设想；一种是质疑派，极端控诉政府无能、无作为，动辄就是"政府都在做什么"。面对质疑派的极端控诉，政府又显得那么无辜、无奈和无助。此处，笔者无意为政府"翻案正名"，就事论事，其实政府在申遗方面已经做出了足够多的努力，只是从无比庞大的非遗基数来看比例过低，数量上仍显不足。政府在纷繁复杂的申遗过程中屡遭质疑而成的尴尬境遇，就如同"猪八戒照镜子——里外不是人"。这种尴尬处境，多是由于申遗方面的基础信息不对称造成的。

大数据时代，数据会说话。先看一组能"开口"的数据。据新华网报道，到2015年底，韩国14年间有18项教科文非遗名录项目（实际上数据有误，应该为17项，且全是"人类非物质文化遗产代表作名录"类别），令人赞叹。而当时我国有多少呢？38项，数量位居世界第一。而今，数年过去，我国又有4项入选，总数已达42项，数量依旧稳居世界第一位。其中，人类非物质文化遗产代表作名录（以下简称"代表作名录"）34项（见表2），急需保护的非物质文化遗产名录（以下简称"急需保护名录"）7项（见表3），最能体现《公约》原则和目标的保护非物质文化遗产的计划、项目和活动（以下简称"优秀实践名册"）1项（见表4）。按年份来数，2001年、2003年各1项，2005年2项，2007年0项（未评选），

2009 年 25 项，2010 年 5 项，2011 年 2 项，2012 年、2013 年各 1 项，2014 年、2015 年未入选[①]，2016 年 1 项，2018 年 1 项，2020 年 2 项。然而，至今仍有部分媒体报道失实，称 2015 年时我国有 28 项、30 项的媒体比比皆是，这类失实的报道依旧在不断广泛传播。事实上，仅 2009 年一批我国就有 25 项入选，比韩国 20 年的总数（2001—2020 年，共入选 21 项）都多，政府的努力程度可见一斑。但不幸的是，以上这些数据，唯有在联合国教科文组织官网上才能看到，在国内甚至没有一家专业的、官方的网站[②]可以进行这类信息的查询。普通民众如果想要了解此类消息，最便捷的途径便是网络媒体，而在专业知识方面，大部分媒体传递的消息未必准确。如今，我国新入选的非遗项目数量正逐年递减，甚至在 2014、2015 年颗粒无收，这两年恰好韩国申遗风生水起，连有斩获，对比起来确实显得有些许落寞。同时，由于中韩两国一衣带水的特殊性，韩国近年来的申遗项目多与中国有着密切的联系，甚至是源于中国。端午、泡菜、暖炕和拔河，无一不在强烈地触碰着国人敏感而脆弱的神经。

表 2　人类非物质文化遗产代表作名录（34 项）

序号	项目名称	列入年份	申报方式
1	古琴艺术	2008	单独申报
2	昆曲	2008	单独申报
3	蒙古族长调民歌	2008	联合申报（与蒙古国）

[①] 该数据来源于联合国教科文组织官方网站（UNESCO）"Browse the Lists of Intangible Cultural Heritage and the Register of Best Safeguarding Practices"，http://www.unesco.org/culture/ich/en/lists，2016 年 1 月 9 日。

[②] 现有中国非物质文化遗产网·中国非物质文化遗产数字博物馆（2019 年 3 月改版上线）可查，但多为条目式列表，具体内容登载较少，不含申报书、申报片等。

续　表

序号	项目名称	列入年份	申报方式
4	新疆维吾尔木卡姆艺术	2008	单独申报
5	中国篆刻	2009	单独申报
6	中国雕版印刷技艺	2009	单独申报
7	中国书法	2009	单独申报
8	中国剪纸	2009	单独申报
9	中国传统木结构建筑营造技艺	2009	单独申报
10	南京云锦织造技艺	2009	单独申报
11	端午节	2009	单独申报
12	中国朝鲜族农乐舞	2009	单独申报
13	格萨（斯）尔	2009	单独申报
14	侗族大歌	2009	单独申报
15	花儿	2009	单独申报
16	玛纳斯	2009	单独申报
17	妈祖信俗	2009	单独申报
18	蒙古族呼麦歌唱艺术	2009	单独申报
19	南音	2009	单独申报
20	热贡艺术	2009	单独申报
21	中国传统桑蚕丝织技艺	2009	单独申报
22	藏戏	2009	单独申报
23	龙泉青瓷传统烧制技艺	2009	单独申报
24	宣纸传统制作技艺	2009	单独申报
25	西安鼓乐	2009	单独申报
26	粤剧	2009	单独申报
27	中医针灸	2010	单独申报
28	京剧	2010	单独申报
29	中国皮影戏	2011	单独申报
30	中国珠算——运用算盘进行数学计算的知识与实践	2013	单独申报

序号	项目名称	列入年份	申报方式
31	二十四节气——中国人通过观察太阳周年运动而形成的时间知识体系及其实践	2016	单独申报
32	藏医药浴法——中国藏族有关生命健康和疾病防治的知识与实践	2018	单独申报
33	太极拳	2020	单独申报
34	送王船——有关人与海洋可持续联系的仪式及相关实践	2020	联合申报（与马来西亚）

表 3　急需保护的非物质文化遗产名录（7 项）

序号	项目名称	列入年份	申报方式
1	羌年	2009	单独申报
2	中国木拱桥传统营造技艺	2009	单独申报
3	黎族传统纺染织绣技艺	2009	单独申报
4	麦西热甫	2010	单独申报
5	中国水密隔舱福船制造技艺	2010	单独申报
6	中国活字印刷术	2010	单独申报
7	赫哲族伊玛堪	2011	单独申报

表 4　优秀实践名册（1 项）

序号	项目名称	列入年份	申报方式
1	福建木偶戏后继人才培养计划	2012	单独申报

　　事实上，落寞是很正常的，这是由严格的申报流程决定的。在《实施〈保护非物质文化遗产公约〉操作指南》[①] 中，申报流程早

---

① 联合国教科文组织：《实施〈保护非物质文化遗产公约〉操作指南》，中华人民共和国文化和旅游部国际交流与合作局编，《联合国教科文组织〈保护非物质文化遗产公约〉基础文件汇编（2018 版）》，内部资料，2020 年，第 31—32 页。

已有明确说明。如今，教科文非遗名录（急需保护名录、代表作名录）项目评审周期均为 2 年，每年的 3 月 31 日是截止日期（如 2014 年提交材料，2016 年参加评审）。项目申报有优先考虑的原则，对那些已列入项目较少，尤其是一个项目也没有的国家，包括非洲的缔约国也有一定的倾斜政策。原则上都是一个国家一个项目，但排除项目多的国家。正如 2015 年，是中国、日本、韩国等 11 个国家（项目较多的缔约国）受限的第一年，即每 2 年只能申报一个项目。不过，联合申报从来都是受鼓励的，可以不受数量限制，只要是联合申报都予以受理。当然，笔者也发现，以往曾有项目申报数量不限的时候（2009 年）。然而今时不同往日，韩国也是项目申报受制约的国家之一，因此 2015 年入选的"拔河"项目只能是联合申报。从评审周期上来看，"暖炕"这个项目的产生基本可以认定是媒体的炒作。目前从联合国教科文组织的档案资料来看，2014 年，韩国方面并未提交"暖炕（ondol）"技术材料，而是将名为 Culture of Jeju Haenyeo（women divers）的项目（此项目在国内被媒体普遍译为"海女文化"）作为候选，因此"暖炕"并没有资格进入 2014 年和 2016 年的联合国教科文组织非遗名录项目的评审程序，"海女文化"项目则于 2016 年参与评审。[①] 反观我国，在 2014 年时，其实"彝族火把节"这一项目参与了评审，但未能顺利通过（需补充说明材料），迫于多重压力并没有向媒体透露，申遗前后均没有进行大规模宣传报道（按照惯例，教科文组织表示缔约国在项目正式入选名录前，要求实施相关保密原则，不允许进行相关宣传活动）。

---

① 该信息来源于联合国教科文组织官方网站（UNESCO）"Files 2016 under process"，http://www.unesco.org/culture/ich/en/files-2016-under-process-00774?select_country=00054&select_type=all#table_cand，2016 年 1 月 9 日。

2015 年，按照项目多的缔约国申报受限原则，中国没有单独申报的权利，同时又没有与其他国家联合申报的项目，因此才造成了令国人不满的连续 2 年的"吞蛋"现象。

华夏文明上下五千年，幅员辽阔，资源众多。作为一个多民族国家，任何一个民族沿袭千百年的独特艺术都算得上本族重要的非遗之一，更重要的是，申报时那些几近濒危的项目会有优先权。因此，我国在申遗的项目选择上确实难以取舍。目前，我国在申遗时采用的是可以被称为"大项目"的原则。所谓"大项目"，笔者认为，指的是现存的全国甚至全世界人民共同享有的、优秀的传统文化，如 2016 年参与评审的项目"二十四节气——中国人通过观察太阳周年运动而形成的时间知识体系及其实践"。纵观我国的 42 项教科文非遗名录项目，均符合"大项目"或"濒危"情况。截至目前，我国现有 4 批共 1372 项国家级非遗代表性项目（2020 年 12 月，第五批国家级非遗代表性项目名录推荐项目名单已公示，计划新列入 198 项），可供申报的项目多如牛毛，如"中国武术""中国曲艺""中国刺绣"等，以及众多传统节日。这类大项目仍需继续慎重待选，倘若按照每 2 年单独申报一项的节奏，全部申报完毕要 600 多年。即便只有 1/10 的项目有强烈意愿申报，那也要排半个多世纪，而现实数据却远不止如此。

说到这里，就不难理解为何"拔河"项目未被纳入申报日程了。上文提到，可以联合申报，且联合国向来是鼓励的。为何四国联合申报"拔河"却不带中国"玩"呢？其实这样说，倒可能真的冤枉其他几个国家了。笔者曾看到一则消息称，在申报之初，韩国确实和我国联系"拔河"申遗相关事宜，但因种种原因，我国没有参与。众所周知，如今国内的项目申报有一个硬性要求，叫作"逐级申报"，即"自下而上"申报。具体为县级可申报市级，市级可申报省级，省级可申报国家级。教科文非遗名录项目也是如此，只有本国的国家级非遗代表性项目才可申报。王福州（时任文化部非物质文化遗产司副司长）曾表示，我国申报教科文组织非遗名录的例行做法是，由各省（区、市）向文化部推荐本地区列入国家级名录的具有重大价值并能体现中华文化典型性、代表性的非遗项目。[①]

那么，问题来了，我国目前公布的四批国家级非遗代表性项目名录中，有没有一个"拔河"或者与其类似的项目呢？答案是否定的。这与当年端午节未能申报的情况如出一辙，当时韩国"江陵端午祭"申遗时，文化部正拟公布首批国遗名录，传统节日因无申报单位始终无法申报，故而端午节不在其中。而今的"拔河"，一方面，因与项目申报要求不符，从而未能提前两年向联合国教科文组织递交材料、发起申报，未能参与本次申报也就顺理成章了。至于为什么国遗名录中没有该项目，本文则暂不讨论。另一方面，即便是"拔河"项目有幸入选了国遗名录，相对于其他四国来说，学界虽认可同宗同源，但不可否认的是也确有区别，与此同时仍存在较大的差距。

烦琐的申遗流程、艰难的项目抉择和苛刻的申遗要求，只是申遗过程中重要的一部分，这些异常繁杂的工作和所取得的成绩和民众之间出现了基础信息不对称的现象，从而导致遭民众质疑现象屡屡发生。

---

① 郭佳：《"非遗"不是"商标" 不必担心他国"抢注"》，《北京青年报》2016年12月7日，A19版。

二、误读不断的媒体

从 2015 年韩国"拔河申遗"事件报道来看，媒体对于信息传播的力量依旧不可估量。众所周知，传播力量和宣传效果是呈正比的，反之亦然。差之毫厘，谬以千里。一字之差，项目完全会变得面目全非。媒体对标题的取舍要具有一定的专业性，尽管标题对文章的重要性不言而喻，但若不幸成了"标题党"，则会得不偿失。项目名称的准确与否，也直接关系到普通民众对项目的了解程度和认知效果。

"拔河申遗"事件发生后，网络上充斥着各种新闻。如《起源于咱楚国的拔河为什么成了别人的？》[1]（湖北日报）、《韩国"拔河"申遗成功 共有 18 个项目列入非遗》（新华网）、《盘点 | 那些被韩国人申请的非物质文化遗产 最新的是拔河……》（央视新闻微信公众号）、《韩国申遗再下一城："拔河"已成韩国非物质文化遗产》（中国新闻网）、《韩国拔河申遗成功 中国文化"被韩国"了多少？》（网易）、《韩国申遗抢下"拔河"：曾是奥运项目，中国春秋战国就有了》（澎湃新闻）、《拔河起源于古时的浙江》（浙江日报）、《拔河成了韩国的"非遗"？》（泉州晚报）、《拔河申遗成功 韩越柬菲四国联合申请》[2]（金华晚报）。仔细核实信息后便不难发现，这些新闻的标题都存在几个十分严重的问题。首先，"拔河"这个名称并不准确，应为"拔河仪式与竞赛"；其次，项目国别不准确，应为四国（韩国、越南、柬埔寨、菲律宾）联合

---

[1] 马明玉：《起源于咱楚国的拔河为什么成了别人的？》，《湖北日报》2015 年 12 月 4 日，第 19 版。

[2] 该报纸将多年前一则消息中明显的错误观点用在了文内。该观点为："留学于韩国釜山庆大学的熊梦霞称通过多方查证，认为拔河源于我国春秋时期的荆楚之地，为鲁班所创，只有中国才有资格申报。"

申报；再次，标题中"被韩国"说法使韩国被硬生生地贴上了"标签"，具有极强的倾向性，甚至在某种程度上可以说具有一定的煽动性质；最后，"起源于""抢""中国春秋战国"等用词的出现，显而易见地说明了作者混淆了文物与非遗的不同特性，如"源与流"。仅从标题上看，就明显有误导读者的痕迹。教科文组织提供的《人类非物质文化遗产代表作名录申请表》（*Nomination form ICH-02*）中，明确指出"申报文件不必详细说明申报事象的历史、起源或有关的古代遗物"（Nomination files need not address in detail the history of the element, or its origin or antiquity），从而可以看出教科文组织对于申报内容的导向性。在申报表涉及跨境内容方面，也有相应的要求。如"申请国应提交该国领土内的文化事象的情况，同时承认在其领土外存在相同或类似的非遗项目；申请国不应提及此类非遗项目在其领土以外的存续力，也不应将其他国家的保护工作列为其特点；申请国不应以可能导致误解或削弱各国人民相互尊重的方式来描述其他国家为保护非遗所做的努力，或提及其他国家的做法和活动"。此外，各大媒体为搏头条、点击量，消息已经不仅仅是质量参差不齐、信息完整性不一了，尤其是在转载其他各大报纸媒体消息方面，更是相互转载、不加甄别。如人民网、光明网、凤凰网、搜狐、新浪、网易等这些官媒，消息均存在不准确、不完整等情况，在此不便一一赘述，即便在"事件"平息后仍鲜有报道全面、信息准确的媒体报道。无疑，对于这种不全面、不准确报道的出现，媒体是有一定责任的，这种责任直接体现在网民对申遗事件的反应上。"拔河申遗"事件铺天盖地的消息引得网民一片谩骂，就在当天，联合国教科文组织新浪官方微博发布了一条韩国"拔河"申遗成功的消息，在为数不多的几条评论中，竟然清一色都是轻蔑和谩骂。

项目名称的不准确（见表5、表6）必然是构成媒体误导的一个重要原因。首先说"端午"，准确名称应为"江陵端午祭"，而绝非"端午"二字。其次说"泡菜"，其准确、完整的项目名称应为"泡菜的腌制与分享"，而媒体一般仅用"越冬泡菜文化"作为项目名称。甚至在媒体渲染之后，一则报道更是将其简化为"韩国'泡菜'申遗成功"。但韩国入选非遗名录的却不是泡菜这一食物，而是那个名称奇长的项目名称。再次说"暖炕"，学名为"温突"，专指朝鲜民居特色的地热取暖系统，与中国人理解的"火炕"并非完全一个概念。最后说"拔河"，项目的准确名称和国家名称在众多媒体信息中很少出现，较多出现的仅为"韩国""拔河"二字，然而不准确的国别、项目名称简写所带来的歧义是无法想象的。不过，就连联合国教科文组织官方网站和官方微信公众号发布的消息用词、用语都不太准确，也就不能过多怪罪媒体了。倘若人们能够对项目名称有准确的了解，想必在申遗过程中出现误读的概率会小很多。

表 5 教科文非遗名录名称表述 / 简称不当情况（部分）

国家	项目名称 （联合国教科文组织官网，英语）	不当简称 （媒体报道）	较准确中文翻译 / 表述 （中国非物质文化遗产网·中国非物质文化遗产数字博物馆官网）
韩国	Gangneung Danoje festival（韩国） Dragon Boat festival（中国）	端午节	江陵端午祭
	Kimjang, making and sharing kimchi in the Republic of Korea	韩国泡菜 / 越冬泡菜文化	泡菜的腌制与分享
	Nongak, community band music, dance and rituals in the Republic of Korea	韩国农乐 / 农乐舞	韩国的社区音乐、舞蹈及仪式——农乐舞
	Tugging rituals and games	拔河	拔河仪式与竞赛
	Culture of Jeju Haenyeo (women divers)	海女	济州岛海女（女性潜水员）文化
	Falconry, a living human heritage	猎鹰	猎鹰训练术——一项活态人类遗产
	Traditional Korean wrestling (Ssirum/Ssireum)	摔跤	朝鲜族传统摔跤"希日木"
中国	Strategy for training coming generations of Fujian puppetry practitioners	福建木偶戏	福建木偶戏后继人才培养计划
	Wooden movable-type printing of China	活字印刷	中国活字印刷术
	Craftsmanship of Nanjing Yunjin brocade	南京云锦	南京云锦织造技艺
	Traditional handicrafts of making Xuan paper	宣纸	宣纸传统制作技艺
	Traditional firing technology of Longquan celadon	龙泉青瓷	龙泉青瓷传统烧制技艺

国家	项目名称 （联合国教科文组织官网，英语）	不当简称 （媒体报道）	较准确中文翻译／表述 （中国非物质文化遗产网·中国非物质文化遗产数字博物馆官网）
中国	Mongolian art of singing, Khoomei	呼麦	蒙古族呼麦歌唱艺术
	Chinese Zhusuan, knowledge and practices of mathematical calculation through the abacus	珠算	中国珠算——运用算盘进行数学计算的知识与实践
	The Twenty-Four Solar Terms, Chinese knowledge of time and practices developed through observation of the sun's annual motion	二十四节气	二十四节气——中国人通过观察太阳周年运动而形成的时间知识体系及其实践
	Lum medicinal bathing of Sowa Rigpa, knowledge and practices concerning life, health and illness prevention and treatment among the Tibetan people in China	藏医药浴法	藏医药浴法——中国藏族有关生命健康和疾病防治的知识与实践
	Ong Chun/Wangchuan/Wangkang ceremony, rituals and related practices for maintaining the sustainable connection between man and the ocean	送王船	送王船——有关人与海洋可持续联系的仪式及相关实践

表 6 联合国教科文组织相关常用缩略语①

常用词语	中文简称	英文简称
联合国教育、科学及文化组织	教科文组织	UNESCO
联合国教育、科学及文化组织总干事	总干事	Director-General
《保护非物质文化遗产公约》	《公约》	Convention
非物质文化遗产	非遗	ICH
《保护非物质文化遗产公约》缔约国	缔约国	States Parties
《保护非物质文化遗产公约》缔约国大会	大会	General Assembly
保护非物质文化遗产政府间委员会	委员会	Committee
非物质文化遗产基金	基金	Fund
委员会审查机构	审查机构	Evaluation Body
人类口头和非物质遗产代表作	代表作	Masterpieces
急需保护的非物质文化遗产名录	急需保护名录	Urgent Safeguarding List
人类非物质文化遗产代表作名录	代表作名录	Representative List
最能体现《公约》原则和目标的保护非物质文化遗产的计划、项目和活动	优秀实践名册	Register of Best Practices

　　除去名称报道不准确外，报道者的语意曲解也是不能忽略的。提到语意曲解，不得不提的是 2004 年的韩国"端午申遗"事件，此事堪称中韩申遗之争的导火索。整件事情的爆点应该要从一篇文章算起，2004 年 5 月 6 日，一篇名为《端午节将成为外国文化遗产？》②的文章刊发在《人民日报》上。该文首段干脆利落地说道，亚洲某国准备向联合国教科文组织申报"端午节"为本国的文化遗产，目前已

---

① 联合国教科文组织：《实施〈保护非物质文化遗产公约〉操作指南》，中华人民共和国文化和旅游部国际交流与合作局编，《联合国教科文组织〈保护非物质文化遗产公约〉基础文件汇编（2018 版）》，内部资料，2020 年，第 23 页。

② 刘玉琴：《端午节将成为外国文化遗产？》，《人民日报》2004 年 5 月 6 日，第 4 版。

将其列入国家遗产名录，很快将向联合国申报"人类口头和非物质遗产代表作"①。"端午节""外国"这两个词无疑深深地刺痛了国人的心，一石激起千层浪，自此拉开了中国"端午保卫战"的大幕。随后，2004年5月10日，《环球时报》刊文《向联合国申报"江陵端午祭"为世界文化遗产 端午节快变成韩国的了》，虽然将"端午节"更正为"江陵端午祭"，但是文章却犯了一个最致命，也最知名的错误。文中说："但不管怎么说，有一点可以确定，'江陵端午祭'确实是从中国的端午节发展而来的。如果韩国此次申报成功的话，中国就不可能再以'端午节'的名义来申报世界文化遗产了。"文中的记者随后问，韩国此次申报能否成功呢？乌（丙安）教授说："胜算非常大。"最后一段，还历数了中国的传统民俗文化被其他国家抢先申报的例子，包括印度尼西亚申报的皮影戏、蒙古国申报的马头琴、伊拉克申报的十二木卡姆等。这是典型的"唯一论"。此言一出，国人真的再也坐不住了。殊不知，就在"江陵端午祭"申遗成功之时，中国的"新疆维吾尔木卡姆艺术"也顺利入选。但此时已于事无补，经过一年多的事件发酵，韩国"抢走了"中国端午节的消息如雪花般漫天飞舞，随风无孔不入。这两篇文章影响了国人十余年，也影响了非遗保护十余年。

然而，回过头来再看，毕竟这种情况可能更多是由于记者个人原因造成的曲解，但无论是从理论上还是实际上看，应该都是可以避免的。新闻工作者的基本原则，无疑是报道的真实性。真实性从

① 《公约》在第八章"过渡条款"中明确：委员会应把在公约生效前宣布为"人类口头和非物质遗产代表作"的遗产代表作纳入人类非物质文化遗产代表作名录。2007年5月23日，"联合国教科文组织保护非物质文化遗产政府间委员会第一届特别会议"在成都举行，委员会审议通过了将90个"人类口头和非物质遗产代表作"项目纳入人类非物质文化遗产代表作名录。

何而来呢？校稿可能是必不可少的一环。倘若记者单方面为求新闻的爆炸性和时效性，而舍弃文章校验这一步，将未经采访对象校验的文章整合、刊发出去，那么后果已摆在眼前。

不当采访也是另外一种容易引起误读的方式。辽宁卫视《说天下》节目十分"及时"地给普通民众强行灌输了"中国文化被韩国"的思想。作为一则观点有误的新闻，倘若是主持人的个人观点表达，也不会让人觉得太奇怪。但有些节目则不加筛选，采访了个别不适合的专家，结果必然适得其反。如《江苏公共·新闻》频道电话连线采访了某省美学学会常务理事、某大学艺术学院兼职教授傅某某。这位美学专家不仅未否定主持人抛出的"拔河被韩国抢去"的观点，而且很自然地"接棒"成功，在采访的前一段历数了拔河起源于中国的历史及史料记载，后一段则指出韩国古代隶属于中国，受中国文化传入影响，最后还悉数列举了"端午节""活字印刷术"都被韩国"抢注"申遗的观点。不当采访既然能够出现在影视媒体上，也免不了会出现在报刊媒体上，《拔河起源于春秋战国时的浙江》[①]一文称，该报记者连线了长期从事体育史研究的某师范大学教授曹某某，报道之时"拔河申遗"事件已经处于风口浪尖。该文通篇在讲述曹教授关于拔河历史渊源与中韩拔河不同的叙述，却自始至终未提及中韩拔河在申遗上的"矛盾"。若记者对于申遗情况已十分了解，此篇仅为讲述拔河与浙江的渊源便无可厚非，但若是该教授是以"如何看待韩国拔河申遗成功"为话题进行的讲述，那么回答的内容就答非所问，甚至有了误导性。笔者认为，从纸质媒体需普及相关知识的角度来看，这次采访的主题应该是后者。同一天，《起

---

① 曹林波、汪旻：《拔河起源于春秋战国时的浙江》，《钱江晚报》2015年12月4日，第18版。

源于咱楚国的拔河为什么成了别人的？》一文称，据中国拔河协会工作人员表示，对于韩国"抢注"拔河一事，他们并不知情："我们管的是竞技拔河，这和大家经常在群众运动会上看到的拔河不一样。"在采访中由于研究领域的较不相关，因此表达了不妥的观点或导向，引导民众走向歧途也再正常不过了。这种采访不仅降低了专家在自身研究领域的地位和身份，而且本领域真正的专家则容易将其与"伪专家"列入同一行列。同时，由于采访焦点和对象（拔河协会）的不准确表达，还让民众看到了一个遇事"推诿扯皮"协会的工作状态。

当然，时而也有较为喜人的媒体亮眼。同为辽宁卫视，天堂与地狱，高下立判。早在 2014 年 4 月的一期《老梁观世界》栏目中，主持人梁宏达就专门讲了一期有关"申遗"的专题节目，名为《"妖魔化"的韩国申遗》。节目中，老梁历数了多年来中韩"申遗"矛盾的相关项目和种种原因，涉及端午节、火炕、活字印刷术、泡菜等，在普及了非遗基本知识的同时，也为韩国"喊了声冤"，着实算得上是"申遗"事件媒体报道中少有的一则优秀案例。但由于该节目为地方媒体，影响力和受众群体相对不够广泛，因而节目所产生的积极效果可能并不乐观。

三、发声不力的学者

什么是非遗？哪些类型的项目可以算非遗？什么是文化的"在地化发展"？那些广泛存在的误读，多是由于对非遗概念和特点的不熟悉所致的。这些不熟悉，笔者认为，学者应负相当重要的责任。

迄今为止，中国的非遗保护工作已经开展了十几年，并且在 2011 年 6 月 1 日正式施行了《中华人民共和国非物质文化遗产法》。即便如此，依旧有许多人不知非遗为何物。即便是一线的非遗工作者，不懂非遗的也大有人在。因此厘清这个概念对普通民众尤其是非遗工作者在认识、认定、保护非遗方面无疑有着巨大帮助，然而要真正厘清概念的难度却非常大。

非遗概念的提出，从民俗、非物质遗产、民间创作、口头遗产、口头和非物质遗产，到非遗这一类总称性术语，历经了数十年的曲折过程。^① 2003 年 10 月通过的联合国教科文组织《保护非物质文化遗产公约》对非遗有着明确的概念：非物质文化遗产，指被各社区、群体，有时是个人，视为其文化遗产组成部分的各种社会实践、观念表述、表现形式、知识、技能以及相关的工具、实物、手工艺品和文化场所。它包括以下方面：①口头传统和表现形式，包括作为非物质文化遗产媒介的语言；②表演艺术；③社会实践、仪式、节庆活动；④有关自然界和宇宙的知识和实践；⑤传统手工艺。简单来说，那些"看不见、摸不着"的才更是非遗的范畴。正如乌丙安教授所说，中国引进了这个术语（intangible），并把它译成"非物质的"，应该理解为这种文化遗产既是看不见的，也是摸不着的，因为它不是物质的遗产。^② 懂得了什么是非遗，才真正拥有了一双雪亮的眼睛。

"一千个人眼中有一千个哈姆雷特。"由于非遗的概念是一个舶来品，因此每个人都有不同的理解。"非遗"这个术语也遭到了各种质疑，尤其是"遗产"二字极容易让人联想到财产，会不自然地物质化。刘锡诚老先生认为，虽然这个叫法已约定俗成，但"传

---

① 巴莫曲布嫫：《非物质文化遗产：从概念到实践》，《民族艺术》2008 年第 1 期，第 6—17 页。
② 乌丙安：《非物质文化遗产的界定和认定的若干理论与实践问题》，《河南教育学院学报（哲学社会科学版）》2007 年第 1 期，第 11—21 页。

承"和"遗产"叫法还是可能会带来不同后果。①段宝林老先生认为，非遗实际上就是以民间文化为主的民族文化遗产，其主要内容就是民间文化。②徐艺乙老师则认为，非遗是一个国家或民族在其发展进程中保留、传递和延续着的文脉，如历史记忆、情感、经验和智慧等。③因此，理解非遗的概念，还是应该从《公约》出发。

　　"在地化"是影响非遗保护多年的一种重要方式，同时也是多数学者进行学术研究的一个重要对象。联合国教科文组织在《公约》中明确指出，非遗申报的目的重点在于保护文化多样性。非遗的申报不要求项目本身必须处在发源地，而在于谁传承、保护得更好，即无"源与流"之别，讲究文化的"在地化发展"。在这一点上，引起国人争议的那几个韩国申报成功的项目正是适用此原则的。曾有一则材料称，之所以国人对韩国"江陵端午祭"申遗成功如此恼怒，正是因为韩国在他们的申报文本中，第一句话就是"端午节原本是中国的节日，传到韩国已经有1500多年了"，之后才是对韩国如何将端午节本土化的介绍。④然而，细想之下，韩方进行申遗有无过错呢？当然没有，但无奈的是多数国人当时甚至如今依然不这么想。陶立璠老先生早在2004年就说过，韩国将来自中国的端午节习俗本土化了，变为韩国民族文化传承的一部分，受到重视和保护，这种经验很值得学习和借鉴。文化的本土化、多样化使我们的生活

① 刘锡诚：《对几个"非遗"理论问题的思考》，《凯里学院学报》2008年第1期，第12—20页。
② 陈真文：《第三资料库的开发和"非遗"保护》，《广西师范学院学报（哲学社会科学版）》2015年第4期，第1—5页。
③ 徐艺乙：《非遗申报和保护都须规范》，《世界遗产》2013年第3期，第13页。
④ 丁肇文：《专家称端午节申遗韩国胜出不妨碍中国继续申报》，《北京晚报》2005年11月30日。

有了多种选择，变得更加丰富多彩。① 朝戈金老师认为，文化的进化，具有典型的"非线性进化"特性。也就是说，文化的共享性是特别突出的。② 中国"四大传说"到处可见，就是一个典型的例子。另外，刘魁立老先生提出的非遗"契约精神"和"公产意识"③ 在理解非遗的共享性特点时也很值得学习与借鉴。他认为，非遗项目的申报是申报人与履行文化保护职责的行政部门签订的一个保护与传承的契约，而被列入名录的非遗技艺也不再是完全的个人私产，而是国家与民族历史文化传承的共同记忆。这样的理解即便是对两个不同版本④的《公约》来说，也是非常相符的。

"抢注"则是另一个影响非遗保护的重要说法。这个说法流传广泛，却起到了巨大的副作用，虽然经过了学者们多年的努力发声，依然效果不佳。2005 年的"江陵端午祭"申遗成功可以说是给韩国"贴标签"的一个重要标志，之后的"大韩民国越冬泡菜的腌制与分享""拔河仪式与竞赛"等项目也是如此。那么，韩国是否"抢注"了中国的文化，"抢走"了中国的非遗？当然没有。巴莫曲布嫫老师曾在新闻发布会上公开表示："在《公约》框架下的申报工作，是践行《公约》精神，积极开展非遗领域国际间交流和对话的措施，是提高可见度的'共享'而不是'商标注册'，并不是说一个国家申请了某项非物质文化遗产就等于拥有了该项目的所有权。'别国申报成功，自家的遗

---

① 陶立璠：《从"端午申遗"看非物质文化遗产保护》，《新安全》2004 年第 7 期，第 37—38 页。
② 朝戈金：《非物质文化遗产的特性与〈非遗法〉》，《西北民族研究》2011 年第 2 期，第 13—14 页。
③ 刘魁立：《非物质文化遗产名录：提倡"契约精神"、彰显"公产意识"》，《世界遗产》2014 年第 12 期，第 20 页。
④ 巴莫曲布嫫：《从语词层面理解非物质文化遗产——基于〈公约〉"两个中文本"的分析》，《民族艺术》2015 年第 6 期，第 63—71 页。

产就成了别人的'，这种心态走入了误区。按照《公约》相关规定，缔约国都有将其领土上的某项非遗申请列入联合国教科文组织非遗名录的权利。对于两个遗产国家共同拥有的同源共享的非物质文化遗产项目，每一个国家均可以单独申报，如果列入代表作名录，也不妨碍其他的国家再次单独申报。同时，联合申报也是近年来提倡的做法。在联合申报和保护方面，我国已经有了有益的实践。2005年我国与蒙古国联合申报的'蒙古族长调'列入'人类非遗代表作名录'，两国还建立了联合保护非物质文化遗产合作机制，定期召开工作组会议，开展交流互鉴，为履行《公约》，在各自领土上延续遗产生命力，做出自己的贡献。"[1]　的确，非遗并不具有唯一性和排他性，也不存在先后顺序，目的重点在于保护文化多样性。事实上，中国端午节（2009年）、中国皮影戏（2011年），甚至是在韩国之后的"朝鲜泡菜制作传统"也成功入选了代表作名录。此外，中国的国家级非遗名录中的多批扩展项目名录也都是例证。因此，根本不存在"抢注"之说。

　　施爱东老师说过，2005年之后，民俗学者成了中国非遗保护运动的主要学术力量，深度介入了中国政府的该项工作。[2]中国民俗学者普遍认为，参与非遗保护运动是民俗学不可推卸的社会职责和学术职责，同时也是一次新的历史机遇。户晓辉老师则说，尽管一直有学者犹豫不决，但不可否认的是，无论在国际、国家还是地方层面，民俗学者都是非遗保护的核心力量。[3]叶涛老师也曾说过，

---

① 中国"二十四节气"列入人类非物质文化遗产代表作名录新闻发布会，中华人民共和国文化和旅游部官网，https://www.mct.gov.cn/vipchat/home/site/2/251/article.html，2016年12月6日。
② 施爱东：《民俗学在非物质文化遗产保护运动中的尴尬处境》，《民间文化论坛》2014年第2期，第17—19页。
③ 户晓辉：《非遗时代民俗学的实践回归》，《民俗研究》2015年第1期，第16—30页。

仅在中国民俗学会 2008 年年会中，230 余篇应征论文（含逾期）中就有超过 1/3（将近 80 篇）的论文是与非遗有关的，涉及非遗的方方面面。[1] 正因如此，笔者才敢说，在"韩国申遗"事件上，民俗学者是有一定责任的。其实自 2004 年韩国"江陵端午祭"准备申遗起，就不断有民俗学者发声。但发声力度和影响依旧不够，正如周星老师认为的那样，对于中韩围绕端午形成的"异文化"之间的误解，相关国家的民俗学和民俗学者实际上是应该承担一定的责任的。[2] 中国的部分民俗学者虽然大体上也了解韩国"江陵端午祭"的独特性，却无法向更大范围的中国知识界予以说明，或无力引导国内媒体及大众的文化民族主义舆论导向。的确，当"事件"发生后，多数学者的发声途径是报纸杂志等，这种形式周期较长，失去了互联网信息传播中最重要的性质——时效性。从文稿写作到采稿、修改、发表，好的刊物一般会等半年甚至更长时间。而与此同时，错误或者带有误导性质的观点已经通过广播、电视、网络等存在、影响甚至发酵了一整年。没有了时效性，一篇新闻稿的最大价值就难以体现。

如今，从事非遗研究的学者多集中在民俗学领域，中国民俗学会在中国甚至世界的非遗保护进程中也逐渐起到了更大的作用。2012 年 6 月，中国民俗学会被联合国教科文组织认定为咨询机构，获得向"保护非物质文化遗产政府间委员会"提供咨询意见的地位。2014 年 11 月，其进入"保护非物质文化遗产政府间委员会"新成

---

① 叶涛：《民俗学会 2008 年年会有感（二）》，民俗学博客官方网站，http://www. chinesefolklore.org.cn/blog/ ? uid-4-action-viewspace-itemid-4189，2009 年 1 月 6 日。

② 周星：《东亚的端午：以"药物"为中心》，《中原文化研究》2014 年第 5 期，第 68—75 页。

立的审查机构行列，在 2015 年至 2017 年间全面参与了代表作名录、急需保护名录、优秀实践名册及国际援助四类申报项目的评审工作。即便在这种情况下，民俗学者的发声情况依旧不容乐观。

四、不明真相的民众

自韩国"江陵端午祭"申遗成功算起，至今已十年有余。虽然官方对于非遗知识的普及做得还不够深入，媒体对于非遗知识的宣传还不够准确，学者对于非遗的相关研究还在进一步深化，但他们是非遗保护的践行者，绝对不是全部责任的承担者。十余年，即便再隔行如隔山，民众对非遗也应有相应的基础了解，但如今网络上依然是"键盘侠"四起，仇视、敌对韩国的民众层出不穷，他们对"申遗"依然"不明真相"。因此，在"韩国申遗"事件中，民众也有相应的责任，只是这种责任相对占比不大而已。

"趁还来得及，赶紧把广场舞也申遗了吧！"一句玩笑话，却道出了民众对于非遗认知的真实水平。学者口中所说的"申遗"和民众脑中理解的"申遗"并非一回事。"遗"字究竟指的是什么？其实，民众未必清楚。近两年，人们常听到的杭州西湖申遗、大运河申遗、南京大屠杀申遗、慰安妇档案申遗等，其实并不是同一类遗产。众所周知，世界遗产分为自然遗产、文化遗产、自然与文化复合遗产和文化景观。它们同为遗产，却不尽相同。杭州西湖、大运河属于世界文化遗产，南京大屠杀、慰安妇档案（申请失败）属于世界记忆遗产，这里所指的"申遗"是非物质文化遗产。一个从外文中翻译过来的"遗"字，使得非遗研究者、工作者、从业者等都有不同程度的困惑。遗产分类如此广泛，民众不知其所指也在所难免。

当然，理论层面的因素并非是使得民众困惑的全部原因，个人实际层面的因素也有。十多年间，多数民众仍不思进取，主动让知识停滞更新，当新一轮的"申遗"事件出现争议后，十多年前那些不明真相的民众如今依旧如此，没有丝毫改变。在互联网如此发达的今天，有关非遗的消息传播竟然还处在一个信息封闭的空间内，有选择性地接收片面消息使得信息变得极不对称，实在令人扼腕叹息。身处这个信息获得速度极快的互联网时代，不能够利用自身有效的资源去发现、获取、甄别信息，毫不客气地说，也可以算得上一种无知的体现。

民众"谈韩色变"并非没有其他原因，强烈的民族自豪感和爱国主义精神的驱使，同样促成了民众的激进心态。在经历了多次韩国"被申遗"事件后，时隔多年，又有一个源于中国的项目（拔河）触碰到了国人的敏感神经。面对这种"不光彩"，网民们重提旧事，历数旧日种种罪行，"新仇旧恨"集聚，以"起源说"为语言武器，愤怒全然跳跃在键盘之上，网络暴力肆虐，恰如近些年的"仇日"情绪一般浓厚。网民们绝不能眼睁睁地看着种在自家门前的庄稼被别人"收走"，心中自然、本能地泛起了一种强烈的保护欲。然而，当得知庄稼已半夜被"偷"之后，那种民族自豪感和爱国主义精神瞬间涌上大脑，甚至心生恨意（这一点在媒体行文的字里行间完全可以感受到），他们开始抱怨政府的无能和无作为。于是，这些网民便理直气壮地变得更加愤怒。而他们不知道的是，让他们引以为豪而愤怒不堪的原因竟是自己的知识更新不及时。如今，民众依旧习惯于将"申遗"作为一场中国传统文化的荣誉保卫战，或是与他国间的竞技比赛，将先后顺序、成功与否、项目数量作为这场战争或竞技的标准。但是，殊不知，非遗项目并无唯一归属，在漫漫的历史长河中，申遗之路也并无终点，以何为输赢？这种"视申遗为战争或竞技"的思想观念理应早日在民间根除，而民众也应该从"韩国申遗"事件中真正读懂非遗。

"冲突不断"的中韩申遗，是谁之过欤？毋庸置疑，"韩国申遗"事件的出现必然是多种因素共同导致的，如若仅由以上四者负全部责任，则显得过于不当。但是，作为一种持续的"文化事件"，其责任还是有一定的分成的，套用一句流行语来说："三分天注定，七分靠民众，剩下的九十分，那就仁者见仁，智者见智吧！"

《二十四节气国画图册》亮相申遗现场
——联合国教科文组织保护非物质文化遗产
政府间委员会第十一届常会侧记①

　　联合国教科文组织保护非物质文化遗产政府间委员会第十一届常会于 2016 年 11 月 28 日至 12 月 2 日在埃塞俄比亚首都亚的斯亚贝巴联合国非洲经济委员会会议中心召开（见图 1）。北京时间 11 月 30 日 17 点 30 分（当地时间 12 点 30 分），委员会经过评审，正式通过决议，将中国申报的"二十四节气——中国人通过观察太阳周年运动而形成的时间知识体系及其实践"列入联合国教科文组织人类非物质文化遗产代表作名录（见图 2、图 3）。

图 1 联合国教科文组织保护非物质文化遗产政府间委员会第十一届常会现场全景 / 摄影：巴莫曲布嫫

---

① 王晓涛撰，原载中国社会科学网，2016 年 12 月 8 日，经授权发布。

图 2 中国代表们携带《二十四节气国画图册》和《二十四节气台历》推介材料入场 / 摄影：巴莫曲布嫫

图 3 申遗现场 / 摄影：巴莫曲布嫫

列入名录，《二十四节气国画图册》亮相

　　"二十四节气——中国人通过观察太阳周年运动而形成的时间知识体系及其实践"审议通过之时，正处于大小雪节气之间，远在万里之外的首都北京前一晚也飘起了雪，恰好印证了代表团致辞时使用的"瑞雪兆丰年"那句谚语。决议通过之际已是当地午餐时间，但代表团成员们兴奋不已，每个人都在手机上忙着传递信息，与国人同步刷屏，分享彼此的喜悦，连午饭也没顾上去吃。

接着，趁中午休会的空档，代表团成员们在团长马盛德的带领下，将专为此行定制的《二十四节气国画图册》和《二十四节气台历》亲手送到了每一个代表团的席位上（见图4）。会中，这两种中英文项目推介材料极为抢手，前来索要的代表接踵而至，随后材料便被一抢而空。泰国代表团的负责人还拿着《二十四节气国画图册》亲自来到政府团席位请所有成员签名，并大加称赞，说这是她见过的最美的图册之一。

图4 申遗成功后，当时的中国申遗代表团团长马盛德（中）
亲自于各国代表团席位上发放二十四节气推介材料／摄影：巴莫曲布嫫

最美推介材料因何而来

这套最美推介材料——《二十四节气国画图册》（中英文版）在申遗成功后能够大放异彩，其实并非偶然。图册采用了中国传统的竖排书法写作模式，自左向右翻是中文版，自右向左翻是英文版，中英文内容相互呼应（见图5、图6）。

图5 《二十四节气国画图册》中文版推介材料 / 摄影：巴莫曲布嫫

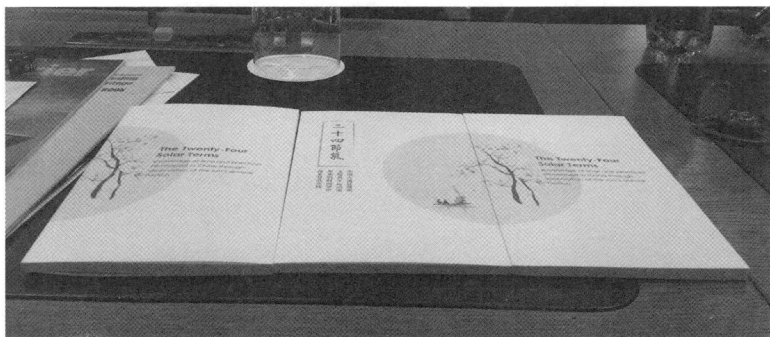

图6 《二十四节气国画图册》英文版推介材料 / 摄影：巴莫曲布嫫

在我国文化部的鼎力支持下，这套图册由中国民俗学会取得两套国画作者的授权且出资印制，并与中国农业博物馆合作完成二十四节气说明文案。图册中的两套配图由两位国画作者完成，分别是中文版国画作者朱樵（中国作家书画院画师、中国文人画家）和英文版国画作者林帝浣（中山大学教师）。在此，我们要向给予中国民俗学会无偿授权的两位作者致以崇高的敬意，也要向在第一时间联系两位画家的中国民俗学网志愿者工作团队和刘晓春教授郑重申谢！感谢你们！是你们的努力，让中国"二十四节气"以一种新的艺术形式从田野里走出，迈向全球！这里，要特别感谢的是中文版国画作者朱樵老师：这套二十四节气国画原本为中国民俗学会微信公众号"民俗学论坛"而创作，皆为每一节气来临之际完成一幅。但其画作自决定采用至印制仅寥寥数日，仍有四幅未完成。画家硬是加紧创作步伐，连夜赶工，最终高质量地提前完成了最后的四幅画作，为图册的完美呈现争取了更多的时间（见图7）。再次感谢！

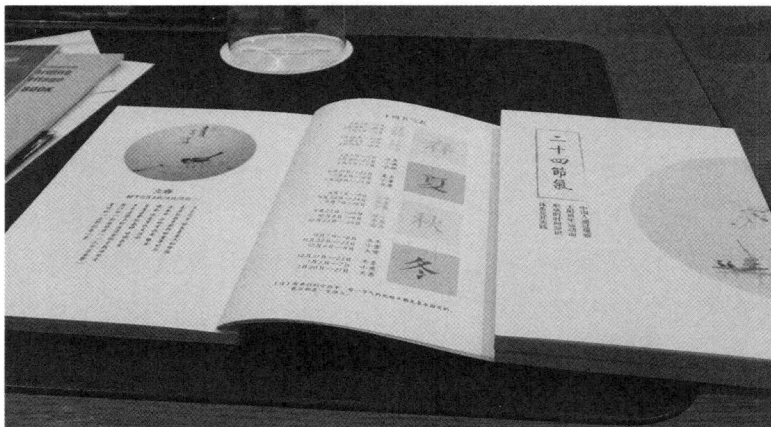

图7 《二十四节气国画图册》亮相于联合国教科文组织保护非物质文化遗产
政府间委员会第十一届常会 / 摄影：巴莫曲布嫫

精益求精，《二十四节气国画图册》几易其稿

提及《二十四节气国画图册》的成形，尤其值得一提的是，代表团成员们也是在登机前往埃塞俄比亚之前才首次见到了样书，其时间紧迫性可见一斑。虽然时间十分紧张，但该套图册的文案、设

计和印制却一点也没有马虎，从代表团的中英文撰稿人到设计师，从云林青溪的排版和制作到小森印刷的印制和装订，可谓是多方精益求精、争分夺秒的结果。从最初的折页和拉页设想，到最终完成《二十四节气国画图册》（中英文版）的双面读物，几易其稿，最终成册。定稿后快马加鞭、紧急印制，首批 300 本总算被马不停蹄地送往了机场，为代表团上会推介添加了助力（见图 8、图 9）。如今看来，相关合作方的每一次努力，每一番的辛苦，都是非常值得的。

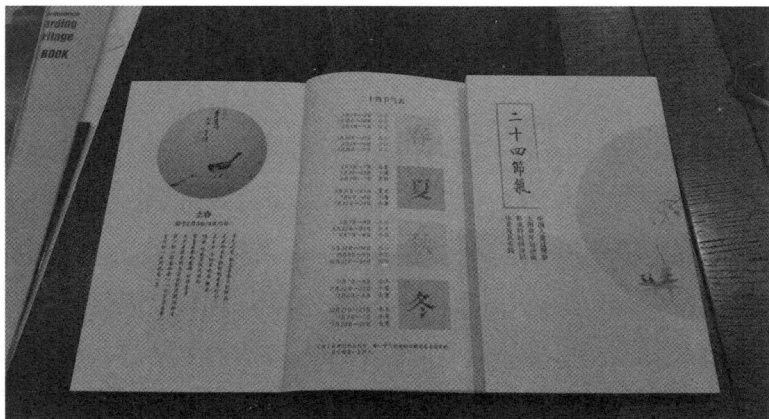

图 8　《二十四节气国画图册》中文版推介材料（二十四节气表）/ 摄影：巴莫曲布嫫

　　二十四节气是中国人通过观察太阳周年运动，认知一年中时令、气候、物候等方面变化规律所形成的知识体系和社会实践，指导着传统农业生产和日常生活，是中国传统历法体系及其相关实践活动的重要组成部分。如何让外国的读者看得懂，确实是一个非常令人头疼的问题。这套图册连同文化部定制、书田出品的《二十四节气台历》（文案为七十二候，图案为二十四番花信风，英文翻译由代表团成员完成）第一次在国外正式亮相，便解决了这个问题，也惊艳了各国代表团。在申报材料、图片和申报片登录联合国教科文网站后，图册和台历以简单直观的图文形式讲述了"中国故事"，成为来自121个国家的各方参会代表进一步了解、感受和认识二十四节气的两道风景线，散发着东方古国的大雅、大美和大气。

　　"二十四节气——中国人通过观察太阳周年运动而形成的时间知识体系及其实践"成功列入代表作名录，有赖于多年来为申报工作付出艰辛劳动的多元行动方，也离不开身居前线的每一位代表团成员的努力，更少不了大后方每一位国人的支持。

图9 中国申遗代表团在席位上合影（席位上放置有《二十四节气国画图册》和《二十四节气台历》推介材料）/ 摄影：巴莫曲布嫫

2019 年嘉兴市文化
精品重点扶持项目

气韵禾城

嘉兴二十四节气随笔

朱　樵　著

浙江工商大学出版社
ZHEJIANG GONGSHANG UNIVERSITY PRESS
·杭州·

图书在版编目（CIP）数据

气韵禾城．嘉兴二十四节气随笔 / 朱樵著．— 杭州：
浙江工商大学出版社，2021.8
ISBN 978-7-5178-4625-3

Ⅰ．①气… Ⅱ．①朱… Ⅲ．①地方文化－介绍－嘉兴
②二十四节气－文集 Ⅳ．① G127.553 ② P462-53

中国版本图书馆 CIP 数据核字（2021）第 172242 号

气韵禾城
嘉兴二十四节气随笔
QI YUN HECHENG
JIAXING ERSHISI JIEQI SUIBI
朱　樵　著

出 品 人	鲍观明
策划编辑	王黎明
责任编辑	王　琼
责任校对	夏湘娣
封面设计	红羽文化
责任印制	包建辉
出版发行	浙江工商大学出版社
	（杭州市教工路 198 号　邮政编码 310012）
	（E-mail：zjgsupress@163.com）
	（网址：http://www.zjgsupress.com）
	电话：0571-88904980，88831806（传真）
排　　版	杭州红羽文化创意有限公司
印　　刷	杭州宏雅印刷有限公司
开　　本	880mm×1230mm　1/32
总 印 张	10.625
总 字 数	247 千
版 印 次	2021 年 8 月第 1 版　2021 年 8 月第 1 次印刷
书　　号	ISBN 978-7-5178-4625-3
总 定 价	68.00 元（共 2 册）

二十四節氣

丙申
筆性

目

录

立春

始于2月3日/4日/5日

　　中国古代将立春分为三候：一候东风解冻，二候蛰虫始振，三候鱼陟负冰。也就是说，在立春的第一个五天，东风送暖，大地开始解冻了。第二个五天，蛰居在洞中的虫类慢慢地苏醒了，但醒而未动。第三个五天，河面上的冰开始融化成碎冰片，而鱼儿往水面游动。

立 | 春

　　立春的"立"是开始的意思，"春"则代表着温暖和生长，立春不仅是二十四节气中的第一个节气，还意味着一个新的轮回已经开启。立春之后，日照增加，白昼渐长，大地逐渐从冰封状态中苏醒过来，万物更生，开始进入生长的季节。在古代农业社会，立春这一天，天子会亲率三公九卿、诸侯大夫，到东郊迎春，祈求丰收。到东郊迎春，主要是为了祭祀传说中主管农事的春神句芒（句芒居东方）。到了南宋时，迎春活动已经从东郊进入了宫廷，官吏之间会互拜道贺。吴自牧的《梦粱录》中有记载："立春日，宰臣以下，入朝称贺。"

　　不过，对于嘉兴来说，立春时冬天并未结束，当然春天也并未真正开始。每逢节气上的立春，嘉兴依旧一派冬天的景象。天还是那么冷，除了青菜、菠菜之外，看不到其他绿色的植物，就连河边的柳树，枝条上也还挂着陈年的黄叶。在嘉兴城里，要过了大年，吃了正月十五的汤圆，才会在某个阳光充足的午后，突然发现春天从柳枝上翡翠般探出头来。一般来说，要到 2 月底，也就是雨水的第三个五天，嘉兴才会进入气象学意义上的春天。

立春的三候，主要描述万物开始复苏的状态。

一候的东风解冻，《月令七十二候集解》中说："冻结于冬，遇春风而解散。不曰春而曰东者，《吕氏春秋》曰：'东方属木。'木，火母也，然气温，故解冻。"意思是，温暖的风从东南方向吹来，带来了暖湿气流，冰冻的大地开始融化，向阳的地方已经出现植物返青，传递着一种万物苏醒的讯息。二候的蛰虫始振，意思是，藏在地下冬眠的虫子，感觉到了地面变暖、土地变松，自己的身子也由僵硬变得柔软起来，开始蠢蠢欲动。从字典上看，"蠢"字也是由此而来。蛰虫始振的"振"，表示动而未出。虫子真要爬出洞来，要等到农历的二月份。三候的鱼陟负冰，是说河里的冰开始融化，鱼儿往水面游动时，那些没有完全融化的碎冰片，如同被鱼背负着一般浮在水面上。鱼陟负冰，也有古籍记载为"鱼上冰"。有学者认为，因"鱼上冰"难以理解，所以《元史志》将其改为"鱼陟负冰"。

在二十四节气中，立春是我较早知道的一个节气，这和红萝卜有点关系。

很多20世纪50—60年代出生的人，小时候都没有吃水果的习惯，除了夏天的瓜果之外，平时只有去看望病人时，才会想到水果。在那个时候，红萝卜就是孩子们能常常吃到的"水果"。差不多在放寒假之后，立春也就到了。这时，就会有卖红萝卜的人，挑着担子在弄堂里走来喊去，也就一两分钱一个。听到卖红萝卜的喊声，我就会去问外婆：立春节气到了没有？外婆朝我看看，大约是觉得有点奇怪，就反问一句：你问这干什么？我便如实地说：卖红萝卜的来了。外婆忍不住笑了，说：你就知道吃。因为我听长辈们说过，立春时吃红萝卜叫"咬春"，凡是咬了"春"的孩子，整个春天读书都不会犯困，于是我就理直气壮地向外婆要了两分钱。现在，大多是以吃春卷为"咬春"。在过去，这都是有钱人家的事情，而普通百姓只有在春节招待客人时，才会偶尔上一盘春卷。

立春吃萝卜称为"咬春"，早在明代刘若愚的《酌中志·饮食好尚纪略》中就有记载："至次日立春之时，无贵贱皆嚼萝卜，名曰'咬春'。"吃萝卜可以解困，这在清代富察敦崇的《燕京岁时记》中也有记载："是日（立春）富家多食春饼，妇女等多买萝卜而食之，曰'咬春'，谓可以却春困也。"

立春时，比较有意思的传统民俗是鞭春。我见过一回，是我的一个邻居一清早拿着扫帚在追打他的儿子。他边追打，边教训着：你听好了，这叫鞭春！天天睡懒觉，不把你鞭鞭醒，将来就是讨饭胚一个！他那可怜的儿子，在寒冷的冬天，穿着短裤光着腿，双手抱着头，边跑边跳边叫。邻居们都在围观，也没人去劝，大人们表情严肃，孩子们却会忍不住笑一下。当时我年纪还小，根本不知道"鞭春"的含义，以为他儿子除了睡懒觉之外，肯定还做了什么不光彩的事。要不，怎么叫"鞭春"呢？中国人的用词实在太含蓄了，春天有什么好鞭的？再说，就是你有一千个理由要鞭春，怎么个鞭法？鞭春，其实是在文字上兜了个圈子，虚晃一枪，落实在行动上是鞭牛，因为牛是人牵着走的；最终落实在思想上就是鞭人，是催促人们赶紧下地干活。当然，也有直接鞭人的个例，就是我那恨铁不成钢的邻居。俗话说，一年之计在于春，一日之计在于晨，"鞭春"和"鞭晨"，倒是一组不错的套餐。

立春的传统民俗有很多，贺春、喊春、迎春、寻春、鞭春、咬春、闹春、送春等，但多数是为了搞活动而从旧书中"挖掘"出来的。能在生活中传承下来的，除了鞭春、咬春之外，还有喊春。春

5

天，人容易犯困，喊春的目的是把春困的人喊醒。这是孩子们乐意干的事情。一般是两个或三个孩子，躲藏在弄堂的某个角落，看见有年龄相仿的孩子走过，就齐声叫喊：春来了！若走路的孩子回了头，那么春困就被带走了。有点乐趣，也有点意思，孩子们喜欢做，也有那么一点损人利己的意思。孩子们的喊春，并不限于立春期间，整个春天都可以，甚至有的孩子在夏天犯困时，也会不知不觉地高喊一声：春来了——

现在有些地方进行"喊春"活动，只是安排几个身穿汉服的孩子，朝天大喊：春来了！然后就完了。虽说有点戏剧效果，却少了生活气息。这样搞活动可以，但要想把这一民俗在民间流传下去，似乎不大可能。你想，谁会在立春这天，独自傻乎乎地对天大喊"春来了"？

书上说，立春的时候有好些花会开，"二十四番花信风"中与立春有关的物候有：一候迎春，二候樱花，三候望春。所谓花信风，是指应花期而来的风，因为带有开花的音信，所以叫花信风。在嘉兴，除了迎春花之外，其他两种花在立春时都还没有开放。迎春花呈金黄色，黄得纯净，花色端庄秀丽。而且，迎春花在百花中开得最早，有不畏寒、不择土、适应性强的特点，历来深受人们的喜爱。诗人白居易就曾"代花招客"，写了题为《代迎春花招刘郎中》的诗，邀请同样天涯沦落数年后重返京城的刘禹锡，在杏园还没有花开的时候，来看看迎春花："幸与松筠相近栽，不随桃李一时开。杏园岂敢妨君去，未有花时且看来。"

立春时，嘉兴的蜡梅还没凋尽，红梅却已经开了。红梅以前在嘉兴很少见，梅湾街区修建后种了不少，大约是从外地引进的。立春时会有很多人去梅湾街区拍红梅，然后在微信上晒出来，这才让人觉得春天似乎不远了。记忆中的嘉兴，能在这个时候开花的，好像只有水仙。水仙是在唐代时从意大利引进的，因花色素洁、幽雅，立即成为诗歌吟咏的对象。杜甫就有题为《桃竹杖引赠章留后》的诗："斩根削皮如紫玉，江妃水仙惜不得。梓潼使君开一束，满堂宾客皆叹息。"历代的文人雅士似乎都特别喜欢水仙，并将其与兰花、菊花、菖蒲并列为花中"四雅"。明代嘉靖以后，苏州、嘉兴一带也成了水仙种植的中心地区，影响较大。水仙花芬芳、清新，放在客厅或书房，能让人感到宁静和温馨。中国画里当然少不了水仙，读书人书房里挂的画也往往是水仙，因而水仙就成了中国的十大传统名花。

雨水

始于2月18日 / 19日 / 20日

中国古代将雨水分为三候：一候獭祭鱼，二候鸿雁北，三候草木萌动。也就是说，在雨水的第一个五天，水獭开始捕鱼，然后将鱼摆放在岸边，像是在陈列祭品。第二个五天，可以看到大雁排队从南方飞往北方。第三个五天，大地受到春雨的滋润，一些早春植物随着地里阳气的上腾而开始生长。

雨 水

雨水是一个非常好听的名字，尤其是在江南，会使人产生一些美好的想象。立春和雨水，只相差半个月时间，而窗外的景象，却完全不一样了。一阵阵细雨飘打着柳树，慢慢地，雨还没停，柳枝已经绿了，一种透明的绿色，似柳芽，又像雨水，那种美，令人终生难忘。所谓江南烟雨，也许只有在雨水的节气里，才能找到最真的感觉。少年时，曾经在这样一天下午，去南湖边看朦朦胧胧的丝网船在茫茫的水面上慢慢移动。那天回来，在细雨中的馆弄里，似乎看到了一个丁香一样的姑娘……

雨水节气的含义是天气逐渐变暖，雨量增多。此时北方一些地区可能仍在下雪，但地处江南的嘉兴，已经进入了真正意义上的春天，毛毛细雨不断，很多草木开始生长，春耕的时节到了。偶尔去一趟乡下，就会看到一些穿着蓑衣的农民，在细雨中劳作。冬季在田埂边随意播下的蚕豆，这时已长出粉青色的嫩苗。过冬的青菜也开始抽薹，农民在劳作后，往往会摘一些回去。这些，都是从前的事了，我亲眼见过，也吃过刚从地里摘回来的薹心菜。现在当然不会再有了——谁还会在这样的雨天，穿一件笨重的蓑衣去地里劳作？不过，时令蔬菜，现在反而比过去多了，不要说薹心菜，就是春笋也上市了。市场经济放开后，菜农比以前肯动脑筋，加上物流速度快，很多时令蔬菜都赶在了时节的前面。常听人说，这种催生的外地笋味道不好，我觉得差不多，只要烹调得当，油焖笋还是那个味道，清香爽口。

雨水的三候主要告诉人们，由于气温升高，雨量逐渐增多，万物开始萌动，春天已经到了。一候的獭祭鱼，虽然是说水獭开始捕鱼，然后将鱼摆放在岸边，像是在陈列祭品，其实也是在说早春时节的气候变化。这要和上一个节气的第三候"鱼陟负冰"联系起来，因为鱼儿纷纷浮出水面，感受春天的氧气与温暖，水獭才有机会大肆捕鱼。水獭捕鱼和猴子采摘玉米一样，会一味追求数量，一时吃不了的就放在边上。古人观察到这一现象，就说它是在陈列祭品。二候的鸿雁北，《月令七十二候集解》注曰："雁，知时之鸟。热归塞北，寒来江南，沙漠乃其居也。孟春阳气既达，候雁自彭蠡而北矣。"大雁是一种能够感知四季时节变化的候鸟，在小寒节气时，它觉得南方有点热了，开始往北飞，但不会飞到北方，而是离开南方最热的地方。到了万物回春的雨水节气，大雁感知到春木之气的召唤，便迫不及待地飞往北方老家，预备新一代的繁衍生息。三候的草木萌动，是说大地受到春雨的滋润，一些早春植物随着地中阳气的上腾开始生长，抽出了嫩芽。温暖的春天来到了，植物和动物都苏醒过来，大地渐渐呈现出一派欣欣向荣的景象。

雨水节气里的习俗不多。四川有个习俗叫"拉保保"，一开始我也不知是什么，总觉得名字有点怪，后来查了资料，才明白是"认个干爹做靠山"的意思。也就是在雨水这天，不管是天晴还是下雨，孩子的父母都会拿着酒菜和红包，在人群中帮孩子找干爹。当然，这只是说说而已，真的要实施起来，恐怕都是事先商量好的。找干爹是为了让孩子顺利地成长。父母希望孩子长大后有点文化，就会拉一个文化人做干爹；希望孩子将来富裕，就会帮孩子找个富裕的干爹。

　　雨水的另一个习俗叫"接寿"，是祝愿父母健康长寿的意思。嘉兴一带也有类似习俗，叫"回娘家"。回娘家的主要礼品，是系着红绸带的一大罐红烧肉（也有用一整条红被面的）。去看望父母时，女儿还要说："感谢父母的养育之恩。"如果是新婚回门，父母会回赠一把雨伞，让女婿外出奔波时能遮风挡雨。在嘉兴，还有另一层意思，就是为女儿提供一把保护伞。每逢女性的节日，丈夫都会主动买礼品、发红包和做家务。

　　其他就是"二月二，龙抬头"了。但因为节气是按公历划分的，而"龙抬头"在农历的二月初二，所以不是每年都能碰上，但隔三岔五地会碰在一起。"二月二"的习俗，在嘉兴就是剃头和放生。过去民间有种说法，年三十之前要把头剃好，到了正月里就不能再剃头了，一直要等到农历的二月初二。在龙抬头时去剃头，应该是希望自己在新的一年里有个好的开头，有辞旧迎新之意。另外一个传统是放生，主要是祈求风调雨顺。每年这个时候，都有人提着水桶，到西南湖边去放生。嘉兴人放生的，一般都是鲤鱼、乌龟和蛇。放生的人不一定要常年吃素，但放生过的东西，是绝对不能再去吃了。

　　冬去春来，人体皮肤逐渐苏醒，汗毛孔闭锁程度相应降低，因而春风较大的时候，尽管不是很冷，寒意也能长驱直入肌体内部，人就可能感冒或得其他疾病。所以，雨水节气时的养生，并不是吃，而是捂。老人们常说的"春捂秋冻"，是有道理的。嘉兴有句俗语，

"雨水落了雨，阴阴沉沉到谷雨"。也就是说，在雨水的这段时间里，阳光灿烂的日子不多，阴雨天不少，气温忽冷忽热，昼夜温差较大，过早脱掉棉衣或穿得太少，都很容易着凉感冒。春天还是流行性脑脊髓膜炎、麻疹、腮腺炎等传染病的多发季节。这些疾病的发生虽与细菌、病毒感染有关，但感染后是否发病，在很大程度上取决于个人的体质和起居调养。

雨水时，嘉兴会有很多植物开始抽芽，但开花的不多。"二十四番花信风"中说，雨水节气开花的有：一候菜花，二候杏花，三候李花。有点遗憾的是，这三种花在嘉兴都还没有开放。油菜花要等到下个节气——惊蛰时才会零零星星地开一些，而杏花和李花，起码还要再等两个节气才会开放。这时比较应景的花，是开得红红火火的贴梗海棠和白花花一大片的玉兰花。贴梗海棠花朵鲜润丰腴、绚烂耀目，既是庭院中主要的春季花木，也可以制成盆景，开花时可给新年增添一点喜气。贴梗海棠的果子如鸡蛋般大小，到秋天成熟时，有一种白兰花似的香味，随手摘几个放在书案上，非常好闻。玉兰花也叫望春花，名气很大，也很好看，但不宜在私家庭院里栽种，因为它花期很短，一朝春雨，就弄得满地都是白花花的，令人有些伤感。清代时，嘉兴有许多人喜欢吃花。据地方古籍记载，还流行百花宴，玉兰便是其中之一。关于玉兰花瓣的吃法，清代嘉兴美食家顾仲在《养小录》中有记载："面拖，油炸，加糖。先用爪一掐，否则炮。"因为对吃比较感兴趣，我也学着做过，做好了装在青花盆里，样子不错，家里人都好奇地围着看，却不敢吃。我自己尝了尝，吃不出什么好的味道，也就不再吃了。旧时的很多美食，书上写得令人垂涎三尺，但在尝遍各种滋味的今人口中，可能也不过如此。

惊蛰

始于3月5日／6日／7日

　　中国古代将惊蛰分为三候：一候桃始华，二候仓庚鸣，三候鹰化为鸠。也就是说，在惊蛰的第一个五天，桃花红了，等待了一个冬季的各色鲜花也开始竞相开放。第二个五天，黄鹂最早感受到春天的气息，已经在鸣叫求友了。第三个五天，在茂盛的树林里，出现了被古人称为"布谷鸟"的斑鸠，标志着仲春时节的开始。

惊｜蛰

二十四节气中，有些节气是很有意思的，"惊蛰"便是其中一个。说是春雷始鸣，惊醒蛰伏于地下越冬的蛰虫。其实不是惊醒，而是惊动。因为早在立春的时候，蛰居在洞中的虫类就开始慢慢苏醒，只是醒而未动，要等过了雨水节气，到了惊蛰，才会被春雷惊动。当然，真正惊动蛰虫的不是春雷，而是地气。蛰虫感觉到地气暖了，植物发芽、开花，明白它的口粮也就来了。自然界的生物都有一套很强的生存本能。闻一多先生在《可怕的冷静》中有这样的描写："像冬眠的蛰虫一般，只在半死状态中静候着第二个春天的来临。"古人所谓"兵马未动，粮草先行"，可能就是从蛰虫那里学来的。

其实，惊蛰原来的名字是启蛰，它是二十四节气中唯一改过名字的节气。在汉景帝继位之前，这个节气一直是叫"启蛰"的。公元前157年，刘启继位，为汉景帝。因汉景帝名"启"，为了避讳而将"启蛰"改为"惊蛰"；同时，又把原来放在雨水前的惊蛰，调整到雨水之后。于是，立春时就开始蠢蠢欲动的虫子，在地下又多待了十五天。

惊蛰节气后，南方暖湿气团开始活跃，天气回暖较快。推开窗子，已是一派融融的春光，植物似乎在一夜之间萌发生长，颜色各不相同的树叶鲜嫩而油亮，似乎比花还要好看。大多数年份，在这个时候，媒体会发布：嘉兴入春了。也就是说，在嘉兴一带，要到雨水和惊蛰交替时，才会迎来气象学意义上的春天。对于农村来说，惊蛰一到，春耕也就开始了。正如唐诗中所写："微雨众卉新，一雷惊蛰始。田家几日闲，耕种从此起。"

惊蛰的三候，主要描述大自然初春的情形。一候的桃始华，是说酝酿了一个冬季的桃花终于开了。桃花不是报春花，也不是迎春花，但它应春天而开放，引来了百花争艳。尤其是在江南，桃花的开放是春天到来的一个标志。二候仓庚鸣的"仓庚"，是指黄鹂。《诗经·小雅·出车》云："春日迟迟，卉木萋萋。仓庚喈喈，采蘩祁祁。"意思是，春日缓行天宇，花木丰茂葱郁。黄鹂唧唧歌唱，女子采蒿群聚。当然，二候仓庚鸣的本义，是指黄鹂最早感受到了春天的气息，已经在鸣叫求友了。三候的鹰化为鸠，说起来有点复杂。有个成语叫"鹰化为鸠，犹憎其眼"，比喻外表虽然有所改变，但改变不了其凶恶的本性。典出刘义庆《世说新语·方正》，后来用到了时令的变化上。有学者认为，鹰化为鸠是古人对周围的景物观察得不够仔细而造成的误解。我以为，古人是说场地主角的转换，并非指鹰变成了鸠。也就是说，原本在空中盘旋的老鹰，悄悄地躲起来繁育后代，而冬天蛰伏的斑鸠，开始出来鸣叫求偶了。斑鸠被古人称为"布谷鸟"，它的鸣叫标志着仲春耕种的开始。

惊蛰也是一个气候敏感的节气，冷暖空气交替频繁，气温波动较大，各种微生物繁殖迅速，是春季疾病的活跃期。尤其是在江南一带，阴雨天多，空气湿度明显增大，抵抗力差的人经常会感到天气阴冷，容易患感冒、麻疹、流行性脑脊髓膜炎、肺炎等疾病。还有一个比较奇怪的病，是面神经瘫痪，老百姓叫"歪嘴巴"，也是在这个时节发生的。这种病往往事先没有预兆，身体好好的，出门走一趟，回来时嘴巴就歪了。

惊蛰节气有个习俗叫"打小人"，就和容易患病有关。尤其是像"歪嘴巴"这种莫名其妙的病，被认为是中了"小人"的邪。所以，在这个节气里，人们特别害怕遇上不吉利的人和听到不吉利的话。旧时嘉兴民间，尤其是农村，在惊蛰当天，有"打小人"驱赶霉运的习俗。通常是把纸做的"小人"丢在地上，拿拖鞋一边拍打一边说"好人近身，小人远离"，打完后在纸人身上再踩上几脚。新中国成立后，"打小人"的习俗有了改良，大家都知道"打小人"是为了驱逐病虫和消除湿邪，于是就改成了拿着扫帚到田间举行扫虫祛邪仪式。回来后用清香、艾草等，在家里每个角落都熏上一遍，希望能够驱逐病虫和湿邪。有些地方的农村，干脆把"打小人"直接改成了"炒虫"习俗，就是把芝麻、黄豆等放在锅中爆炒，然后全家人围在一起大吃，边吃还要边喊：吃炒虫，祛邪毒。

俗话说"病从口入，祸从口出"，惊蛰"打小人"的习俗就是告诫人们要管住自己的嘴，无论是进，还是出。同时，经过一个冬季，人体各脏器的功能仍处在较低的状态，四肢关节、肌肉还处在"苏醒前期"，所以不仅要"管住你的嘴"，还要"迈开你的腿"，适当做一些运动，逐步加快血液循环速度和新陈代谢。所谓"正气存内，邪不可干"，就是要调养好自己的身体，只要正气充足，病毒和细菌就很难入侵。

在"二十四番花信风"中，惊蛰是一候桃花，二候棣棠，三候蔷薇。万物复苏，许多花都开了，桃花开了，棣棠也开了，唯独蔷薇还没有开放，背阴的地方甚至连花蕾都看不到。是不是蔷薇在嘉兴要开得晚些？我不太清楚。马路两旁的花，依然是玉兰，白玉兰谢了，紫玉兰又开了。紫玉兰也叫木兰花，以前嘉兴是没有的，20世纪80年代末引入时，非常珍贵，整个嘉兴也就十几棵。紫玉兰看上去有一点贵族气，又含"紫"字，在院子东墙边种上一棵，主人就会觉得有一种"紫气东来"的祥瑞。

说到花，在这个时节，不得不提一下油菜花。在"二十四番花信风"中，原本应该在雨水节气开放的油菜花，这时候终于在嘉兴开了。我在随笔《春游》中写过，上海人到嘉兴春游，途中见到大片大片的油菜花，兴奋得宁可放弃去景区，也要下去玩一两个小时。这是20世纪90年代《上海文学》杂志社组织的一次笔会，当时我既是作者又是地陪，见女作家们像小姑娘一样在油菜花田里玩耍，纳闷不已：这油菜花有那么好看、好玩吗？与其他鲜花相比，油菜花虽然不是"专业"的花，但它整整齐齐的方阵和庞大的规模，确实是很多花不可比拟的。

春分

始于3月20日/21日

　　中国古代将春分分为三候：一候元鸟至，二候雷乃发声，三候始电。也就是说，在春分的第一个五天，燕子开始从过冬的地方飞回来了。第二个五天，因阳气在奋力冲破阴气的阻挠，下雨时常常会听到雷声隆隆。第三个五天，能够频繁地见到春雨，以及在春雨中伴随着的雷鸣和闪电。

春｜分

春分一般都在农历二月中旬，正好在整个春天的中间，有把春天分为两半之说，故得名春分。《月令七十二候集解》称："春风，二月中。分者，半也，此当九十日之半，故谓之分。"同时，春分的当天，自然界变化的表现是昼夜平分。古籍《春秋繁露》说："春分者，阴阳相半也，故昼夜均而寒暑平。"其实，这两种说法都对，也正因为如此，古人把春分和夏至、秋分、冬至并称为"两分两至"，是二十四节气中重要的标志性节气。在21世纪初，考古人员在距今四千多年前的陶寺遗址中，发现了由十三根夯土柱组成的古观象台。古人通过这些土柱的狭缝来观测塔尔山日出的方位，从而确定季节、节气以及安排农耕。为了证实这一推测，考古人员在原址上复制了模型，进行了一年的模拟实测，结果从第二个狭缝中看到日出为冬至日，从第十个狭缝中看到日出为夏至日，从第七个狭缝中看到日出分别为春分和秋分。这一发现，证实了《尚书·尧典》中对春夏秋冬四季太阳变化的描述。

春分这一天，还是古人检查和校对度量衡器的理想之日。《礼记·月令》载："（仲春之月）日夜分，则同度量，钧衡石，角斗甬，正权概。"这里的度量是指计量长短的器物；衡石是指称重量的器物；斗甬的"甬"通斛，和斗一样，也是一种容器。在古人看来，春分时的昼夜均分，是公平公正的象征。当然，选择春分时节检定度量衡器，也有一定的科学性，因为"昼夜均而寒暑平"，气温适中而昼夜温差小，校正度量衡器不会受温度变化的影响。

春分的三候，是说春分时气温升高，就连北方的天气也已经变暖，被古人视为神鸟的燕子，带来了春天的雨水。正如唐代诗人元稹在《咏廿四气诗·春分二月中》所描述的那样："二气莫交争，春分雨处行。雨来看电影，云过听雷声。山色连天碧，林花向日明。梁间玄鸟语，欲似解人情。"一候元鸟至中的"元鸟"，是指燕子。由于北方天气变暖，在南方越冬的燕子又飞回了北方，衔草含泥筑巢，开始了新一年的生活。燕子是有灵性的鸟，总是夫妻结伴而飞，回来时还认得旧巢，所以被人类视为朋友。旧时，人们都希望燕子能在自己家的屋檐下筑巢，相信它会带来吉祥与安宁。二候雷乃发生，是说春分时天气转暖，雨水增多，空气潮湿，因阳气在奋力冲破阴气的阻扰，下雨时常常会听到雷声隆隆。其实，在上一个节气惊蛰中，就有雷声始发，但不是常态，所以在春分二候时再强调一下。三候始电，是指在频繁的春雨中伴随着雷鸣，偶尔还有闪电。总之，古人用这三个物候告诉人们，春分时"地气已贯通"，原先冰冻的土层已经完全融化，土壤松软，是播种的良好时节。

春分前后是春社日，旧时官府及民间都要祭社神祈求丰年。江南各地在这一天要演戏酬神，称为"社戏"，鲁迅小说《社戏》描写的就是这个场景。同时，民间还流行犒劳耕牛和祭祀百鸟的习俗。因为耕牛已开始了新一年的劳作，就以糯米团喂耕牛表示犒赏，希望它继续努力地干活。祭祀百鸟，主要是感谢它们提醒农人耕种，再是希望鸟类不要再来啄食五谷。这一民俗，比较真实地反映了农人的心理状态，一面祭祀百鸟，一面又用细竹插上糯米小圆子置于田间，试图粘住雀嘴，免得它们再来破坏庄稼。

此外，民间还有春分吃春菜和立蛋的传统民俗。所谓春菜，就是一种野苋菜，俗称春碧蒿，也有人叫马齿苋。一般在春分当天，乡下的老人会去采摘春菜，回家后用春菜和鱼一起滚汤，名曰"春汤"。俗话有"春汤灌脏，洗涤肝肠"之说。这种吃春菜的民俗，嘉兴似乎没有。在春分的时候，嘉兴人常吃的时鲜是春笋。《论语》中有"不时不食"之说，嘉兴人爱听孔子的话，吃东西也讲究应时，按照时节来吃，到什么时候就吃什么东西。这个时候，嘉兴本地的早笋已经有了，壳乌肉白，吃起来爽口甜嫩。外地笋一般都是山里笋，壳黄肉也黄，嘉兴人称它为黄泥笋，不入味。本地笋还有一个特点是，根部有红"痣"，"痣"越红，笋就越鲜嫩。过去，外婆去买笋，还要找一种叫"矮荸荠"的本地笋。这种笋矮胖鲜嫩，大多在春分时上市，味道令人难以忘怀。所以，外婆总是说，笋是春天的味精。没错，在江南，春天的鲜味就在笋尖上。至于春分立蛋，据说起源于四千年前。那时很多地方都会举行立蛋比赛，以此庆贺春天的来临。对民间来说，就是图个吉祥，说是在春分时能立起一个鸡蛋，就能带来一年的好运。有专家认为，春分这一天阴阳相半，自然界处于一种相对平衡的状态，容易把鸡蛋立起来。这也是说说而已，我试过，只要有耐心，任何一天都是可以把鸡蛋立起来的。

另外还有一个属于儿童的习俗，放风筝。嘉兴有句俗话，叫"油菜黄，风发狂"，意思是，春分时节油菜花黄，风很大，是孩子们放风筝的好时候。清人高鼎《村居》诗中说道："草长莺飞二月天，拂堤杨柳醉春烟。儿童散学归来早，忙趁东风放纸鸢。"不过中医学认为，早春的风对人体来说具有邪性，如果防护没做好，风邪入侵是会致病的。

春分后，进入了"二之气"阶段，春阳之气上升较快，人体的血液循环和激素分泌有所增强，情绪波动也会变大，加上气温经常骤变，容易导致人体阴阳失调，诱发高血压、心脏病等疾病以及眩晕、失眠等症状。同时，春分后雨水较多，甚至阴雨连绵，年老体弱的人容易生病，旧病也容易复发。由于湿度相对增大，细菌、病毒繁殖较快，各种传染病也会多发。所以，春分时节一定要重视养生保健。要注意添减衣被，"勿极寒，勿太热"，穿衣可以下厚上薄，注意下肢及脚部保暖，最好能够微微出汗，以散去冬天潜伏在体内的寒邪。在饮食上，要多吃应季的果蔬，如菠菜、春笋、葱、姜、蒜等。红枣和蜂蜜也是春分时节的有利食材。尤其是红枣，正迎合此时"省酸增甘"的养生原则，在养阳气的同时，还有养脾的效果。

在"二十四番花信风"中，春分三候的花信是海棠、梨花和木兰。在春分时节，冬天的迹象已经看不到了，尤其是在江南，到处杨柳依依、花枝招展，根本就分不清哪种花是春分的花信。在嘉兴，这时节具有代表性的花，应该是垂丝海棠。这种植物以前在嘉兴比较少见，小时候常听老人们说起，却从未见过。在我的想象中，种在陈大院庭前的那两棵垂丝海棠，总是半醉半开，含情脉脉，招引着陈家的亲朋好友结伴而去。垂丝海棠在嘉兴普遍出现，大约是在21世纪初，似乎是一夜之间便处处可见。垂丝海棠虽柔媚万千，却没有香味，于是有人写文章将"海棠无香"列入平生"三恨"。宋代诗人杨万里见到垂丝海棠开花时居然把蓝天都搅红了，于是信笔写下："垂丝别得一风光，谁道全输蜀海棠。风搅玉皇红世界，日烘青帝紫衣裳。懒无气力仍春醉，睡起精神欲晓妆。举似老夫新句子，看渠桃杏敢承当。"

清明

始于4月4日/5日/6日

　　中国古代将清明分为三候：一候桐始华，二候田鼠化为鴽，三候虹始见。也就是说，在清明的第一个五天，泡桐花开了，像一簇簇淡紫色的喇叭花，高高地悬挂在枝头。第二个五天，喜阴的田鼠躲回了洞穴，鹌鹑一类的小鸟开始在田野里自由自在地活动。第三个五天，春雨后的天空中偶尔也能见到彩虹了。

清 | 明

清明节气的本义是天清地明。《岁时百问》中说："万物生长此时，皆清洁而明净，故谓之清明。"《月令七十二候集解》中说："清明，三月节……万物齐乎巽，物至此时皆以洁齐而清明矣。"因而，清明是冰雪消融，草木青青，天气清澈明朗，万物欣欣向荣的意思。在江南民间，有"清明前后，种瓜点豆""清明时节，麦长三节"等谚语。到了清明时，江南江北和长城内外，都已是一片繁忙的春耕景象。

清明是一个充满着生机和活力的节气，同时又是一个重要的传统节日。在古代，清明节前一两天，还有一个寒食节，是在冬至后的第一百零五天。寒食节禁烟火、吃冷食，通常以青团子和粽子为主食，这样一来，就把扫墓等习俗一起移到了清明之时，于是，清明节气就变成了清明节。清明是在春天，人们在上坟扫墓怀念故人的同时，也会顺便去郊外踏青春游一番，看看春天的美景，呼吸一下郊外的新鲜空气，尝一尝乡下刚从地里拔起来的时鲜。对在外地工作或生活的游子来说，借此机会回一趟故乡，会一会久别的亲戚朋友，来一个小团圆，何乐而不为？记得有一年清明，我去泰石公墓给外婆扫墓时，就遇到了几个十多年没见面的亲戚，久别重逢，有一种意外的惊喜。这种一举两得甚至三得的事情，比较符合当代都市人的习性。清明扫墓回来，大多数人是高高兴兴、有说有笑的，很少有人带着悲伤的情绪。因此，清明是个"跨界"的异数——既是节气，又是具有多重意义的节日。前几年法定节假日调整，把清明也划了进去，这在二十四个传统节气中，是唯一的例外。其实，大约从唐代开始，人们在清明扫墓的同时，也伴以踏青游乐。吴自牧的《梦粱录》中，就描绘了宋时杭州清明野游的盛景："宴于郊者，则就名园方圃、奇花异卉之处；宴于湖者，则彩舟画舫，款款撑驾，随处行乐。此日又有龙舟可观，都人不论贫富，倾城而出，笙歌鼎沸，鼓吹喧天。"只要看一下《清明上河图》，就可以想见那种热闹的场面了。过去人们在扫墓和郊游时，往往会采回花草插于门上、头上，尤以插戴柳枝为多。北宋的《岁时杂记》中说："家家折柳插门上，唯江淮间尤盛，无一家不插者。"从本质上讲，这是对春天的赞美和生命力复苏的渴望。

清明的三候，是说此时天气清明，阳气渐盛，万物欣欣向荣。一候桐始华，指的是泡桐开花，而不是我们通常说的梧桐。泡桐与梧桐既不同科，也不同属，一个在清明开花，一个在立夏开花。泡桐开花的日子恰好又遇上清明时节，于是古人就将它作为清明物候的标志。泡桐花是淡紫色的，也有白色的，一簇簇拥挤在高高的枝头，显得既热闹，又宁静，和清明时的气候比较吻合。同时，泡桐花开时，春天已经过去了一大半，因而泡桐花也被视为"殿春"之花，预示着春天马上就要过去了。二候田鼠化为鴽，原先后面还有"牡丹华"三个字，因两者没有什么关联，后人就把它省略了。二候的意思是说，田鼠是喜阴的动物，由于清明时阳气渐盛，它就躲藏到洞里去了，而原来田鼠活动的田野里，可以看到鴽（鹌鹑一类的小鸟）在四处寻找食物。三候虹始见，说的是大气中的一种自然现象。虹，阴阳交会之气，纯阴纯阳则无。清明阴阳交会之时，天气常常是或晴或雨，晴时则天空清明，一览无余，所以容易见到彩虹。

清明兼具自然和人文两大内涵，民间习俗较多。清明最重要的习俗是在人文上，但比较单一，主要是通过扫墓祭祖来表达对已故亲人的思念之情。扫墓祭祖是清明习俗的中心，因而在古时，清明也是祭祖节，是慎终追远、礼敬祖先的传统节日。而在自然上的习俗有踏青、插柳、植树、放风筝和轧蚕花等。

踏青也称远足，古代叫探春、寻春，也就是脚踏青草，在郊野游玩，同时观赏春色。这一民俗活动，从孔子带着几个学生去郊外踏青开始，历代相传，一直没有变过。到了民国时期，因为清明有了假期，民间就把踏青逐渐融入扫墓习俗之中。而插柳，往往是人们在踏青时，顺手折一枝柳条在手中把玩，也有孩子将柳条编成帽子戴在头上。最古老的做法是把柳条带回家，插在门楣、屋檐上。据说，插柳的习俗是为了避免疫病。唐人认为柳条可以辟邪，踏青时头戴柳枝能摆脱邪毒的伤害。宋元以后，人们踏青归来，往往把柳条插在门楣上，以避免虫疫。春天气候变暖，各种病菌开始繁殖，在医疗条件差的情况下，人们就寄希望于插柳避免疫病。旧时，柳枝插在屋檐下，还有预报天气的功能，有俗语："柳条青，雨蒙蒙；柳条干，晴了天。"

轧蚕花也叫蚕花会，是杭嘉湖地区的蚕乡风俗。余杭、德清、桐乡三个地区交界处的含山，是轧蚕花最热闹的集聚地。据专家考证，轧蚕花的民俗活动已是千年相属，久盛绵延。大约是自西施从越国到吴国，路过含山送蚕花开始，一直流传至今。每年清明，蚕农们要祈求蚕神，为蚕宝宝消病祛灾，希望新一年蚕桑丰收。一般在清明前夜，含山附近的小商小贩就开始摇船出行，前去划地盘摆摊头，吃的，看的，用的，玩的，样样俱全。到了清明这一天，方圆十八里内的蚕娘们，便抢早赶来。她们怀装蚕种，头插各式蚕花，引得人们前来观看。一时间，人山人海，轧来轧去，所以就叫"轧蚕花"。蚕花会结束后，人们就开始春耕育蚕。

清明时，正是冷暖交替之际，气候潮湿，容易出现各种各样的疾病。中医学认为，人应四时，春季万物生长，肌体也是如此。立春之后，体内肝气随着阳气渐升而愈盛，到清明时最为旺盛。而肝气过于旺盛，会对脾胃产生不良影响，妨碍食物正常消化吸收，极易造成情绪失调，气血运行不畅，从而引发各种疾病。所以，春季的养生保健应以养肝为主。如果肝功能正常，人的气机就会通畅，气血就会和谐，各个脏腑的功能也能维持正常。调养肝脏有"养肝"和"清肝"之分。具体方法有多种，如以肝养肝、以味养肝、以血养肝和以菜养肝等。要多吃应季蔬菜，以保护内脏，如：菠菜利五脏，山药健脾补肺，荠菜平肝和中，等等。要适当增加运动量，踏青、郊游、散步等运动方式都能起到疏肝、养肝的作用。

在"二十四番花信风"中，清明三候的花信是桐花、麦花和柳花。在古人眼中，桐花或许就象征着清明，无论是物候还是花信，它都占据首位。而在古诗词中，只要写到清明，也常常离不开桐花。白居易还特意为清明写了题为《桐花》的诗，说"春令有常候，清明桐始发"。诗人似乎还不过瘾，又在《寒食江畔》中写道："忽见紫桐花怅望，下邽明日是清明。"意思是说，忽然见到紫桐花开了，才意识到明天就是清明了，于是就想起了故乡。麦花，一般要到立夏之后才会开放，怎么会成为清明的花信？唐代诗人杜甫在《为农》中写道："圆荷浮小叶，细麦落轻花。"宋代诗人范成大的《初夏二首》曰："永日屋头槐影暗，微风扇里麦花香。"唐宋两代诗人所写的麦花，都开放在初夏。柳花，本身并不引人注目，常常隐藏在柳叶之间，人们发现它开花，是因为柳絮。柳花一开，柳絮就漫天飞舞，极易引起人体过敏，令人烦恼。如果要我写清明"三恨"，那就是：扫墓堵车，柳絮飞舞，桃花凋零。

谷雨

始于4月19日 / 20日 / 21日

中国古代将谷雨分为三候：一候萍始生，二候鸣鸠拂其羽，三候戴胜降于桑。也就是说，在谷雨的第一个五天，由于降雨量增多，气温快速回升，河里的浮萍开始生长了。第二个五天，田野里传来了鸠（也就是布谷鸟）的叫声，提醒农人可以开始播种了。第三个五天，桑树上已经出现戴胜鸟，这是蚕宝宝将要快速生长的信号。

谷 | 雨

　　谷雨，听起来似乎是稻谷丰收的名字，实际上，却是一个提示农人在春雨连绵中及时播种的节气。谷雨节气，源自古人的"雨生百谷"之说。因为到了这个节气，寒潮天气已经终结，气温回升加快，田里的农作物特别需要雨水的滋润。嘉兴有句俗语，叫"城里人靠钱，乡下人靠天"。对于农人来说，在这个时节，只有天上经常下雨，地上的百谷才能不断生长。所谓"雨生百谷"，估计就是这个意思。但也有一种不靠谱的说法，据《淮南子》记载，仓颉造字成功后，黄帝于春末夏初发布诏令，宣布仓颉造字成功，并号召天下臣民共习之。这一天，下了一场不平常的雨，落下了无数的谷米，以慰劳圣功。后人因此把这一天称为"谷雨"，成为春季的最后一个节气。

　　谷雨时值暮春，这时田里的秧苗初插，地里的作物新种，是最需要雨水滋润的时候。《月令七十二候集解》中说："自雨水后，土膏脉动，今又雨其谷于水也。雨读作去声，如雨我公田之雨。盖谷以此时播种，自上而下也。"从雨水到谷雨，同样是一个"雨"

字，却有了温度的变化。雨水的雨，是由冬天转入初春的雨，气温较低，飘落后往往会过夜成冰。到了谷雨，春天已经过了大半，立夏就在眼前，空气湿度逐渐加大，气温又比较稳定，非常适合谷类作物的生长。

谷雨的三候，主要是提醒人们：这时气温回升，雨量增多，万物快速生长，切莫错过大好时光。一候萍始生，是说萍水开始重逢。萍是浮生在水面上的一种草本植物，进入谷雨后，那些在冬季里缺少绿意的水塘、湖泊中，浮萍会快速地茂密起来，绿油油地堆积成片，随水漂泊，聚散无定。浮萍是需要温度的漂浮植物，却不耐高温，夏末高温时会被晒死，浮叶发白腐烂，而谷雨正是它最好的初生期。二候鸣鸠拂其羽，从字面上看，是鸣叫着的斑鸠开始梳理自己的羽毛。问题是，斑鸠一年到头都会梳理自己的羽毛，为什么古人要将它作为谷雨节气的物候？究其原因，还是在"谷"字上。《月令七十二候集解》中说："鸠，即鹰所化者，布谷也。拂，过击也。《本草》云，'拂羽飞而翼拍其身，气使然也'。盖当三月之时，趋农急矣，鸠乃追逐而鸣，鼓羽直刺上飞，故俗称布谷。"原来是古人借用布谷鸟的鸣叫，催促农人可以播种了。戴胜降于桑是谷雨的第三候，也是春季的最后一候。戴胜是一种非常漂亮的鸟，外形极其独特，凤冠头，细长嘴，黄脖子，还有黑白花相间的两翼和尾羽。戴胜，是戴着"胜"的意思。"胜"是古代妇女常用的一种头饰，而戴胜鸟头上的冠羽，展开时就形似"胜"，如同一把打开的羽扇。按照古人的说法，戴胜鸟降落在桑树上，是蚕宝宝将要快速生长的信号。这一物候主要是提醒蚕农，谷雨时桑树枝繁叶茂，对蚕宝宝的生长十分有利。

谷雨时的民间习俗比较多，有祭海、喝谷雨茶、走谷雨、吃香椿等。

祭海，现在也叫开海祈福，是一些沿海城市由来已久的传统民俗，据说有两千多年的历史，已被列入国家级非物质文化遗产代表性项目名录。谷雨时节，正是春汛水暖之时，百鱼行至浅海地带，是下海捕鱼的好日子。休息了一个冬天的渔民，为了能够出海平安，且满载而归，会在出海的前一天，举行盛大的海祭仪式，祈祷海神保佑。从木船、小型机动船到大马力巨轮，出海捕捞的足迹早已遍布四大洋。谷雨的祭海活动，已演化为一种传统民俗的文化符号，成为渔家狂欢的节日。

喝谷雨茶，是南方人的传统习俗。谷雨茶其实就是雨前茶，是清明后谷雨前采制的春茶，也叫二春茶。清明见芽，谷雨见茶。清明前采制的茶叶，嘉兴人叫明前茶，芽叶嫩小，产量极低。在传统概念中，明前茶比雨前茶要好，价格也要贵一倍多。其实，以我喝茶的经验，明前茶只是喝个名，雨前茶才能喝出春茶的味道。明前茶虽然细嫩，品质也好，但两三泡之后，味道就没了。再则，按照传统中医学"春发"的说法，明前茶还带有一点"春发"的"火气"。雨前茶泡起来，茶叶舒展，如枝头再生，且清香浓郁，经久耐泡，余味悠长。以前的贡茶，也是雨前茶，而不是明前茶。据《清嘉录》记载："谷雨节前，邑侯采办东山碧螺春入贡。"碧螺春是苏州洞庭山名茶，也叫洞庭碧螺春，为康熙巡幸太湖时题名。

走谷雨其实是清明踏青的延续，因为清明春游叫"踏青"，谷雨时就只能称作"踩青"，也算是搭上了春游的末班车。不同的是，谷雨这天的"踩青"，原本是以妇女走村串亲为主，顺便带上未出嫁的姑娘到外面走走，见见世面。因为古代女子平时不便出门，这也算是她们走出闺阁亲近自然的一次机会。到了民国以后，"踩青"

就不分男女老少了，"主题"也变成了"补充阳气，驱走百病"。据说晒一晒谷雨的阳光，就可驱除脾胃的寒气，还能疏通背部经络，对心肺大有裨益。

吃香椿，一般也是在谷雨前后，这个时节不吃，就错过了吃香椿的最佳时期。清代人称谷雨吃香椿为"吃春"，作为春季的最后一个节气，吃了"春"，似乎春天也就合情合理地过去了。我一直以为，这是一种文人的风雅。后来查看资料才知道，椿树生长很快，谷雨前的香椿是嫩芽，过了谷雨，质量就大大下降，民间有"雨前香椿嫩如丝，雨后椿芽如木质"的说法。而且，有研究者发现，香椿发芽初期的亚硝酸盐含量较低，随着香椿芽的不断长大，亚硝酸盐的含量也在上升，到了农历四月中旬以后，它的亚硝酸盐含量就超标了。所以谷雨"吃春"，不仅仅是风雅，也有一定的科学依据。

谷雨前后，中午气温较高，早晚仍有凉意，要适当增减衣服，尤其是走绿道后，切勿大汗吹风，以防感冒。对过敏体质的人来说，还要预防外出时花粉过敏，不然会引起过敏性鼻炎和过敏性哮喘的发作。此时阳气渐长，阴气渐消，要早睡早起，不要过度出汗，以调养脏气。另外，由于谷雨时节雨水较多，一旦湿邪侵入人体，就会导致肩颈痛、关节疼痛、脘腹胀满等病症。

"二十四番花信风"中，谷雨三候的花信是牡丹、荼蘼和楝花。牡丹开花，一般在清明之后，到了谷雨，则是开得最盛的时候。牡丹的栽培，大约始于汉代。据《柏乡县志》记载，刘秀曾躲入弥陀寺的牡丹花间，避掉王莽的追兵。刘秀称帝后，遂赐名"汉牡丹"。牡丹作为观赏植物，始于南北朝，随后即名满天下。唐代嘉兴人刘禹锡在《赏牡丹》诗中写道："庭前芍药妖无格，池上芙蕖净少情。唯有牡丹真国色，花开时节动京城。"到了清朝末年，牡丹被正式评为中国的国花。荼蘼，名字虽有点怪，却也是一种常见的花。荼蘼花繁香浓，入秋后果色变红，因蔓生多刺，在乡下常被作为绿篱。荼蘼是春季最后盛开的花，当它开放的时候，也就意味着春天的结束。"荼蘼不争春，寂寞开最晚。"《红楼梦》中说"开到荼蘼花事了"——荼蘼过后，春天便不再了。所以，荼蘼花开，一般都在立夏之后。"二十四番花信风"的作者，可能搞错了一到两个节气。楝花是楝树的花，在旧时的嘉兴到处可见，花瓣是淡紫色的，倒卵状匙形，细看极其雅致。楝花始于暮春，收梢于初夏，是"二十四番风信花"中的最后一花。

立夏

始于5月5日／6日／7日

　　中国古代将立夏分为三候：一候蝼蝈鸣，二候蚯蚓出，三候王瓜生。也就是说，在立夏的第一个五天，生活在地下的蝼蝈钻出地面，开始活动和鸣叫。第二个五天，因阳气盛，地下温度持续升高，蚯蚓也不耐烦地爬上了地面。第三个五天，王瓜，一种药用爬藤植物，此时快速攀爬生长。

立 | 夏

立夏是夏季的第一个节气，在战国末年就已经确立，预示着季节的转换，表示告别春天，即将迎来夏天。《月令七十二候集解》中说："立，建始也，夏，假也，物至此时皆假大也。"这里的"假"，是大的意思，也就是说，春天播种的作物已经直立长大了。节气上的立夏，虽然并不意味着已进入气象学上的夏天，但气温已经明显升高了，中医学所说的"春捂"，此时再也捂不住了。人们终于脱下了毛衣，穿上了衬衫，浑身上下就像换了个人似的。春天的美好，变成了初夏的轻松愉快。立夏和五一节几乎是同时的，假期一过，小学生都换上了白衬衫，戴着红领巾，一队队地走在街旁的人行道上，也是初夏的一道风景。

立夏的三候，主要反映春夏之交的气候变化。

一候蝼蝈鸣，说起来有点意思。谁都不知道蝼蝈的鸣叫是一种什么样的声音，而在立夏时，却可以听到零星的蛙鸣，也许正是这个原因，汉代大儒郑玄在《礼记·月令》中写下了"蝼蝈，蛙也"的批注，于是历代著作者纷纷附和。到了清代，进士朱右曾更是绘声绘色地描写："蝼蝈，蛙之属，蛙鸣始于二月，立夏而鸣者，其形较小，其色褐黑，好聚浅水而鸣。"从此，蝼蝈鸣就成了一片蛙声。

其实，蝼蝈就是嘉兴人叫的蝼蛄。中国第一部词典《尔雅》以及许多古代药书中，早已把"蝼蝈"解释为"天蝼"和"蝼蛄"。蝼蛄如花生节般大小，呈土黄色，收腰，前爪粗壮，呈铁耙状。它的头部细看如鼠，又总是在地下生活，吃新播的种子，咬食植物根部，所以也被称作梧鼠。古书中称它有五能而不成其技：一飞不能过屋，二缘不能穷木，三泅不能渡谷，四穴不能覆身，五走不能绝人。估计现在的孩子都没见过，我小时候还能经常见，特别是夏天的傍晚，它会窜进屋来，飞一米远，若掉到水里，也只能游一米。和其他昆虫相比，它确是个"三脚猫"。成语"梧鼠技穷"的梧鼠，说的就是蝼蛄。

二候蚯蚓出，是说由于阳气的旺盛，地下温度持续升高，蚯蚓也不耐烦地爬出了地面。蚯蚓是一种陆栖无脊椎动物，生活在平原、水泽地、山丘等地带，又被称作"地龙""土龙""曲蟮"等。古人认为，蚯蚓是阴曲阳伸的动物，整个冬天在地下蜷缩着身体一动不动，到了立夏时才会感阳气而出。

再说一下立夏的第三候，王瓜生。立夏的时候，早熟的黄瓜已经上市，所以，很多人想当然地把"王瓜生"解释成了可以吃到刚上市的黄瓜。其实，王瓜并不是我们用来当蔬菜吃的黄瓜，而是一种药用的爬藤植物，生长在山坡疏林或灌木丛中，秋天结果。"王瓜生"也不是王瓜结瓜的意思，而是说此时的王瓜攀爬生长很快。这种植物嘉兴几乎没有，不知道有没有人种过，至少，我没有见到过。

到了立夏，人们就会想到麦芽塌饼和野米饭。

麦芽塌饼也叫立夏塌饼，是在米粉中掺了点麦芽粉做成的，吃上去糯而不黏，容易消化。因为做工复杂，成本又高，所以在市面上比较少见。到了立夏，虽然大家都知道要吃麦芽塌饼，但实际吃的人却很少。尤其是在过去，嘉兴至少有一半人只知其名不知其味。在我的记忆中，能做麦芽塌饼的糕团店，好像只有北丽桥下面的一家店，一年供应两三天，最多也就几百只。有一个笑话，说是南门有个老太太，年轻时婆婆给她吃过半个麦芽塌饼，一直甜在心里，到了晚年，有一次邻居们在说慈禧太后的奢侈生活，她却突然说："我要是慈禧太后，就一口气吃两个麦芽塌饼。"笑话并不那么好笑，却能说明麦芽塌饼不是随便可以吃到的。

说到野米饭，关于它的由来有很多传说，从三国到民国，什么样的故事都有，但其真正的来源，应该是新蚕豆上市了，用蚕豆、春笋、咸肉和糯米一起烧，既吃个时新，也给正在农忙的农民增加点营养。因为在过去，糯米一直被看作最基本的补品，尤其是在农村，每逢农忙或妇女生孩子，都离不开糯米。而立夏，由于气温升高，雷雨增多，正是农作物迅速生长的农忙时节。

立夏时，在嘉兴城里，一直有吃"三鲜"和"三白"的传统。立夏时鲜多，"三鲜"的种类也多，有"地三鲜""树三鲜"和"水三鲜"。旧时城里的文人和大户人家，立夏必备的三鲜是枇杷、樱桃和鲥鱼。而对于一般老百姓来说，樱桃和鲥鱼比较难得，所以大多数人家就用豌豆和河虾代替，也同样能尝到时令的鲜美。尤其是豌豆，女孩子们一定要尝一尝带壳的豌豆，因为豌豆荚形如眉目，按照传统的说法，女子吃了能"巧笑倩兮，美目盼兮"。另外，为区别于端午节吃"五黄"，立夏以白为主，有吃"白焐蛋""白焐肉"和"白焐茄子"的说法。这估计也是因农忙，没工夫烧，煮饭时顺便"焐"一下，不料就"焐"出了新味道。特别是"白焐肉"，用酱油和新蒜泥蘸着吃，味道十足。

立夏还有一个特别有意思的习俗，就是称人。在中国古代，称人是为了观察夏天身体的变化，清代顾禄的《清嘉录》中说："家户以大秤权人轻重，至立秋日又称之，以验夏中之肥瘠。"立夏称人先是不分男女老少，到了后来，就单纯是称小孩了。因为立夏一过，就是孩子拔个子的时候，这个习俗就是提醒孩子要多吃，否则会长不高长不胖。每年吃完立夏饭，孩子们就会排着队去称体重。一般是用箩筐，小孩子坐在里面，两个大人用扁担穿过秤毫，一边一个抬起来称。称人还有个讲究，要逢九凑十。如果孩子体重十九斤，则要报二十斤。在中国的传统观念里，九是数字中最大的。孩子还在长身体，如果孩子的体重逢九，就意味着不能再长了，要凑十才行。

立夏以后，天气转热，传统中医学认为，"暑易入心"，切忌大悲大喜，以免伤心伤神。夏季心阳最为旺盛，气温升高之后，人就容易烦躁不安，好发脾气，而且肌体的免疫功能也较为低下。尤其是老年人，发火生气会引起心肌缺血、心律失常、血压升高等，甚至猝死。所以，在春夏之交要顺应天气的变化，做好自我调节，重点关注心脏的保养；同时，要少吃高脂厚味及辛辣上火的东西，适当食用一些维生素含量较多的食物，如山药、小麦、玉米、海产品、蛋类等，这些食物既能清热防燥，还能增进食欲。

"二十四番花信风"从小寒开始，到谷雨结束，这并不是说立夏没有对应的花开，而是开的花太多了，根本就无法确定哪三种花是具有代表性的。如果非要我选三种的话，那肯定是紫藤、玫瑰和牵牛花。因为在我家院子里，紫藤和牵牛花正开得轰轰烈烈，而立夏那天，两丛玫瑰花也开了，空气里充满了甜美的香味。以前总以为玫瑰是外来品种，后来读到杨万里《红玫瑰》中的诗句"非关月季姓名同，不与蔷薇谱牒通"，觉得非常惊讶，难道宋朝已经有蔷薇、月季、玫瑰之分？查了资料，才明白玫瑰原产地是中国，已有两千多年的历史，只是古人比较务实，唐代制香，明代酿酒，并没有把它看成爱情的象征。

小满

始于5月20日/21日/22日

　　中国古代将小满分为三候：一候苦菜秀，二候靡草死，三候麦秋至。也就是说，在小满的第一个五天，苦菜开花了，金黄色的，在阳光下的绿草丛中显得格外醒目。第二个五天，一些枝条细软的草类，在强烈的阳光下开始枯死。第三个五天，麦子经过十几天的灌浆，在小满即将结束的时候，也逐渐走向成熟。

小 | 满

　　假如有个妈妈在弄堂里喊着"小满"，估计听到的人都会觉得小满是个可爱的女孩。在二十四节气中，小满也是一个特别有意思的名字，它不像其他节气，小暑之后是大暑，小雪之后是大雪，小寒之后是大寒，唯有小满之后，没有大满了。中国人做事爱留余地，不喜欢太满。早在《尚书·大禹谟》中就有"满招损，谦受益，时乃天道"的经典"鸡汤"。大满并不是古人所追求的完美境界。所以，在中国传统文化中，最大的数字是九而不是十。月满则亏，水满则溢，太多太过都不是好事。我在给学生们讲"二十四节气"时，一讲到小满，就会不知不觉地讲到嘉兴人的"小富即安"。嘉兴人有好读书的传统，在物质上小富之后，就会安静下来读书，思考一些人类发展的大事，所以嘉兴在历史上名人辈出，有人杰地灵之誉。小富即安和小满是一个道理，既不会在各个方面自我膨胀，也不会无休无止地向大自然索取。无论是对于个人还是整个人类，小满都是最好的状态。当然，也有人误读了嘉兴人的"小富即安"，以为嘉兴人不思进取，容易满足。事实上恰恰相反，个人只有在物质上小满，才会在精神上对自己不满，从而取得更大的成就。因而，节气中"小满不满"的说法，对嘉兴人来说，就有了另一层更深的含意。

小满的三候，尤其是一候苦菜秀，也是可以说一说的。唐代诗人元稹就在《咏廿四气诗·小满四月中》中，表示了他对小满三候的质疑："小满气全时，如何靡草衰。田家私黍稷，方伯问蚕丝。杏麦修镰钐，锄芸竖棘篱。向来看苦菜，独秀也何为？"元稹认为，小满是一年中阳气最充足的时候，靡草怎么会枯死呢？而麦粒也未完全成熟，农民还在修理镰刀和打麦用具。小满的时候，很多植物都开花抽穗了，何止是苦菜独秀？

那么，小满的一候，为什么是苦菜秀呢？这和古人经常挨饿有关。明代有一本植物图谱，叫《救荒本草》，是朱元璋第五个儿子朱橚编写的，书中每一种植物都配有精美的插图。我当时买这本书时，没想到它是主要用于救荒和救饥的书。植物配以精确插图，是为了方便老百姓在遇到荒年时，可以"按图而求之，随地皆有，无艰得者"。后来又看到一篇关于番薯的文章中说，在明万历初引种番薯之前的三千多年间，因为粮食问题，中国的人口始终在六千万之内。而引种番薯之后，人口数量直线上升。所以，即便小满时有再多繁茂的植物，因苦菜是中国人最早食用的野菜之一，以它作为代表应该是没错的。小满时节，麦子开始饱满，却尚未成熟，正是青黄不接的时候。而田间地头的野菜正蓬勃生长，采食野菜来度过饥荒，对古代百姓来说是常有的事情。身居高位的唐朝诗人元稹，或许根本没有想到这些。

二候靡草死，其实是一种假死，是暂时的枯萎。古人认为，靡草是感阴而生的植物，在初春时较早萌发，到立夏时因阳气旺盛，已经不适合继续生长，唯有枯萎才能保证来年的重生。

三候麦秋至，原来是小暑至，后《金史志》将其改为麦秋至。《月令》载："麦秋至，在四月；小暑至，在五月。小满为四月之中气，故易之。秋者，百谷成熟之时，此于时虽夏，于麦则秋，故云麦秋也。"

小满的习俗，有祭车神、祭蚕、看麦梢黄、吃苦菜等，除了祭蚕之外，其他都和嘉兴关系不大。嘉兴古时不种麦子，没有看麦梢黄的习俗，当然，更不会有吃苦菜的习俗。即使是在古代，被称作"天下粮仓"的嘉兴，也不会有多少人用苦菜去充饥。嘉兴人对苦菜没什么特别的感情。所以，在嘉兴一带，小满的习俗只有传说中的祈蚕节。我查了关于蚕神的资料，没有找到蚕神在小满时诞辰的说法，而今人写小满的祈蚕节时，也没有具体的内容。这样看来，这个传说倒是一个真正的传说，不太靠谱。嘉兴人的祈蚕习俗，一般从新年开始，以海盐用里年初二举行接蚕花为代表，到清明时桐乡一带含山轧蚕花结束。而小满时节，新丝行将上市，丝市转旺在即，蚕农丝商满怀期望，等待收获。在《清嘉录》中就有记载："小满乍来，蚕妇煮茧，治车缫丝，昼夜操作。"可见，小满节气对嘉兴一带的蚕农丝商来说，是全年经济收入的一次"小满"。

从节气上来说，对小满的解释，北方和南方也是不一样的。北方说的是小麦，南方指的是雨水。在北方看来，这是小麦灌浆的时候，如果灌浆不足，就有减产的风险，所以有"小满不满，麦有一险"的说法。在宋朝以前，小麦是北方主要的粮食作物，它的产量直接影响当地政权的稳定。《月令七十二候集解》中的说法，就是典型的北方解释。南方主要看降雨量，小满时雨水太多，也就是俗语所说的"小满大满江河满"，就可能会出现水涝灾害，要做好防涝的准备。

小满节气开始后，雨水再次增多。热和潮湿是接下来的主要特点，要谨防湿疹等皮肤病的发生。为应对小满节气带来的热毒、湿邪，在饮食上，要以汤、羹、汁等汤水较多且清淡易消化的食物为主，从而达到保健的目的。尽量少吃油腻重味的食物，年纪大的人要少食多餐，多食用一些能祛湿、强脾胃的食物。喜欢喝茶的人，则可以喝点决明子茶、大麦茶、菊花茶、苦丁茶等。同时，要顺应夏季日长夜短的规律，早起晚睡。

小满和立夏一样，也有时令"三鲜"：新蒜、黄瓜和芦笋。立夏"三鲜"中的樱桃，仍然是时鲜。清人富察敦崇在《燕京岁时记》中说："四月中芦笋与樱桃同食，最为甘美。"这是指农历四月，差不多就是小满期间。对嘉兴人来说，小满时节吃得最多的，还是新蒜拌黄瓜。

小满时，花开得最热烈的，是月季。它在社交平台上频繁出现，马路的隔离带上，特别是南湖大桥和嘉兴大桥两侧，全是盛开的月季。有个黄山来的朋友说，乍一看，以为是到了昆明。当然，对嘉兴来说，小满时最有代表性的花，应该是石榴和杜鹃，它们是嘉兴的市花。小满时，石榴花正好开了，像一串串掩映在绿叶丛中的鞭炮，喜庆而优雅，象征着嘉兴人和美而积极的人生态度。而杜鹃有春鹃和夏鹃之分，虽然春鹃已经开始谢了，但夏鹃正含苞欲放。杜鹃，因为又叫映山红，很多人觉得它是山里的植物，怎么会是嘉兴的市花？其实，杜鹃有一千多年的栽培史，到了唐代，很多品种已经进入了庭园栽培。嘉兴最有名的杜鹃品种，在嘉善西塘。1972年，美国总统尼克松访华，其间赴杭。为了给他下榻的宾馆增加点美好的气氛，杭州园林部门专程到西塘寻访精品杜鹃，最后在西塘卓士浩家访得杜鹃盆景运抵杭州，给尼克松总统留下了美好的印象。或许，这是杜鹃成为嘉兴市花最初的原因。

芒种

始于6月5日/6日/7日

　　中国古代将芒种分为三候：一候螳螂生，二候鹍（伯劳）始鸣，三候反舌无声。也就是说，在芒种的第一个五天，小螳螂经历了两个多季节的风雨，因感受到阴气的初生，从卵鞘中孵化而出。第二个五天，喜阴的小型猛禽伯劳鸟突然出现在林中，并且感阴而鸣叫。第三个五天，平时叽叽喳喳叫个不停的反舌鸟，这时候反而没声音了。

芒　种

　　我有个乡下舅公，每年初夏的时候都会来城里看望外婆，顺便带点自家晒的笋干。临走时，他总说回去就"忙种"了。于是外婆就叮嘱他，年纪不小了，在太阳底下干活时间不要太长，人不是笋干，不会越晒越香的。乡下舅公就尴尬地笑笑，点头称是。送走乡下舅公，外婆又说，每次"忙种"后再来，就晒得像只酱鸭。这样的情形，就像鲁迅笔下的场景，经常会无端地在我脑海中浮现出来。也正是这个原因，有很长一段时间，我一直把芒种当成了"忙种"。到了 20 世纪 80 年代末，《芒种》杂志的编辑来组稿，我还问她，为什么是这个"芒"？她笑了好久，告诉我这是一个节气。说实话，在过去，我这一代人，尤其是生活在城里的人，对节气的概念是相当模糊的。

　　芒种和其他节气有点不一样，"芒"和"种"两个字的解释是分开的。"芒"是指芒作物，如大麦、小麦开始成熟，将要收割。"种"是种子的意思，指晚稻、黍、稷等作物播种最忙的季节。北方的麦子成熟了，要抢收；南方的水稻要插秧，错过了这一节气，成活率就会变低。所以，把芒种说成"忙种"实际上也没错，俗话说"芒种忙，忙着种"，也就是这个意思。

这是一个锋芒逼人的节气，就连它的三候，也充满了凶险的气氛。一候的螳螂，二候的䴗，不管是昆虫还是鸟，都是同类中的另类，异常凶猛。而三候反舌无声，则是一种无声的恐怖。

在古希腊，螳螂被视为先知，它举起前臂的样子像祈祷的修女，所以又被称作祷告虫。而螳螂的本性恰恰相反，它杀性很重，不仅是捕蝉能手，偶尔也跨界捕杀小鸟，在饥饿难忍时，还会吃掉同类。尤其是雌性螳螂，食欲、食量和捕捉能力都大于雄性。螳螂是益虫。曾经听桃园的果农说，如果一亩地的果园里有三五只螳螂，就用不着再喷杀虫剂了。

再说䴗，也就是伯劳鸟。有个成语叫"劳燕分飞"，记得读小学时，"劳燕"被解释成"勤劳的燕子"，其实是指伯劳和燕子。伯劳比麻雀略大一点，十分凶猛，是一种小型食肉猛禽。它大都生活在丘陵开阔的林间，以前嘉兴没有，或者说比较少见，近几年常有人拍摄到。伯劳性情很怪，喜欢独来独往，一般都将窝安在有刺的小灌木林里。即便是专门拍鸟的人，也很少拍摄到成双的伯劳。大部分照片中是独立于树顶的伯劳，呈一种居高临下的姿态，见到猎物就直扑地面。伯劳一般以小鸟、老鼠和昆虫为食物，只要被它发现，必死无疑。捕捉到食物后，伯劳会将它挂在带刺的树上，以树刺为工具，将其杀死，所以也有人称它为"屠夫鸟"。

自古以来，解释芒种的三候，都和阴气有关。小螳螂的破壳而出和伯劳鸟的鸣叫，都是因为阴气，而平时叽叽喳喳叫个不停的反舌鸟，也是感应到阴气而停止了鸣叫。小螳螂的出生和伯劳鸟的鸣叫，我不敢质疑是否真的和阴气有关，但反舌鸟不敢出声，一定和居高临下的伯劳有关。伯劳会猎杀小鸟，它的鸣叫又十分刺耳，对反舌鸟来说，这无疑是一种可怕的声音。

芒种时，人也会感受到阴气的加重，气温高，热蒸湿动，体内的汗液无法通畅地排出，容易乏力犯困。这就是民间所说的"芒种夏至天，走路要人牵，牵的要人拉，拉的要人推"。到了这个时候，差不多进入了梅雨季节。在过去，有历法规定，芒种后逢第一个丙日为入梅，如果芒种当天的天干为丙，则当天入梅，但因各地的气候不同，准确的入梅时间也不同。不过，嘉兴每年的入梅时间，基本上都在芒种节气里。

梅雨，是由梅子的黄熟而得名，嘉兴人也称为黄梅。芒种的习俗，自然也离不开梅子。梅子从开始泛黄到真正成熟，大约要一个月。所以，芒种习俗中的梅子，是即将泛黄的青梅。曹操和刘备"青梅煮酒论英雄"，嘉兴人也有芒种煮青梅的食俗。在水果中，只有梅子的别称加了个"酸"字，叫酸梅子。"望梅"之所以能"止渴"，也在于一个"酸"字。梅子酸涩，很难直接入口，要煮熟或浸泡后才能食用。煮梅的方法有很多，最简单的是用糖与梅子一同煮，嘉兴人称之为"酸梅子酱"。也有直接用糖水浸泡的，叫"糖水青梅"。每到这个季节，弄堂口的小零食店都会放一个在大口瓶里，里面浸满了青梅，一颗两颗地零卖。放学回来的孩子，路过时都会买一颗含在嘴里，眉头一皱一皱的，酸酸甜甜地回家去。据说，这一食俗在夏朝时就已经有了。

芒种还有一个习俗是送花神，以祭祀花神、饯送花神归位，来表示对花神的感激之情，盼望来年再次相会。说是对花的感激，其实是古代大户人家一种奢华的风雅生活，就像《红楼梦》里所描述的那样——满园里绣带飘摇，花枝招展，更兼这些人打扮得桃羞杏让、燕妒莺惭，一时也道不尽。

气温升高，群芳摇落。送花神的习俗正好说明，在古代芒种期间，已经见不到什么花了。不过在嘉兴，无论是古代还是现在，有两种具有文化意蕴的树都开花了。一种是青桐，也叫中国梧桐。自古就有"梧桐招凤""凤非梧桐不栖"之传说，因而梧桐是吉祥和昌盛的象征。梧桐的花有点奇特，淡黄绿色，单性，没有花瓣。它的籽极像豌豆，夏天暴晒后炒熟，乘凉时可当瓜子吃。另一种是梓树，也是嘉兴的传统乔木。梓树的花远看为白色，近看略带一点淡黄。有一种楸树，花为淡红色至淡紫色，和梓树的花几乎一样，连《汉书》中也说："楸也，亦有误称为梓者。"梧桐和梓树，过去都是嘉兴常见树木，尤其是梧桐，几乎到处都是，甚至有条街就叫梧桐树街。梧桐的叶子很大、很绿，夏天的时候，看上去特别舒服。梓树相对要少一些，但据说在唐朝时，嘉兴子城周围种满了梓树，所以那时候的子城就叫梓城。当然这只是传说，我不太相信。

古代文献中，对于梧桐和梓树的描述很多。最早对梧桐的描述，是在《诗经》中。在《大雅·生民之什·卷阿》中，有"凤凰鸣矣，于彼高岗。梧桐生矣，于彼朝阳"之句，成为梧桐引来凤凰这一传说的由来。同样，在《诗经·小雅·小弁》中也有描写梓树的诗句："维桑与梓，必恭敬止。靡瞻匪父，靡依匪母。"意思是，遇到桑树、梓树，要怀恭敬之心，谁不敬仰父亲？谁不依靠母亲？

古人制琴，常以梧桐为琴面，梓木为琴底，因两者结合振动性能极佳，琴音淳厚、幽远，所以被称为"桐天梓地"。

夏至

始于6月21日/22日

中国古代将夏至分为三候：一候鹿角解，二候蝉始鸣，三候半夏生。也就是说，在夏至的第一个五天，阳极阴生，因为阳气的衰退，属于阳性的鹿也脱下了鹿角。第二个五天，从地下爬到树上的蝉蛹，经历了蜕皮羽化后，一些雄性的蝉便开始鼓翼而鸣。第三个五天，因为天地间不再是纯阳之气，喜阴的半夏（草药）就应时而生。

夏 | 至

在很多人的感觉里，夏至是个模糊的概念，并没有像立夏那么受人重视。从字面上看，"至"有到达的意思，又有极致的意思。夏季有六个节气，第一个是立夏，已表明了夏天的到达，之后是小满和芒种，到了夏至，理所当然是极致意义上的夏天。问题是，夏至也不是最热的夏天，接下来还有小暑和大暑，气温要比夏至高得多，那才是夏天最热的时候。那么，这个"至"又是什么意思呢？从天文学上来解释，夏至是太阳运行的转折点，过了这一天，太阳就开始往南走了。也就是说，夏至之后，日照时间一天比一天短，同时，地下的阴气也开始出现。所以，夏至是阳气到达极致的一天，是一年中正午太阳最高的一天，也是全年白天时间最长的一天。

那么，既然夏至是全年日照时间最长的一天，为什么不是最热的时候？这是因为，此时的地面还没有热透，吸收的热量仍比散发的多。而到了小暑和大暑，也就是民间所说的"三伏天"，地面储存的热量已经饱和，于是就到了一年中最热的时候。

有句成语叫"立竿见影"，而在夏至节气中，却有个"立竿无影"的说法。大约在公元前 7 世纪，古人发现在夏季的某一天正午，土圭的影子最短，甚至会出现短暂的"立竿无影"现象，其后便越来越长。进入冬天后的某一天正午，其影又会达到最长。古人便给这一现象起了个名字，叫"日至"。"至"，就是极致的意思。在河南登封告成镇，现在还保留有西周时期的测影遗址，即周公测景台。所以，在二十四节气中，夏至也是最早被确定的一个节气。

很多人以为，二十四节气的历法性质属于农历，但只要了解夏至的由来，就明白它属于公历。因为节气所反映的是太阳周年视运动，在公历月份中的日期也是相对稳定的，只是形式上不同于通常所说的公历。

夏至的三候，是有点趣味性的。一候鹿角解，是说鹿角的自然脱落。我一直以为，药材店里的鹿角都是人工锯下来的，所以每次见到鹿角，总会幻想人们锯鹿角的情形。直到后来看到一部关于鹿角自然脱落的科教片时，才恍然大悟，原来动物也有"一岁一枯荣"的现象。

在古代，人们早就发现这一现象，他们把鹿对节气变化的反应，纳入了节气的"七十二候"。古人认为，鹿有两大类，一阳一阴，分别为鹿和麋。鹿角是朝前生的，属阳，到了阳极阴生的夏至，阳性的鹿便开始脱角。麋鹿角是往后生的，属阴，所以要到冬至才会脱落。我没研究过，不知道有没有道理。不过，按照科教片的说法，鹿是唯一能再生完整的身体零部件的哺乳动物，当它的角长到最大限度时，骨质变硬，鹅绒一样的鹿茸开始脱落。脱下鹿茸后的鹿角，就是争偶角斗中强大的武器。交配期结束后，为保存能量，鹿角自然脱落。第二年春天，鹿头顶上又会长出一对新的组织骨结节。

二候的蝉，应该是黑蚱蝉，三年生，俗称知了，嘉兴人也叫"老蛄"。蝉是一种大家都知道但又不太了解的昆虫。我是由于画画，才对蝉有了点了解。那是20世纪末，在一个书画笔会上，我画了一幅竹蝉图，还没落款，有人就轻声问："这知了会停在竹子上？"我当时一愣，似乎没亲眼见到过，但没关系，艺术本来就高于生活，只要题款好，画就有意思。我提笔想了一会儿，才写下"虚怀若谷，一鸣惊人"。其实我心里还是有点虚的，回来马上查资料。一查，发现世界上居然有两千多种蝉，不但竹子上有，就连草丛里也有。更让人吃惊的是，蝉和其他昆虫不一样，它们要在地下生活好多年，有三年、五年，甚至还有十七年的。一旦钻出泥土，从爬到树上，蜕皮羽化，到翅膀变硬开始起飞，整个过程只需要一个多小时。它们出土后的寿命，只有两个多月。这以后，我再画知了时，常常会添上一句"树上一声鸣，地下十年眠"。

三候的半夏，是一种喜阴的药草，因生于夏至期间，夏天已过一半，所以叫半夏。半夏的别名特别多，有三十多种。半夏具有神经毒性，为了不让小孩采摘，各地还有吓唬孩子的俗称，嘉兴人称其为"哑巴草"。但半夏又是常用药，比如半夏露，这是一种止咳化痰的糖浆，不少人喝过。半夏在嘉兴是常见的药草，因为喜阴，所以总是生长在潮湿的墙脚边或露天的水缸边。到了夏至后，半夏会抽出一支长长的花序柄，绿绿的，活像一条竹叶青蛇。有胆大的孩子觉得好玩，常会去采摘，大人往往立刻制止：小心有毒，碰了会变哑巴的。

夏至的时候，正是北方麦子收割之后，为了感谢天赐丰收，祈求获得"秋报"，古时有祭祀祖先的习俗。还有一种叫"过夏麦"

的习俗，意思也差不多。一般是从地里摘些颗粒饱满的麦穗，放到祖先的牌位前荐新，以示不忘祖先的养育之恩。也有用新麦做成馒头或饺子，祭祀祖先和天地神灵，祈求灾消年丰的。因此，夏至也作为节日，被纳入了古代祭神礼典。

夏至的习俗，大多源于麦子的收获，虽然和种水稻的嘉兴关系不大，但由于历史上几次人口的迁入，嘉兴也留下了一些和麦收有关的食俗。比如，在夏至这一天，也有嘉兴人早晨吃麦粥、中午吃馄饨的，说是取混沌和合之意。而20世纪70—80年代，每逢夏至，许多嘉兴人会去吃冷面。

当然，江南也有麦收食俗。如《吴江县志》所记载的"夏至日，作麦粽，祭先毕，则以相饷"。不仅食"麦粽"，而且将"麦粽"作为礼物，互相馈赠。夏至接近端午节，裹粽、吃粽和赠粽都是很正常的事，但这粽子怎么会是用麦子裹的？粽子是嘉兴的特产，作为嘉兴人，我没有见到过麦粽，更没有听说过夏至吃麦粽的食俗。麦子缺乏黏性，用它裹成的粽子会是什么样的呢？

另外，还有一个捕风捉影的习俗。许多关于夏至的文章说，夏至日，古代妇女会互相赠送折扇、脂粉等什物。这个习俗源于唐代笔记小说集《酉阳杂俎·礼异》，其中有这样的描述："夏至日，进扇及粉脂囊，皆有辞。"其中并没有说是折扇，因为折扇起始于宋元时期。再说，古代女子用的大都是团扇，即使当时已经有了折扇，也是男子用的。中国女子用折扇，应该是从西方学来的，不会早于晚清。

夏至时节，嘉兴正处于黄梅雨季中，阴雨连绵，气温不断升高，空气非常潮湿。然而就在这种多雨而闷热的天气里，水池中的睡莲静静地开了。睡莲的品种很多，有白睡莲、黄睡莲、蓝睡莲等。我喜欢纯白的睡莲，它和莲叶及水的颜色反差较大，特别是在清晨或者傍晚，天色不够明亮时，有一种格外安静的美。

　　萱草也开花了。萱草又叫忘忧草，说是看到它，可以忘却所有的不快乐。这真是一种应时的植物，因为在这闷热难熬的黄梅天里，千万不能想起任何发霉的事情。

小暑

始于7月6日 /7日 /8日

　　中国古代将小暑分为三候：一候温风至，二候蟋蟀居壁，三候鹰始击。也就是说，在小暑的第一个五天，大地上已经没有一丝凉爽，所有吹来的风都带着热浪。第二个五天，由于地面温度升高，蟋蟀不得不离开田间地头，跑到庭院的墙角躲避暑热。第三个五天，老鹰因地面温度太高，选择了搏击长空，变得更加凶猛。

小 | 暑

从芒种到小暑，是夏季的中间月份，被称作午月。到了小暑，夏季最热的一个月也就开始了。从字面上看，小暑是小热的意思，而小暑的一候又说吹来的风都带着热浪。那么，小暑究竟是不是民间所说的大热天？其实，夏天的热有好几个等级，到了小暑，虽然已经很热了，但和大暑相比，还没到最热的时候，所以，在"暑"的前面，还得加个"小"字。民间有个说法，叫"小暑大暑，上蒸下煮"，非常形象，和"煮"相比，"蒸"还差了点。

一般到了小暑，黄梅天就差不多结束了。我有个小舅公，懂得一点天象方面的知识，会看天气，特别是在夏天的傍晚，他只要抬头看看天上的云，就知道第二天是晴天还是雨天。有一次，大概就是小暑的时候，大家正在埋怨天还没有出梅，他却果断地说：已经出梅了，刚才有知了叫了！事后证明，真的出梅了。自然界的有些事物，十分神奇。根据嘉兴的物候，知了的鸣叫，一般始于出梅之时，所以嘉兴有"一声知了出黄梅"的说法。不过，民间也有"小暑一声雷，反转做黄梅"的俗语。也就是说，如果在小暑这天听到打雷，那么，梅雨还将继续进行。

小暑的二候蟋蟀居壁，是说在炎热的小暑，蟋蟀也嫌热，不得不避到人类居住的庭院墙角，寻找阴凉的地方避暑。据考古研究，蟋蟀至少已经在地球上生活了一亿四千多万年，它见到过恐龙，恐龙也听到过它的鸣叫。作为一种古老的昆虫，蟋蟀对住宅有点要求，也是理所当然的。法国昆虫学家法布尔的《昆虫记》里，还专门讲了蟋蟀的住宅。到了深秋，蟋蟀会认真选择住址，按照法布尔的说法，"一定要排水优良，并且有温和的阳光"。蟋蟀是一年生的，能越冬的是它的子女，所以新房应该也是为子女所建，就像现在许多人结婚后会去买一套学区房一样。

蟋蟀有许多别称，用得最多的是"促织"。晋人崔豹的《古今注》中云："促织，一名投机，谓其声如急织也。"形容蟋蟀的鸣叫像织布机的响声，时高时低，仿佛是在催促织女飞梭速织，从此就有了"促织"之名。蒲松龄在《聊斋志异》中，也称蟋蟀为促织。但是，在到处都是织机的嘉兴一带，却有一种绿色鸣虫，因为它的鸣叫声更像织机声，早已被称作了"纺织娘"。于是蟋蟀就有了另一种别称，叫"赚绩"。这个叫法，别的地方没有，字典里也没有。至于为什么叫"赚绩"，找不到任何解释。从字面上看，估计和斗蟋蟀赚钱有点关系。蟋蟀好斗，喜欢独居，互相之间不能容忍，绝不允许和别的蟋蟀住在一起，一旦碰到一起，立即咬斗。只有到了秋天，雄的才会和雌的居住在一起。蟋蟀对于农作物来说，算是害虫，而对人类本身来说，就很难界定了。它给部分人带来了快乐，也给部分人带来了痛苦，甚至还有因它而误国的故事。但不管怎么说，在昆虫中，蟋蟀和文学关系极为密切，无论古今中外，都有关于蟋蟀的精彩篇章。

到了小暑的三候，老鹰开始远离热气蒸腾的地面，在高空盘旋。所谓高瞻远瞩，就是因为高而看得远。老鹰也是如此，在高空中飞翔，反而把地面上的动物看得更清楚，于是，捕捉的机会也就更多了。人们把三候鹰始击，说成"飞向高空的鹰变得更加凶猛"，就是这个道理。

老鹰大多生活在山区，水乡平原非常少见。不过，在我小时候，老鹰还会偶尔出现在嘉兴的上空。那时，还发生过一次老鹰抓小鸡的事件。为什么要把它说成事件，是因为在当时，这件事轰动了半个嘉兴县城。据亲眼看见的人说，老鹰抓的不是小鸡，而是在小河边找食的半大鸡，一斤多重的那种。讲述者表情极为丰富，显得紧张而又夸张。

小暑时开始进入伏天，嘉兴民间有晒书画和衣服的习俗。在古代，嘉兴是中国藏书楼与藏书家较多的地方，历史上有"虽三家之村必储经籍"的说法。嘉兴人也喜欢收藏字画，历史上最有名的，是明代大收藏家项元汴，现在故宫博物院及其他博物馆的好多字画，原先都是他的藏品。在小暑这天，除了文人和藏家要晒书、晒画之外，各个寺院的和尚也会把经书从藏经阁中搬出来，放在院中晒一晒。习俗认为，在小暑时节晒书、晒画，防虫、防蛀的效果更好。猜想，当年朱彝尊在曝书亭晒书，可能也是小暑的时候。而没有书画可晒的普通老百姓，也会不约而同地选择这一天"晒伏"，把存放在箱柜里的衣服晾到外面接受阳光的暴晒，以去潮、去湿，防霉、防蛀。此外，嘉兴人会在小暑时节早早起床，洒扫庭除，还有焚香和擦席等习俗。

在江南一带，小暑有食新的习俗。据说从宋朝末年起，民间就有小暑过后开镰食新的习俗。通常是在小暑后的第一个辛日，农民将新米做成饭后先供祀五谷大神和祖先，然后自己再备上新酿米酒，加上肉、蛋，新上市的苦瓜、丝瓜、茄子，边吃边忆苦思甜。也有将新米磨成粉，做些糕点与邻居乡亲分享的。此外，民间还有"小暑黄鳝赛人参"的俗话。说的是古代有些大力士，是因为经常吃黄鳝才力大无穷的。清代张璐的《本经逢原》里，有以鳝鱼为主的大力丸配方。不过，嘉兴人吃黄鳝都在端午，黄鳝作为"五黄"的主打菜，几乎家家户户的餐桌上都有。至于小暑吃藕的食俗，只是书上写写而已，在现实中不太靠谱。一般来说，新藕上市要在 10 月以后，而过了春天，老藕就发芽了，所以小暑时节是吃不到藕的。最早的藕到 7 月中下旬才有，只有两节，极嫩，很甜。在过去，市面上没有早藕，只有种藕的人和一些大户人家，才能尝到这种极嫩极嫩的早藕。

小暑的时候，虽然还吃不到藕，但荷花已经开了。嘉兴人自古至今都喜欢荷花，不管是在湖里还是池塘里，都会种上一些荷花。那些有院子的人家，也会种上两缸荷花。嘉兴过去有荷花乡，现在有荷花堤，曾经都是荷花盛开的地方。除了这些以外，嘉兴还有两个关于荷花的节庆活动，一个是南湖荷花灯会，另一个是荷花节。在人们的感觉里，荷花是在低调中显出了高雅，这或许是嘉兴人偏爱荷花的理由。

木槿花也开了。木槿花是韩国和马来西亚的国花。木槿的繁殖，主要是用枝条扦插，所以嘉兴人就叫它"槿扦头"。在古代，木槿常常被用作园林的绿篱，白居易就有"凉风木槿篱，暮雨槐花枝"的诗句。现在去农村或城郊，偶尔还能见到这种绿篱。木槿的花以粉红色、淡紫色为多，非常漂亮，有点像假花。过去，小学里的手工课有用皱纹纸做花的，而这种纸花，简直和木槿花一模一样。木槿花可以食用，有很多人体需要的微量元素，营养价值极高。据说，用开水焯一下，甜或咸都好吃。我没吃过，也不敢尝试。嘉兴人喜欢木槿，倒不是因为它的花，而是因为它的叶。木槿的叶能用来洗头，含有大量的肥皂草素，还有一种天然的黏液，比买来的洗发精要好。就是操作起来有点麻烦，要先用纱布把木槿叶包好，带水用力揉搓，直到揉搓出大量黏液，才能用清水冲洗。长期用木槿叶洗头，头发会变得乌黑润滑，而且有光泽。

大暑

始于7月22日/23日/24日

中国古代将大暑分为三候：一候腐草为萤，二候土润溽暑，三候大雨时行。也就是说，在大暑的第一个五天，由于高温加上雨水，枯死的植物已经潮湿腐烂，大量的陆栖萤火虫破壳而出。第二个五天，天气开始变得闷热，土地也很潮湿，非常适合农作物生长。第三个五天，经常出现大的雷雨，暑湿慢慢减弱，天气开始向立秋过渡。

大 | 暑

民间有"热在三伏，冷在三九"的说法。大暑一般在"三伏天"里的"中伏"前后，是一年中最热的时候。大暑过后就是立秋，按照物极必反的规律，大暑就是炎热的巅峰时期。从三候大雨时行可以看出，其间经常会有大的雷雨。事实上也是这样，往往是闷热了一个上午，到下午三四点钟时，天突然一暗，一阵凉风吹来，雷雨就来了。在过去没有空调的时候，见到雷雨，都以为晚上可以睡个凉爽的觉了。当然，这是不可能的。大暑期间的雷雨，一般持续时间不会太长，也就一两个小时。而雷雨一过，天气就迅速回热，感觉比下雨前更加闷热。记得在儿时，遇到这样的天气，二舅公总会说：在大暑天里，只有幻想的凉爽，没有现实的不热。

也有大暑不是很热的年份，极少，而且并不是好事。民间有"大暑热不透，大热在秋后"及"大暑不暑，五谷不起"的俗语。也就是说，假如大暑节气时不热，那么"秋老虎"就会来得特别凶猛，农民田里的收成也不会太好。

　　大暑的闷热和"大雨时行"，对农作物的生长十分有利。嘉兴乡下有句俗谚，"人在屋里热难熬，稻在田间点头笑"，说的就是这个意思。所以，一到大暑，乡下就要开始"双抢"了。在20世纪的江南一带，"双抢"是大暑时期的一个焦点。早稻收割后，马上要种上晚稻，还必须在立秋前将秧苗插下，否则收成会减少，甚至颗粒无收。这二十多天的抢收抢种，就在炎热的大暑期间完成。那时，全村上下，男女老少，上至六七十岁的老人，下到八九岁的孩子，甚至连哺乳期的妇女，都要参加。而城里，机关学校和工矿企业，也都要组织人员并准备草帽、毛巾、肥皂、茶水等物资，支援"双抢"。

　　我在医院挂号室做临时工时，碰到过两个倒在"双抢"中的农民，一男一女，都是四五十岁的中年人。先是一个壮汉，脾脏大出血，由五六个农民闹哄哄地抬进医院。大约是为了防止暴晒，他们都穿着旧的工作服，高高低低地卷着袖子和裤脚，半干半湿，靠近就有一股热气扑来。到了晚上九点多钟，他们把那壮汉抬了出去，人没有抢救过来。他们的船就停在医院对面的缸甏汇。事后听医生说，病人看似强壮，其实是生过血吸虫病的，不能干重活。而他，那么热的天，连续挑谷四五个小时。大约过了一周，傍晚的时候，两男一女送来一个在"双抢"中突然昏倒的妇女。病人由丈夫背着，另一个年纪稍大的男人冲在前面挂号，还有一个中学生模样的女孩，拎着一个装着毛巾、脸盆、热水瓶的网袋。他们做好了住院的准备，但病人当天就走了。女孩哭着告诉我们，她母亲半夜起来烧饭烧菜，还要烧猪食。之后，早晨五点多钟就去田里插秧，等她父亲挑着一担谷路过那里时，见她低着头跪在田里，还以为是太辛苦睡着了……

那年大暑之后，我对粮食就格外珍惜，绝不倒掉米饭。家里人一开始觉得奇怪，慢慢也就习惯了，以为我是思想老派。很多读过"谁知盘中餐，粒粒皆辛苦"的人，没有亲身经历过"锄禾日当午，汗滴禾下土"，有多少能真正明白"粒粒皆辛苦"的含义？

小暑的二候，是说蟋蟀嫌热，要找阴凉的地方去避暑。在没有空调的年代，到了大暑，人也会热得吃不消，不得不像蟋蟀一样寻找凉快的地方。按照民间流传的说法，只有到了大暑，才可以露天过夜，否则，下半夜有凉气袭身，会在秋天作病。所以，夏天的露天乘凉，也就从大暑开始。一般是在夕阳西下时，家中的老人先在乘凉的地方泼上凉水，让土地散发一些白天的热气。晚饭时分，全家行动，将桌子、椅子和竹榻全部搬到乘凉的地方，孩子多的人家甚至将门板也卸了下来，用长凳搭成临时板床。黄昏时的弄堂里，喝酒的，吃瓜的，喝茶聊天的，摇着蒲扇闭目养神的，什么样的都有，整条弄堂就像一个超长的露天茶馆。记得有一年，说是嘉兴也要地震了，连续几天，一到晚上，建国路就搭满了乘凉的床。有一次，馆弄里有个孕妇半夜要生产，她老公叫了辆三轮车去医院，到了建国路却过不了。于是，那老公只好跑在前面，边跑边喊：让一让，我老婆要生孩子了！后来，只要那男人一出现在建国路，就会有人说"我老婆要生孩子"的来了！

还要说一下的，就是一候腐草为萤。腐草为萤，是说萤火虫在腐烂的草丛中破壳而出。萤火虫对于孩子们来说，是一个美丽的童话，和星星一样，在许多人的童年里点亮过一段美好的梦想。有个成语叫"囊萤映雪"，讲了两位勤奋好学的历史人物，一个以雪借光而学有大成，另一个用萤火虫照亮了前程。用萤火虫照明的，是东晋的车胤。他年少时因家境贫寒，无油点灯，就在夏天捕捉了许多萤火虫放在白绢袋内，夜里读书用萤光照明。

萤火虫分水生和陆生两类，全世界有近两千种。有人曾误认为是"鬼火"，尤其是在乡下，走夜路的人遇到萤火虫，往往会被吓出一身冷汗。其实"鬼火"是磷火，火焰白中带蓝，冬天也有。萤火虫发光，大多是为了求偶，据说它们还有闪光的信号模式，能不能对上号，只有它们自己知道。

大暑期间，民间有饮伏茶、烧伏香等习俗。伏茶，是指三伏天喝的茶，由金银花、夏枯草、甘草等十多味中草药煎煮而成，有清凉祛暑的作用。嘉兴人饮的伏茶有点特别，是直接把黄连熬成汤，尤其是孩子，似乎必须喝。记得小时候，一到大暑天，午睡醒来就得喝一大碗苦得不能再苦的黄连汤，说是可以清热解毒，不长痱子和热疮。出于好奇，暑假结束后，我问过一些长痱子的同学，果然他们家里都没有喝黄连汤的习惯。至于烧伏香，起初是烧香祈福，祈求风调雨顺，现在已变成了艾灸，用以拔毒泄热。这样一变，倒是和饮伏茶配套了。

过去嘉兴的一些大厂，到了大暑，食堂里就开始免费提供咸菜冬瓜汤，一直延续到立秋过后。一般家庭，其间也冬瓜不断，不是喝咸菜冬瓜汤，就是喝笋尖冬瓜汤，如果来了客人，就再放几片咸肉。吃冬瓜可以清热解暑，也有排汗利尿和消肿的功效。盛夏湿气重，容易胸闷、烦躁，可以通过吃冬瓜来缓解或消除。

大暑时，花开得最热闹的，是凌霄和紫薇。凌霄是攀缘的藤本植物，攀到哪儿，根就生到那儿，繁殖力极强。凌霄花的颜色十分热烈，红红火火的，喜欢的人不少，有院子的人家大多会种上几株。紫薇是名贵植物，以前比较少见，现在多了，这和房地产开发有点关系。这种树有点怪，看上去没有树皮，比较丑陋，用手抓一下，整棵树会发抖。但紫薇的花很美，一丛丛粉红的、淡紫色的，而且花期特别长。在夏季花少的时候，它可以开花一百天，所以也叫"百日红"。实际上，紫薇的花期或许更长，在宋代诗人杨万里的诗中就有"紫薇长放半年花"的描述。

立秋

始于8月7日/8日/9日

　　中国古代将立秋分为三候：一候凉风至，二候白露降，三候寒蝉鸣。也就是说，在立秋的第一个五天，虽然白天依然很热，但夜晚吹来的风会有一些凉爽。第二个五天，由于昼夜温差较大，空气中的水蒸气会在清晨凝结成一颗颗透明的露珠。第三个五天，寒蝉（一种小型蝉）因气温适宜、食物充足，在微风中不停地鸣叫。

立 | 秋

　　在二十四节气中，立秋是个非常重要的节气，不仅预示着夏去秋来，还告诉人们，草木已经结果孕子，收获的季节即将来临。因而在古人的心目中，立秋比立春更加重要。我的舅公曾经拿一碗牛肉汤来比喻，他说，浮在上面的油星和葱花就像春天，而整碗汤的味道，却来自沉在下面的几片牛肉，那是秋天。人们常说"一年之计在于春"，但这只是希望，"春"的希望有没有实现，却要看"秋"的结果。在一年四季中，只有"秋"可以代表一年的时间，如成语"千秋万代""一日不见，如隔三秋"等，都是年的意思。所以，早在西周，到了立秋日，帝王们都会亲率文武百官到城郊设坛迎秋，举行祭祀仪式。汉代沿承此俗时，又杀兽以祭，表示秋来扬武之意。宋朝人比较风雅，在立秋这一天，宫里的人会把盆栽的梧桐移入殿内，立秋时辰一到，太史官便高声奏道：秋来了！于是，事先安排好的梧桐便应声落叶，寓意秋已来临。

　　古时候对立秋高度重视，主要是因为它对农事影响较大。凭借长期积累的经验，古人认为，如果立秋当日天气晴朗，日后一定会风调雨顺，不会有旱涝之忧，可以坐等丰收。农谚"立秋晴一日，农夫不用力"，就是这个意思。而立秋这天如果听到雷声，冬季的农作物就会歉收。对于立秋日的早晚，古人也有"七月秋样样收，六月秋样样丢"的说法。他们认为，立秋日在农历七月的，有望五谷丰登；如果在农历六月，就有可能五谷不熟而导致歉收。此外，立秋前后的刮风也有讲究：立秋前刮北风，立秋后就会下雨，对农作物有利；立秋后刮北风，到了冬天就有可能发生干旱。对于这些农谚，我也留意了十来年，虽然不是年年如此，但大致上还是准的。在古代农业社会，人们靠天吃饭，有了这些宝贵的经验，就可以提高农作物的收成，避免了不少灾难。这是非常了不起的事，所以，二十四节气也被国际气象界誉为中国的第五大发明。

尽管立秋预示着秋天的来临，但事实上，夏天的炎热并没有真正过去，秋天也没有真正到来，天气依然很热，或许，民间所说的"秋老虎"正要出笼。对嘉兴人来说，要真正感受到初秋的凉意，至少还有一个月的时间。按照气候学家张宝堃的说法，应该是连续五天平均气温在10℃到22℃之间才算入秋。顺便说一下，张宝堃是嘉兴塘汇人，近代学者，现在气象学上的四季划分依然采用他的候平均气温划分。不过，立秋之后有一点非常明显，就是晚上不会像炎夏那么闷热，睡觉基本上不用开空调；而在过去，这时乘凉后不再露天过夜，一般到晚上八九点钟就可以回屋了。这种"夜凉"的感觉，往往会在秋雨后更加明显，所以民间有"一场秋雨一场寒"的说法。

立秋的三候中，有两候让人很疑惑。立秋时天气还很热，"三伏"还没过，怎么就白露降了呢？其实，这里的"白露"是一个形容词，和一个月之后的白露节气是不一样的。它是指"大雨之后，清凉风来，而天气下降茫茫而白者，尚未凝珠，故曰白露降，示秋金之白色也"。通俗地说，是由于昼夜温差较大，大雨过后，清晨时野外开始有雾气产生。其次是三候寒蝉鸣。因为有个成语叫"噤若寒蝉"，所以很多人觉得寒蝉是不会叫的。这两个"寒蝉"不是一回事。"噤若寒蝉"说的是像进入冬季的蝉，停止了鸣叫，而立秋第三候中所说的寒蝉，则是指两千多种蝉中的一个品种，这种蝉身体较小，黑色中有黄绿色的斑点，翅膀透明。寒蝉一般在夏末秋初开始鸣叫，由于食物充足，温度适宜，它的叫声持续时间很长，嘉兴人称为"吵知了"。孩子们特别喜欢它，吵吵闹闹的，容易被发现和捕捉，也符合他们的天性。孩子们抓到"吵知了"后，会用手指在它腹部轻轻一搔，它立马就叫了起来。过去乘凉时，在昏暗的弄堂里，孩子们提着一个西瓜灯，不停地搔着"吵知了"的腹部，"有声有色"地从远处走来，充满着童年的趣味。

　　立秋是古时候的"八节"之一，民间的习俗较多，有立秋节、秋社、晒秋、躺秋、秋忙会、秋收互助等，这些习俗大多是在北方。

　　嘉兴的立秋习俗也有很多，首先是"啃秋"，也就是吃西瓜。说实话，立秋时的西瓜已经不太好吃了，嘉兴人称之为"收藤瓜"，个小，味淡。但为了"啃秋"这个习俗，在立秋这一天，老嘉兴人还是会去买个西瓜，一家人围坐而"啃"。虽说是"啃秋"，但实际上是要"啃"掉盛夏的暑气，迎接秋天的到来。"啃秋"之后，一般就不再吃西瓜了。嘉兴人相信饮食要应时应节，也就是说，什么时候该吃什么，什么时候不该吃什么。一方面，秋天的西瓜不好吃，俗话说"打春的萝卜，立秋的瓜，一样没味"；另一方面，立秋之后天气转凉，吃西瓜这类寒性食物容易吃坏肚子。同样的道理，秋丝瓜和秋茄子也不受嘉兴人欢迎。

除了"啃秋"之外，还有称体重、贴秋膘、洗早澡、吃秋桃等习俗。从清代开始，嘉兴民间就有立秋称体重的习俗，目的是和立夏时做一下对比。因为人到炎夏，就没什么胃口，饭食清淡、简单，两三个月下来，体重大多会下降一些。而秋风一起，胃口大开，就想吃点好的，补偿夏天的损失。这个补的过程，就叫贴秋膘。所以，立秋这天要吃点炖肉、烤肉、红烧肉，"以肉贴膘"。在立秋当天的早上，用温水洗澡，也是嘉兴人的传统。有的老人还会从院子里摘几片薄荷叶，放在泡澡的水里，据说这个澡一洗，"秋老虎"来时就不会再长痱子了。

吃秋桃的风俗，有祈福的意义。说是在立秋这一天，大人孩子每人都要吃一个秋桃，吃完之后把桃核保留下来。等到除夕这天，把桃核丢进火炉中烧成灰烬，据说这样就可以免除一年的瘟疫。

立秋虽是万物成熟的时候，但开花的植物也不少，有葱莲、石蒜、晚饭花（即紫茉莉）、一串红、凤眼蓝等，大多是草花。这些植物中，凤眼蓝的名字特别好听，花也非常漂亮，紫蓝色的，其中的一瓣还长着蓝色的"凤眼"，估计就是因此而得名的。凤眼蓝的另一个别名，说出来会使很多人大跌眼镜，那就是水葫芦。凤眼蓝原产于巴西，国人最初把它当作花卉引进，后来又作为观赏和净化水质的植物推广种植，于是就叫成了水葫芦，最终又"养葫为患"。凤眼蓝的花语是此情不渝，也就是说，它对感情、对生活的追求是至死不渝的。事实上也确实如此：一旦将它引入，想灭了它就没那么容易了，任凭怎么打捞，它依然蓬勃生长，即便做了家畜饲料，也无济于事。

晚饭花的名字也比较特别，是因它在晚饭时分开花而得名。这种花嘉兴很多，一般种在园子的围墙边，随便丢几粒种子，它便会成堆成片地疯长。晚饭花全身嫩绿色，叶子重重叠叠，很多。我以前也种过，不用管理，甚至连浇水都不用，到了夏末秋初，一走进院子，满目青翠，又阵阵清香。汪曾祺有本小说集，取名为《晚饭花集》。他在自序中说，他对晚饭花并不怎么欣赏，原因是：这种花公园里不种，画家不画，诗人不题咏，也没有从它身上发现过"香远益清""出淤泥而不染"之类的品德，等等。然而，就是这样一种"很低贱的花"，却让他看到后会觉得"一天的酷暑过去了，凉意暗暗地从草丛里生了出来，身上的痱子也不痒了，很舒服……"。

处暑

始于8月22日/23日/24日

中国古代将处暑分为三候:一候鹰乃祭鸟,二候天地始肃,三候禾乃登。也就是说,在处暑的第一个五天,老鹰感知到秋天的肃气,开始大量捕杀鸟类,并将其摆放在地上,如陈列祭祀一般。第二个五天,由于气温下降,天地间万物开始凋零,充满了肃杀之气。第三个五天,堆放在场地上的那些成熟的稻谷,现在可以进仓了。

处｜暑

　　处暑是一个气候比较复杂的节气，它的命名也与其他节气不太一样，因为有个"暑"字，常常被误以为是夏天的节气，事实上，它已经是秋天的第二个节气了。我第一次看到这个节气时，就以为是处在暑期的意思，于是就产生一点疑惑：立秋都过了，怎么又来个处暑呢？当时只是疑惑，并没有去细细追究，觉得古人设定处暑这个节气，可能与民间所说的"秋老虎"有关。后来，在画二十四节气国画时，再次疑惑，于是就仔细地查了一下处暑的"处"字。我发现，"处"字的组词居然有五六百个，而且含义众多又复杂，其中就包含终止和隐退的意思。也就是说，处暑在古人的设定中，是表示炎热的暑天即将终止和隐退。《月令七十二候集解》中说："处，去也，暑气至此而止矣。"

　　当然，处暑节气仅用"暑气至此而止矣"来表述是不够的，气温走低仅是其中的一个现象，而产生这一现象的背后，是太阳的直射点继续南移，辐射有所减弱，蒙古冷高压开始蠢蠢欲动。也有不少年份的立秋很热，处暑也很热，所以民间有"大暑小暑不是暑，立秋处暑正当暑"的说法。这种夏秋连热的天气，通常被民间称为"秋老虎"，短则十来天，长则可持续半个秋天。现在，网上也有人按"秋老虎"持续时间的长短，将其分为公和母，还编了句"公秋扇子丢，母秋热死牛"的"古人云"。

处暑的三候，在文字表述上有点拗口，但所说的事情并不复杂。一候鹰乃祭鸟，说的是老鹰感知到秋天草木凋零的肃杀之气，开始大量捕猎鸟类，并且把猎物摆放在地上，像陈列祭祀一样。其实，这里还有一个客观的原因是，处暑时正值五谷丰登，食物充裕，田地里寻食的鸟类成群结队，老鹰捕杀的猎物也会大量增加。"鹰杀鸟而陈之若祭"，应该是一下子吃不了那么多，暂时存放一下。古人称此为鹰之"义举"，估计也是古代某个名人的一句即兴调侃罢了。二候天地始肃，是说天地间万物开始凋零，充满了肃杀之气。天地始肃，当然也包含着人，《吕氏春秋》中就说"天地始肃不可以赢"。也就是说，处暑之后，人的阳经阳气都呈收敛内养的状态，身体的柔韧度和四肢伸展度都没有夏天时好，因此要注意收敛，切不可放纵自己。三候禾乃登，对嘉兴人来说，有一种亲切感，因为嘉兴的简称就是"禾"。当然，这里的"禾"是指粮食作物，而"登"则是成熟的意思，就是秋收开始，可以积蓄粮食了。

嘉兴人有处暑吃鸭子的传统。鸭子味甘性凉，一般在夏末秋初时食用最佳，这个时候的鸭子也最肥美。但处暑吃鸭和中秋吃鸭有点不一样，中秋是家庭团聚，而处暑是邻里分享。所以，也不是家家户户都会去烧个鸭子和邻里共享。一般是三四户人家的院子中，有一户人家的女主人，会在处暑节气的当日，一早去菜场买鸭。不是买本地的草鸭，而是买那种白白胖胖的北京鸭，一只足有五六斤重。过去人穷，胃口大，而且鸭子煮时会缩水，两斤一只的草鸭杀白后才一斤多，一煮就跟没了似的。一般来说，鸭子买回来后，不会马上把它杀掉，而是先放在院子里。鸭子受了惊，会伸长脖子"嘎嘎嘎"地满院子乱跑，这就等于告诉邻居，鸭子已经买好了。鸭子烧好后，女主人会先估摸一下吃的人数，如果不够分，就加几个馄饨。等到张家、李家的都送好了，才一家人坐下来一起吃鸭。这就是俗语中的"处暑送鸭，无病各家"。

处暑节气的另一个习俗，是放河灯，也叫"放荷花灯"。不过，对于嘉兴人来说，放河灯和放荷花灯是两回事。嘉兴有个民俗活动，叫"南湖荷花灯会"，比处暑放河灯要早二十多天。据传清朝乾隆年间，在农历六月廿四那天夜晚，为庆祝荷花生日，有千盏荷花灯漂浮在南湖水面上，烟雨楼则通宵达旦供应茶酒面食，有昆曲相伴。可以想象，当年荷花灯会的热闹程度，不亚于过年。荷花灯的底座上一般会点支蜡烛，放在湖里任其漂泛，有祈福、纳善，保平安、和谐、吉祥之意。而处暑放河灯，却是与中元节有关，民间有去除晦气的说法，也用以寄托对逝去亲人的哀思。现在出于安全和环保考虑，放荷花灯和放河灯都已经不提倡了。

处暑时已接近开学，所以在江南一带，还有娘舅给外甥送书包的习俗。这一习俗，源于中国的传统文化。在中国古代，虽然绝大多数妇女是不上学的，但孩子的学前教育，却是由母亲来承担的，从成语"相夫教子"中就不难看出这一点。既然母亲承担了孩子的学前教育，那么娘家也就脱不了关系。从孩子出生时该穿什么样的衣服，到孩子上学时该读什么样的书，都由娘家来负责。也就是说，在孩子的眼光、审美以及成长方向上，娘家的作用很大。民国文人包天笑在《钏影楼回忆录·上学之始》中说，他在上学之前"先已通知了外祖家。外祖家的男用人沈寿，到了那天的清早，便挑了一担东西来。一头是一只小书箱，一部四书，一匣方块字，还有文房四宝、笔筒、笔架、墨床、水盂，一应俱全"。

中华人民共和国成立后，私塾逐渐消失，娘家送书籍和学习用品的习俗，也就简化成娘舅送书包了。不过，这一习俗似乎又在复杂起来，书包里要放烤果（考过）、长柄板刷（板实）、葱（聪明）、菱角（伶俐）、步步糕（步步高）、状元糕、苹果（平安）、文具用品等，特别是那两根又粗又长的京葱，插在书包里非常招摇。

处暑的时候，荷花早已谢了，但姿态各异的莲蓬和正在衰败的荷叶，依然支撑着荷塘的凄美。拍照的，找到了一种奇趣的构成，尤其是变成黑白照时，特别有艺术感；画画的，看到了一种残缺的美，当它变成一幅水墨画时，便与人们心中的风雅产生了共鸣。也有人会采摘几株莲蓬，插在书房的花瓶里，虽然它也会慢慢枯萎，却比花好看，比花耐看。

当然，处暑也有不少开花的植物，如紫苏、鸡冠花、金鸡菊、葱莲、茑萝等。紫苏其实是一种药用植物，对感冒发热和鱼蟹中毒有一定的疗效。我以前也种过紫苏，烧鱼时放几片紫苏叶子可以解腥，嘉兴人用得比较少，但它比葱姜管用。其实，最早用紫苏来解鱼肉之腥的，还是我们吴中人。汉代《七发》中，就有吴中人建议楚太子食用"薄耆之炙，鲜鲤之鲙。秋黄之苏，白露之茹"，就是把兽脊上的肉切成薄片制成烤肉，鲜活的鲤鱼切成鱼片，佐以秋天变黄的紫苏，加上被秋露浸润过的蔬菜。不过，紫苏的花像一丛丛草籽，根本不像是花。鸡冠花也是药用植物，它的花也不像是花，但不难看。尤其是在秋天草木开始凋零的时候，它却红红火火地开了，而且红得发紫，很讨人喜欢。过去，有院子的人家几乎都种鸡冠花，不用打理。我在文联工作时，文艺界有句流行语，叫作"给点阳光就灿烂"，鸡冠花也差不多。它对土壤的要求不高，种在石缝中和水缸边都行，只要有点泥土就能活。鸡冠花很入画，用朱标加点大红，唰唰几笔，画框一装，挂在客厅里很吉祥。鸡冠花有个别名，叫老来红，有点成就的老人特别喜欢它。

白露

始于 9 月 7 日 / 8 日 / 9 日

中国古代将白露分为三候：一候鸿雁来，二候元鸟归，三候群鸟养羞。也就是说，在白露的第一个五天，对气候最为敏感的大雁开始集体迁徙，飞向南方避寒。第二个五天，由于气温下降，燕子的主要食物蚊蝇等昆虫没有了，所以它也飞回了南方。第三个五天，百鸟开始忙于贮存干果粮食，准备过冬。

白 露

　　白露是秋天的第三个节气，由于天气逐渐转凉，在清早太阳出来之前，可以看到地面和叶子上有许多细小的露珠，这是由夜间水汽凝结所成，所以得名"白露"。不过，白露节气的"白"字，并非指露水的颜色是白的，而是来自古人的阴阳五行观念。《月令七十二候集解》中说："白露，八月节。秋属金，金色白，阴气渐重，露凝而白也。"秋季的前两个节气，立秋和处暑，因为太阳所带来的热力没有减弱，天气还是很热。进入白露节气后，暖空气逐渐退避三舍，冷空气开始转守为攻，人们会明显感觉到炎热的夏天已经过去，凉爽的秋天来了。早晨的花草上会有很多清凉的露水，夏天的蝉噪也从这一天开始销声匿迹。很多人都知道《诗经》中有"所谓伊人，在水一方"的诗句，它的前一句"蒹葭苍苍，白露为霜"就是描写白露时的景象。嘉兴民间有句俗语，叫"白露身勿露，赤膊当猪猡"，听上去好像是在骂人，其实是善意地提醒人们小心受凉。在二十四节气中，白露是全年昼夜温差最大的一个节气，因而要随时关注气温变化，不能再像夏天时那样赤身露体，要适度添加衣物，以防感冒。

白露正处在夏秋的转折点，气候特点是干燥。秋风把天气吹凉的同时，也把空气中的水分吹干了。这种干燥的气候特点，在中医学上称为"秋燥"。秋燥也是一种秋季疾病，由感受燥邪而引起，一般会出现口干、咽干、眼干、皮肤干等症状。所以在白露期间，要多吃梨、银耳、蜂蜜、百合、枸杞、萝卜、豆制品，以及橙黄色的蔬菜，如南瓜、胡萝卜等。女人应对秋燥，更要讲究由内养外，除了多喝水之外，还应该吃一些绿叶蔬菜补充维生素，如芥蓝、菠菜、西蓝花等。

进入白露后，对于钓鱼爱好者来说，是一个大好时机。天气逐渐凉爽，水温也下降到鱼类喜爱的温度。鱼儿受够了盛夏的炎热和藏身之苦，一到白露就开始活跃起来，四处觅食，为越冬贮存能量。有位钓鱼的朋友说，人有贴秋膘一说，水里的鱼儿也会在这个时候贴秋膘，吃鱼饵会比之前积极得多，所以也容易被钓到。俗话说，"白露鱼来神，元气渐恢复"。民间认为，秋季钓鱼的最佳时机，就从白露开始。

白露的三候，说的都是鸟。一候鸿雁来和二候元鸟归，同样是说候鸟南飞避寒，为何要分两个候来描述，而且是一来一归？我喜欢画鸟，对鸟事也略知一二。鸿雁的繁殖地在西伯利亚和中国东北，越冬地大多在朝鲜半岛和日本。鸿雁喜欢成群活动，秋季迁徙时，往往是数百甚至上千只一起南飞。相对于南方来说，一候开始迁徙的鸿雁，是从北方而来的。二候元鸟归，说起来有点复杂。元鸟又名玄鸟，是古代中国神话传说中的神鸟，因为有"天命元鸟，降而生商"的传说，所以被解说成商族的祖先，也是商族人的图腾。元鸟，其实就是燕子。在北半球温带和热带地区均有繁殖的燕子，说不清楚它是南方鸟还是北方鸟，但在一些文学作品中，通常被说成"燕南归"，所以，二候元鸟归也理所当然。三候群鸟养羞，是说冬天快要到了，群鸟都知道把好的食物积蓄起来，准备过冬了。养羞，是储藏食物的意思。《逸周书·时训》中说："白露之日，鸿雁来，又五日，玄鸟归，又五日，群鸟养羞。"朱右曾校释："养羞者，蓄食以备冬，如藏珍羞。"羞是指味美的食物，后多作"馐"。

按照嘉兴人的风俗，在白露这一天，乡下还要酿造米酒。这种酒用糯米酿成，略带甜味，因为是在白露节气时酿造的，所以也叫"白露米酒"。城里的老嘉兴人，一般会在白露前后开始做甜酒酿，用熟的糯米饭加酒曲发酵，差不多一个星期就可以吃了，味道甜美，非常好吃。在过去，乡下开始酿白露米酒的同时，媒婆也出动了。白露虽是多种作物收获的时节，但不算太忙，而且天气凉爽，人们的衣着相对于盛夏要整齐，也比较适合媒婆上门游说。旧时嘉兴乡下的说媒，一般有六俗——八字、话亲、着日、对亲、准日、好日。和白露相关的，有八字、话亲和着日。在这期间，媒婆要先向男女双方讨八字，如果八字合得来，接着就是话亲。新中国成立后破除迷信，合八字被取消，媒婆就先上门轧轧苗头，有了意向后，再带上男方备的小礼上门话亲。到白露米酒酿成后，媒婆再带上男方备的礼品，去女方家确定对亲（双方见面）的日子，俗称着日。

白露时，除了酿造米酒以外，嘉兴人还有喝白露茶的习俗。茶树经历了一个夏天的煎熬，用此时采制的茶叶泡成的茶，喝起来有一种苦尽甘来的味道，虽没有春茶那么鲜嫩清香，但口感醇厚而复杂，让人回味无穷。白露茶深受老茶客喜爱的另一个原因是价格不贵，且经久耐泡。我父亲喜欢喝茶，他有个弟弟在安吉茶场工作，每年春天和秋天都会带些茶叶来，尤其是白露茶，因为价廉物美，一带就是二十多斤，同事和邻居都要。这些茶叶，常常是托卡车司机带来的，要我去某个路口接收。我总是站在电线杆旁，接春茶时以手中拿柳条为记号；接秋茶时，不管晴天下雨，都撑着一把写着"朱"字的油布伞。对一个男孩来说，这是非常有意思的，神秘而刺激。每次"执行任务"时，我就会联想到电影里的地下工作者，"暗号照旧"，有一种莫名的兴奋。

还有一个特殊的白露习俗是，太湖渔家有祭拜禹王的传统。禹王就是大禹，传说中的治水英雄，太湖渔民称他为"水路菩萨"。每年正月初八、清明、七月初七和白露时节，都要举行祭禹王的香会，其中，清明和白露两祭规模最大。嘉兴王江泾也有类似的祭祀习俗，是祭拜元代除蝗英雄刘猛将军的网船会，形式和内容都差不多。因为祭拜的对象不同，所以日期上也稍有不同，但相差不远。太湖渔民在祭拜禹王后，差不多就可以赶往嘉兴，参加祭拜刘王的网船会了。

白露时的气候和春天差别不大，被夏天晒黄的草木开始返青，开花的植物忽然多了起来，而且颜色鲜艳，香气宜人。比如，大丽花在立夏的时候就已经开了，但到了白露，却开得最好，又大又漂亮。再如，路边的夹竹桃，初夏就开始开花了，零零碎碎的，这时候却成片成片地开放，非常好看。还有白兰花和米兰，也是这个时候最香。米兰的花如米粒般大小，清香四溢。米兰花虽小，却没那么好伺候。米兰花的寓意是"有爱，生命就能开花"。这是有前提的，就是"有爱"，而且不是一般的"爱"。如果每天不给足它八小时以上的阳光，想让它清香四溢，是不可能的。

不过，白露毕竟是秋天的节气，丝瓜变成了丝瓜筋，葫芦已经发黄了。走在人行道上，看到无患子不时地掉着果子，一颗颗像没长大的青枣。无患子俗称鬼见愁，古人栽种多用于驱邪禳灾，故事很多，却不太靠谱。无患子的果子可用来洗衣，所以嘉兴人就叫它"肥皂树"，在肥皂凭票供应的年代，常常被捡来替代肥皂。现在也有人将无患子的果子做成沐浴露，据说它含有的阿魏酸是科学界公认的美容因子，能使皮肤变得细腻光滑，富有弹性。

秋分

始于9月22日/23日/24日

　　中国古代将秋分分为三候：一候雷始收声，二候蛰虫坏户，三候水始涸。也就是说，在秋分的第一个五天，由于阴气开始旺盛，原先因阳盛而打的雷，也就不再出声了。第二个五天，一些小虫陆陆续续地藏入洞穴，并用细土将洞口封起来，以防寒气入侵。第三个五天，由于降雨量减少，天气干燥，水汽蒸发很快，湖泊与河流的水位降低，一些沼泽和浅水塘便处于干涸之中。

秋　分

　　秋分时，嘉兴已进入了凉爽的季节，正是秋高气爽、丹桂飘香的好时候。秋分和春分一样，"分"是"半"的意思，也就是说，秋分这一天将秋季分成了两半。它还有另一层意思，即秋分当天，太阳直射地球赤道，全球各地日夜平分，所以民间也叫"日夜分"。早在西汉时，董仲舒就在《春秋繁露·阴阳出入上下第五十》中说："秋分者，阴阳相半也，故昼夜均而寒暑平。"在对二十四节气的注解中，古人总是用阴阳来解释自然界的一些现象，无论是季节变化，还是动物和昆虫的感应，似乎都离不开阴阳的转换。从中可以明显地感觉到，这种简朴易懂而又博大精深的哲学思想，在古代是非常普及的。

　　这个节气有三个有趣的现象。一是秋分这一天，因为太阳直射赤道，南北极的人可以同时看见太阳，可以共享同一个白天。二是在北纬 45° 线上，大致是在内蒙古锡林郭勒盟东乌珠穆沁旗、兴安盟科尔沁右翼中旗、吉林省松原市、黑龙江省牡丹江市这一线，用不着爬高，便可以根据建筑物的影子，测量出建筑物的高度。因为在这一天，这些地方建筑物的高度和影子是一样长的。三是如果有人在秋分当天来到赤道线上的城市，那么就会整天看不到自己的影子。因为太阳直射点不偏不倚地照在赤道上，任何物体都不会留下影子。

据史书记载，早在周朝的时候，就有"春祭日、秋祭月"的习俗，秋分这天就被作为古代的祭月节。祭月源于远古时候人对月亮的崇拜，仪式庄重而烦琐，后来逐渐演化为民间赏月和颂月。由于这一演化，日期上就出现了问题。因为秋分是节气，二十四节气是根据太阳周年视运动制定的，月圆月缺则归于农历，所以秋分祭月时往往看不到满月。为了在祭月时能看到满月，汉代时就另设中秋节为祭月日。到了北宋时期，中秋节已经成为全国普及的民俗节日，同时，也逐渐成为人们渴望家庭团聚、寄托对故乡和远方亲人思念的日子。月饼，也从拜祭月神的供品，变成了纯粹的节日美食。虽说秋分当日不再是祭月日，但大多数年份的中秋节是在秋分期间。新中国成立后，在秋分期间，又增添了一个重大的节日，那就是国庆节。所以，在二十四节气中，秋分是一个最令人兴奋的节气，也是一个最风雅的节气。且不说中秋时的花好月圆，就凭远远望去那满眼的暖色调，也会让人动心动情：阳光、稻田、草坪、树叶、黄花都是金色的，就连端上餐桌的螃蟹也是金黄金黄的。从2018年开始，秋分又多了一分喜气，它被国家设立为"中国农民丰收节"。这是一个专属于农民的节日，对素有"浙北粮仓"美誉的嘉兴来说，也意义非凡。嘉兴人觉得，今天的"丰收"，不再是"产量高"和"收成好"的代名词，而是有着更丰富的内涵，包括农民的幸福生活和美好环境。

秋分的三候非常简单。一候雷始收声，是说进入秋分节气后，由于空气中的湿度降低，一般就不再打雷了。据《月令七十二候集解》记载，鲍氏（估计是春秋时期齐国大夫鲍叔牙）曰：雷，二月阳中发声，八月阴中收声，入地则万物随入也。古人认为，雷是因为阳气盛而发声，秋分之后阴气开始旺盛，正所谓"阴盛阳衰"，雷就不再发声了。而且，从"雷始收声"那天起，天气就进入了秋寒，万物出现衰败。二候蛰虫坯户，按《礼记》注曰：坯，益其蛰穴之户，使通明处稍小，至寒甚，乃墐塞之也。就是说，暑天已经结束了，寒冷天气就要来临，一些蛰居的小虫开始藏入洞穴，然后用细土将洞口封起来，以防寒气侵入。三候水始涸，是说这个时候降雨量减少了，并且天气干燥，水汽蒸发很快，湖泊和河流中的水也变少了，有些沼泽及水洼，因为长时间不下雨，变得干涸了。

秋分时降温加快的特点，使农村的秋收、秋耕、秋种凑在了一起，被称为"三秋"。我在上小学时，就参加过一次"三秋"劳动。那时候，好像还没有通往乡村的公交车，学生们得一早从学校出发，背着草席和薄被，像军人一样排着整齐的队伍，唱着歌，去轮船码头坐船。差不多快到中午时上岸，在乡村露天码头上各自找阴凉的地方就餐，吃的是自己带的干粮和水。然后步行一个多小时，到集中点，听生产队长和老师讲话，晚饭前分散到农户家里。现在一个小时的车程，在那时候要花将近一天。我在随笔《写信》中提到的第一次写信，就是在那年的"三秋"劳动时写的。后来，在我四十岁生日时，母亲将它作为一份特殊的礼物，送给了我。稍感有趣的是，信中竟写了三个"因为"和"所以"：因为劳动，所以多吃了半碗饭；因为晚上很累，所以很好睡；因为夜里的风刮到了床头，所以就做了个放风筝的梦。这封信虽然写得很短，但现在每次拿出来再读，都觉得比自己写的小说、散文要耐读。

秋分这一天，嘉兴也有"竖蛋"的习俗。据说，春分和秋分，因为地球地轴与地球绕太阳公转的轨道平面处于一种力的相对平衡状态，鸡蛋就比较容易竖立（其实只要有耐心，在任何时候都可以把鸡蛋竖起来）。在古代，儿童们可以玩的东西实在太少，并不像今天有那么多五花八门的玩具，所以，他们绝对不会放过自然界一切可玩的机会。

嘉兴有些地方还有秋分粘雀嘴的习俗。在秋分当天，家家户户都会用糯米做些米糕或汤团，然后用竹签串上，插在田间地头，专供麻雀食用，希望麻雀吃了之后，不再去啄食庄稼，以确保粮食丰收。节气的每一个习俗，都包含着一个朴素的愿望。秋分的粘雀嘴也是如此，无论是为了给麻雀粘嘴封口，还是为了让它"吃了别人的嘴软"，都体现了农民种田的不易。

在秋分时，嘉兴人最喜欢吃的是清爽适时的清炒南湖菱和小炒藕片。南湖菱、茭白、莲藕、水芹、鸡头米、慈姑、荸荠、莼菜这八种水生时蔬，嘉兴人称为"水八鲜"。20 世纪 30 年代，在嘉兴火车站附近，有饭店专门在秋季供应"水八鲜"，以招揽游客。随着气温往下走，也就到了嘉兴人吃蟹的季节。晋朝张翰的《秋风歌》中，有"秋风起兮佳景时，吴江水兮鲈鱼肥"的诗句，嘉兴人在这个时候享足了江南水乡的美味。同时，老嘉兴人还喜欢在这一天吃些石榴、鲜枣、青橄榄和梨等时令水果，享受中国传统的节气之美。

虽说已经进入了凉爽的季节，但秋分期间还会有几天闷热，嘉兴人叫"蒸桂花"，估计是吴方言，张爱玲小说中有，丰子恺散文中也有。这种天气和黄梅天差不多，异常闷热，但时间很短，也就两三天，然后桂花就陆续地开了。现在桂花树已经不稀奇了，但过去很少，整个嘉兴城里也没有几株。哪户人家有桂花树，糕团店的人都知道。有桂花树的人家，在桂花刚开时，会马上通知糕团店的人。过四五天，糕团店就会派人来摇桂花。通常是树下铺一张草席，让一个小孩爬到树上去摇，桂花就会像雨一样落下来。糕团店把桂花摇去后，先用盐收一下苦水，然后放糖腌在大瓶里，过年时做桂花糖糕或桂花圆子。清代时，嘉兴还有人把桂花像茶叶一样焙干，专供大户人家泡茶或放汤。

桂花共有四大类一百多个品种。秋分时开花的，有金桂、银桂和丹桂三大类。金桂的花最好看，金黄色的，而且香味好闻，是桂花中最受欢迎的种类。其次是银桂，花是黄白色或淡黄色的，香味较淡，但花朵牢固，不易掉落。相对来说，丹桂的花色要"俗"一点，是桂花中花色最深的一类，带有火黄色。据说丹桂香味极浓，远远就可以闻到，但我在公园里见到的几株丹桂，几乎没有香味，也许是品种不同。不过，在秋天搞活动时，主持人往往会在开幕式上说：金秋十月，丹桂飘香……

寒露

始于 10 月 8 日 / 9 日

中国古代将寒露分为三候：一候鸿雁来宾，二候雀入大水为蛤，三候菊有黄华。也就是说，在寒露的第一个五天，最后一批鸿雁也开始南飞，因白露时迁徙的鸿雁已成为南方的主人，这后来者就只能是"宾"。第二个五天，雀鸟都不见了，海边却突然出现了很多蛤蜊，其贝壳上的条纹和颜色与雀鸟十分相似，难道是鸟变的？第三个五天，菊花已经遍地开放了。

寒 | 露

　　秋天的节气比较特别，立秋之后，马上就是处暑，虽然在古人的设定中，是表示炎热的暑天即将终止和隐退，但因为天气依旧很热，把它误解成还处在暑期也情有可原。秋分刚刚把秋季平分，接着就是寒露，这一个"寒"字，可不是秋凉的意思，而是在明确地提醒人们，在这个节气里，气温将会直线下降，即将与寒冬接轨。在秋季，气温的变化是很复杂的，在或凉或冷之间，江南一带还会有几天"蒸桂花"，天气闷热得就像黄梅雨季，没干透的东西会发霉。白露和寒露，尽管名字有点相似，气温却大不一样。《月令七十二候集解》中说："九月节，露气寒冷，将凝结也。"这就是说，寒露的气温比白露时要低很多，地面的晨露非常寒冷，快要凝结成霜了。俗语就说得更彻底："寒露寒露，遍地冷露。"寒露节气后，日照减少，寒气渐生，昼夜温差很大，早晚出门时会明显感到丝丝寒意，特别是入夜以后，更是寒气袭人。

　　在自然界，寒露时，阴阳之气开始转换，阳气衰退，阴气逐渐占了上风。随着寒气增长，万物要么萧落，要么成熟。懂得一点天象知识的人，在寒露的夜晚，还会发现星空换季，代表盛夏的"大火星"已经完全西沉。在这个时节，南方的天气或凉或寒，雨水较少，正是秋高气爽之时。而北方，大多数地区已经从深秋进入了冬季。换句话说，如果白露意味着由炎热转入凉爽，彻底告别夏季，那么，寒露则是由凉爽向寒冷过渡，即便是南方，离冬天也已经不远了。

寒风骤起，凉气入侵，这样的天气容易产生凉燥。白露时，有"白露身不露"的俗语，是怕受凉而引起感冒。到了寒露，就连脚也不能露了。脚离心脏最远，血液供应不足，而脚部的脂肪层又较薄，容易受到寒冷的刺激，会反射性地引起呼吸道黏膜毛细血管收缩，导致人的抵抗力下降。在中医学看来，"寒露脚不露"比"白露身不露"更加重要，因为脚底一旦被寒邪入侵，就会造成正气不足，引发多种疾病。自古以来，秋天被视为金秋，除了有些植物的颜色变成金色之外，古人讲究的是五行中的金，肺在金木水火土中属金，所以肺气与金秋之气相应。中医有"金秋之时，燥气当令"的说法，在寒露时，燥邪之气也最容易侵犯人体，耗伤肺之阴精，如果调养不当，人体就会出现咽干、鼻燥、皮肤干燥等一系列秋燥症状。人体的生理调节也要顺应自然界的变化，以确保体内的生理（阴阳）平衡。所以，在这个节气里要多吃燕窝、银耳、蜂蜜、芝麻、核桃、莲藕、秋梨等食物，以滋阴润燥（肺）为宜。另外，嘉兴人在寒露这一天，还有磨芝麻粉的习俗，旧时有"寒露吃芝麻，到老没白发"的俗语。

寒露的一候，鸿雁来宾。古人把白露时迁徙的那一波鸿雁，视为南方的主人，而时隔一月之后，寒露时再飞去的鸿雁，就被称作来宾了。而二候雀入大水为蛤，则让人有点云里雾里，不知道怎么解释为好。从字面上来看，是鸟雀在这一天飞进了水里，变成了蛤蜊。有学者穷尽了想象，说古人看到蛤蜊的花纹和小鸟的纹路相似，认为到了寒露这一天，飞鸟会深入大海，变成蛤蜊，飞物化为潜物，是为了躲避寒冷。问题是充满智慧的古人有那么天真吗？任凭你怎么解释，都像是一个美丽的童话。那么，是记述错误，还是古人的眼神不好，把雀鸟看成了海鲜？显然都不是。早在两千年前，《国语》中就有"雀入大海为蛤"的说法。中国最早的一部记录农事的历书《夏小正》中，也有"雀入于海为蛤"的记载。我猜想，古人的意思可能是说场地主角的转换，也就是说，到了寒露的时候，海边的雀鸟消失了，而大量的蛤蜊却出现在那儿。当然，另一种可能是，古人认为，寒露时，由于天上朱雀星宿的变动，西沉"入水"，海边出现了大量的蛤蜊。三候菊有黄华，一目了然，此处不再说。

　　寒露节气本身没什么特别的习俗，因为和重阳节比较靠近，才有了九九登高。登高的习俗，不仅历史悠久，而且家喻户晓，原因只有一个：简单方便，无须成本。据说，登高的活动起源于春秋战国时期，最初是出于驱邪避灾的目的，到西汉时逐渐成为一种习俗。魏晋以后，上自皇帝百官，下至庶民百姓，每逢重九，都要登高野宴，并增加了佩茱萸、食蓬饵（重阳糕）、饮菊花酒等内容。东晋诗人谢灵运，为了登高方便，还自制了一种前后装有铁齿的木屐，人称"谢公屐"。现在的人都羡慕陶渊明"采菊东篱下，悠然见南山"的生活，这脍炙人口的千年名句，也许就是陶渊明九九登高后所见到的景象。到了南北朝时，登高避灾已变成大众喜爱的郊外休闲活动，追求愉悦的娱乐逐步成为习俗的主流。

　　在古代，寒露节气时，父母还要迎接已经出嫁的女儿回来吃花糕，以此祝愿女儿家百事俱高。花糕主要有糙花糕、细花糕和金钱花糕。花糕的制作比较讲究，一般是两层或三层，每层中间都夹有较细的蜜饯干果，如苹果脯、桃脯、杏脯、乌枣之类。金钱花糕相对要小一些，如同钱币般大小，属于古代贵族或大户人家的食品。若是分送给邻居和朋友，须再加些其他零食。宋孟元老《东京梦华录·重阳》中云："前一二日，各以粉面蒸糕遗送，上插剪彩小旗，掺钉果实，如石榴子、栗子黄、银杏、松子肉之类。"

有些地方，寒露时还有喝菊花酒的习俗。菊花酒是由菊花加糯米等酿制而成的，古称"长寿酒"，清凉、甜美，有养肝明目和延缓衰老的功效。这一习俗，后来也和吃花糕一样，渐渐移到了重阳节。另外，嘉兴人在清代曾流行过食花，留有"餐芳谱"和"群芳宴"的遗迹，根据文字想象一下当时的情形，那时的嘉兴人很浪漫。但是，嘉兴人没有饮花酒的文字记录，秋分时的桂花酒和寒露时的菊花酒，对于嘉兴人来说，只知其名而不知其味。

尽管天气有些寒意，牵牛花却开得很好，尤其是蓝色的花朵，特别纯净。牵牛花一般在春天播种，夏季开花后，一直可持续到深秋，并且总是在天蒙蒙亮时，它就开花了，所以也被称作"勤娘子"。不过，寒露时最应时的花，应该是菊花。菊花的栽培历史已有三千多年，从《礼记·月令》等古籍中的"季秋之月，鞠有黄华"可以推测出，最初的菊花是黄色的，而且当时的栽培目的是食用和药用。一直到唐代，由于采用嫁接繁殖的办法，菊花才出现了紫色和白色。李商隐写了"暗暗淡淡紫"，白居易则有"中有孤丛色似霜"。菊花成为观赏花卉后，栽培和嫁接技术就发展很快。据史铸的《百菊集谱》记载，到了南宋时，菊花品种有一百三十多个。据说，现在全世界的菊花品种有七千多个，珍品大立菊一株就可开花五千多朵，实在是令人惊讶。在传统文化中，菊花有吉祥和长寿之意，嘉兴人特别喜欢它，尤其是文化人，在中秋节赏菊、吟菊和画菊是一种风雅的做派。20 世纪 90 年代末，嘉兴三塔苗圃培育过许多名贵的菊花品种，经常在全国菊展中得奖。

　　与寒露节气有关的植物，还有山茱萸。这是一种带香的药用植物，果子有点像枸杞，具有杀虫消毒和逐寒祛风的功能。自从刘邦的宠妃戚夫人在九九登高时头插茱萸之后，插茱萸就成了一种世代相传的习俗。

霜降

始于10月23日/24日

中国古代将霜降分为三候：一候豺祭兽，二候草木黄落，三候蛰虫咸俯。也就是说，在霜降的第一个五天，豺狼开始大量捕获猎物，先是陈列，用兽祭祀天地，然后再慢慢食用，同时也是为过冬储备食物。第二个五天，大地上的草木已经枯黄，在阵阵秋风中不断飘落。第三个五天，蛰伏的虫子进入了冬眠的状态，在洞中蜷缩成一团，不动也不食。

霜｜降

秋天的气候特点，主要是干燥和气温渐渐变冷。到了霜降前后，夜间散热很快，温度时常会降到零度以下。这时，空气中的水蒸气就会凝成六角形的霜花，呈现出入冬前的初霜景象。《月令七十二候集解》中有云："霜降，九月中。气肃而凝，露结为霜矣。"是说霜降时天气变冷，露水凝成了霜。其实，这种说法是不够精准的。从科学的角度来讲，霜是一种天气现象，和露的出现过程是雷同的，都是空气中的相对湿度到达百分之百时，水分从空气中析出的现象。也就是说，在气温明显下降时，水汽的温度高于冰点，就成为露水，低于冰点，则凝结成霜。有了这种科学的解释，有人就开始进一步咬文嚼字，认为"霜"并不是从天上降下来的，因此这个节气应该叫"早霜"或是"初霜"。这真是笑话奇谈。生活中，有许多用语是约定俗成的，比如"打扫卫生"，真的细究起来，卫生了还需要打扫吗？而"霜降"，倒是经得起推敲的，因为"降"不仅仅是指降落，还有降临之义，是到来或来临的意思。

霜降是秋天的最后一个节气，在北方有些地区，已经进入了冬季。按照二十四节气的排序，霜降之后就是立冬。说"白露身不露"才没多久，霜降一到，似乎就有了冬天的预感。秋季确实与其他季节有点不一样，在气温上给人的感觉像是从夏天跨越到冬天的一座桥梁，似乎很短。有的年份，甚至连单独穿长袖衬衫的机会都没有。秋风一起，短袖外面就直接披上了外套。曾经有个小学生问我：秋天还没过，怎么就霜降了？其实，霜降主要是反映昼夜温差变化较大、秋燥明显和天气渐渐变冷的气候特征，并不表示霜降这天就一定会有霜。尤其是地处江南的嘉兴，不会与节气所表述的现象完全一致，秋高气爽的日子还会持续一段时间。

霜降正是菊花开始傲霜的时候，所以嘉兴人喜欢把霜降节气叫成"菊霜"。过去的大户人家，会在"菊霜"这一天剥蟹赏菊，饮酒过节。一些民间社团和风雅人士，则会在某个景点或私家园林举行雅集，喝茶听曲，吟诗作画，也算是为霜降这个节气在当地留下一点精神财富。在农村，霜降正是三秋（即秋收、秋耕、秋种）的尾声，所以农民还要继续秋收和耕种。清代顾禄《清嘉录》中云："稻田收割，又皆以霜降为候。盖寒露乍来，稻穗已黄，至霜降乃刈之。谚云，'寒露没青稻，霜降一齐倒'。"意思是说，寒露时，田中的水稻就已经一片金黄，而到了霜降，稻子就要抓紧收割，晚了会倒伏在田里，影响收成。同时，蚕豆、油菜、菠菜、青菜等作物，也要抓紧种，过了这个节气，再种就晚了。

霜降的一候豺祭兽，最早出现在《逸周书》中，"霜降之日，豺乃祭兽"。又曰："豺不祭兽，爪牙不良。"意思是说，在霜降这天，豺狼开始出动捕猎，将猎物祭祀般陈列在外面，并不马上食用。在古人看来，豺狼也像人类新谷收获时一样，以兽祭天报本。古人比较讲究仪式感，他们这么说，也是说给人听的，目的是教化人。实际上，这和处暑的"鹰乃祭鸟"是一样的。所谓"祭兽"，就是将猎物放在相对寒冷一点的地方晾干，以此作为过冬的食物。二候草木黄落，出自汉武帝的《秋风辞》："秋风起兮白云飞，草木黄落兮雁南归。"这是说植物在低温下停止了生长，草木逐渐枯黄，落叶满地，大自然展现出入冬前萧条冷漠的景象。三候蛰虫咸俯，指的是蛰伏的虫子已经躲藏在自己的洞里，不吃不动，完全进入了冬眠的状态。

汉语中有个词语叫"秋决"，这与霜降节气有关。古代执行死刑，一般都是在秋冬季节。在古人的观念中，这是顺应天意的。春夏是万物生长的季节，秋冬是草木凋零的季节，象征着肃杀。古人认为，人的行为，包括政治活动，都要顺应天时，否则要受到天神的惩罚。皇帝是天子，所以更要遵守天意，按照天时行事，处决犯人也是如此。从西周开始，就有了秋冬季行刑的做法，到了汉朝，渐渐在法律条文上形成了"秋决"制度。除了谋反等大罪可以立即处决外，一般死刑犯都要等到霜降以后才能执行，到冬至前结束。过去听老人说，因为囚犯都在霜降以后行刑，若是错杀了，水便无法清洗，只能用雪，所以有"昭雪"一词。后来我查了字典，现在又用网络搜索，都没有发现这种说法，不知是真是假。

霜降是秋季进入冬季的过渡性节气，从中医养生的角度讲，这时应该适当进补，为迎接寒冬做好准备。所以有"补冬不如补霜降"的说法，霜降被认为是养生的一个重要时节。在嘉兴，霜降进补的方法比较简单，就是早晨到面店去吃一碗羊肉面，喜欢喝酒的人可以再添上二两五加皮。按照传统的说法，这个时候吃羊肉面，既养生又美容。所以，霜降一到，嘉兴城里城外，羊肉面店随处可见。当然，除了来一碗羊肉面外，这个时节更应该多吃梨、苹果、莲子、南瓜、胡萝卜、花生等食物，因为秋季是慢性胃炎和慢性支气管炎复发的高峰期。另外，有些地方还有霜降吃柿子的习俗，有俗语："霜降吃灯柿，不会流鼻涕。"认为霜降吃柿子，冬天就不会感冒流鼻涕。其实，是因为霜打过的柿子特别甜，而柿子又有"事事如意"的吉祥谐音。当然，最主要的恐怕是成熟的柿子不抓紧采摘，就会被鸟吃掉，若掉落在地，更是不可收拾。不过要提醒大家：柿子不能多吃，更不能空腹吃，因为在空腹情况下，柿子中的鞣酸及果胶在胃酸的作用下会形成胃柿石，易造成消化道梗阻。柿子也不要与鱼、虾、蟹同吃，否则可能会对人体产生不良影响。

霜降的时候，菊花依然开着，但毕竟是在傲霜时期，没有寒露时开得那么舒展。唐代诗人元稹说："不是花中偏爱菊，此花开尽更无花。"但是，芙蓉花却大张旗鼓地开了。嘉兴有句俗语，叫"十月芙蓉应小春"，是说10月份所对应的花是芙蓉。这里的"小春"一词，据南宋陈元靓在《岁时广记》卷三七引《初学记》中说："冬月之阳，万物归之。以其温暖如春，故谓之小春，亦云小阳春。"芙蓉花开，会使人产生进入春天的错觉，尤其是在午后的阳光之下。芙蓉有个别名，叫"拒霜花"，意思很直接，就是把"霜"拒于千里之外。这一点，我深信不疑。每次见到芙蓉花时，就好像春天来了，根本想不起"霜降"这个词。20世纪80年代，我住在砖桥街时，大院里有一丛芙蓉，花很大，是重瓣的，而且颜色一日三变，早上初开时花冠洁白，快到中午时渐渐变成了粉红色，到傍晚快要凋谢时，又变成了深红色。有一次，三塔苗圃的老薛来做客，见到后非常惊讶，说这是稀有的名贵品种，叫醉芙蓉。他有点想不通，这么名贵的醉芙蓉，怎么会出现在我们这个大杂院里，而且是随随便便地种在墙脚边。第二年初春，老薛带了几个苗圃里的工人来，试图分株繁殖，却被大院里的老教师制止了，没有成功。如今，砖桥街的大院已经消失了，那丛醉芙蓉也不知道去了哪里，估计也消失了。现在想来，如果当年被苗圃的老薛挖走几枝，兴许今天还能在公园或者路旁看到。

除了花卉之外，还有一些其他植物，也在这个节气里唱着主角。喜欢拍照的嘉兴人，会三番两次地赶往三塔路，并不是为了那个著名的历史景点茶禅夕照，而是去拍摄三塔路边那些黄了叶子的银杏。南北湖的橘子也黄了，开车去那儿采橘，也成了嘉兴人周末郊游的首选。另外，在人多的景点和热闹的地方，能远远闻到糖炒栗子的香味……

立冬

始于11月7日/8日

　　中国古代将立冬分为三候：一候水始冰，二候地始冻，三候雉入大水为蜃。也就是说，在立冬的第一个五天，由于地面温度已经下降到零度以下，河道两边水较浅的地方和一些小水沟里，开始结冰了。第二个五天，在黄河中下游地区，随着河里的冰面不断加厚，土地也开始冻结。第三个五天，野鸡一类的大鸟已经看不到了，而在海边，出现了许多外壳与野鸡羽毛的花纹有些相似的大蛤。

立冬

冬的本义是"终"，即一年结束的意思。《说文解字》中说："冬，四时尽也。从仌、从夂。夂，古文终字。"因而，立冬在二十四节气中，就是一年中最后一个季节的开始。作为一个季节的转折点，它意味着风雨、干湿、光照、气温等，都将由秋季向冬季过渡。在《月令七十二候集解》中，对"冬"又有进一步的解释："冬，终也，万物收藏也。"就是说，秋季的作物全部收晒完毕，已经储藏入库，动物也藏起来了，准备冬眠。所以，立冬不仅预示着冬天的来临，还包含着万物收藏、规避寒冷的意思。在古代，立冬与立春、立夏、立秋合称为四立，是一个重要的节日，皇帝会在这一天率领文武百官到京城北郊举行迎冬祭祀。在先秦时，立冬这天，天子还要换下秋衣，穿上冬装，同时赏赐群臣冬衣。西晋崔豹的《古今注》中记载："汉文帝以立冬日赐宫侍承恩者及百官披袄子。"古代的"披袄子"是冬天穿的一种礼服，"多以五色绣罗为之，或以锦为之"。作为平民百姓，每年到了这个时候，心里就会自然而然地闪过"冬天将近"的念头，也就是说，从这一天开始，有关冬天的消息会越来越多。在过去，人们还会以立冬这一天的晴雨，来预测整个冬天的冷暖，俗语"立冬晴，一冬凌（寒冷）；立冬阴（阴雨），一冬温（暖冬）"就是这个意思。

立冬之后，南北气温差距拉得更大，对于东北地区来说，立冬时节已飘雪结冰，十分寒冷，而地处江南的嘉兴却秋意正浓，距离气象学意义上的冬天还有一段日子。元代杭州诗人仇远写过一首关于立冬的诗，所描写的景象与嘉兴一带立冬时的情形比较贴近："细雨生寒未有霜，庭前木叶半青黄。小春此去无多日，何处梅花一绽香。"诗的意思是说，纷纷扬扬的秋雨携来了微寒，虽然霜降节气已经过了半个月，却由于下雨，地面上见不到霜。在这草木凋零的季节里，庭前的柳树叶只黄了一半。若是在风和日丽的午后，还会感觉到"小阳春"一般的暖和。真正的冬天还没来到，哪里会有梅花香呢。一般来说，最早开花的蜡梅，也要再过半个月才会"绽香"。

立冬的三候，说起来比较简单。一候水始冰和二候地始冻，是说立冬之后的气温变化。到了立冬，北方的冷空气已经有了较强的实力，并逐渐向南方移动。河的两边，较浅的水面已开始结冰，有些地方，土地也出现了冻结的状况，这是气候变化最直观的表现。当然，立冬时，嘉兴还不会"水始冰"和"地始冻"。二十四节气以及相应的物候，大多是对古代北方地区气候状况的总结。而三候雉入大水为蜃，与寒露节气时的雀入大海为蛤的意思是一样的，是说立冬之后，野鸡一类的大鸟便看不到了，海边却出现了许多外壳与野鸡羽毛上的花纹有些相似的大蛤。

在古代，立冬是 10 月的大节，民间有祭祖、饮宴、卜岁等习俗。秋收结束，冬季到来，不管最终的收成如何，劳作了一年的人们总算可以享受一下丰收的喜悦。所谓迎冬之礼，其实也有这方面的意思。在过去，立冬这一天，即使再忙的农民，也要休息，杀鸡宰羊，准备时令佳品，祭祀祖先，以尽为人子孙的义务和责任，同时也要祭祀苍天，感恩上天给予的丰年，并祈求来岁再赐丰年。祭祀结束后，丰盛的酒食便用来犒赏辛苦一年的自己。

另据明朝田汝成《熙朝乐事》记载，当时的杭州一带，可能也包括嘉兴，在立冬日，还以各色香草及菊花、金银花煎汤沐浴，名为"扫疥祛病"，成为一时的地方习俗。疥是一种传染性皮肤病，以瘙痒为主，由疥虫感染引起。估计在明朝时，这种被称为"疥"的传染性疾病，曾经一度在杭州一带流行，所以用草药煎汤沐浴"扫疥"才会成为地方习俗。

其实，立冬主要的传统习俗还是进补。嘉兴人通常喜欢吃猪蹄髈、牛肉、羊肉、母鸡、鸭、甲鱼等食物进补，滋补的药物则有熟地黄、阿胶、鹿角胶等。每年到了立冬这一天，老嘉兴人还会用红枣、桂圆、核桃肉煮汤喝，据说有补气、活血、助阳的功效。20世纪末，嘉兴男人还喜欢用热黄酒和姜丝冲鸡蛋，说是可以驱寒开胃，行气壮神。中医院以及一些老字号药房，也会在立冬之后开设进补门诊，为市民煎熬膏药，销售冬令滋补保健品。需要说一下的是，膏方是不可以跟风吃的，中医讲究"一人一方"，因人而异，要先吃"开路方"进行试探性调补，适当调整后再开正式药方。

在北方，尤其是京津地区，立冬有吃饺子的习俗。吃饺子源于"交子之时"的说法，大年三十是旧年和新年之交，立冬则是秋冬季节之交，故"交子之时"不能不吃饺子。有意思的是，在嘉兴的农村，立冬节气的食俗是吃咸肉菜饭和南瓜团子。从前的嘉兴人不习惯吃饺子，尤其是在农村，有些老人一辈子都没吃过饺子。而在立冬时，正值新米上市，用霜打过的青菜、咸肉作配料，再用稻草烧出来的咸肉菜饭，又香又糯。农民自己做的南瓜团子，用的馅是猪油豆沙、萝卜丝和咸菜豆腐干，都非常好吃。这一食俗后来也进入了城里，多半是有农村亲戚的家庭才会这么吃，我小时候就吃过。记得读小学的时候，在立冬的前几天有乡下亲戚来过，到了立冬那天，放学回家的路上就远远闻到了咸肉菜饭的香味，猜想是外婆在烧菜饭，回家一看，果然是的，就高兴得跳了起来。

冬天夜长，晚上的时间比较充裕，加上又是农闲季节，旧时的冬学和拜师活动，也都放在立冬之后举行。那时的冬学，其实就是短期培训，比如识字扫盲、农作物种植常识等，招收的都是成年男女，通过短时间学习，有人能读书，有人会写信，也有人由此而改变了命运。拜师则属于私人行为，大多要举行拜师仪式，场面可大可小。一般先是拜祖师，再行拜师礼，然后接受师傅训话，等等。但也有简单的，向师傅跪下磕个头就行，并不讲究什么排场。乾隆年间，海盐少年张燕昌，在立冬那天背着两个大南瓜来到杭州，想拜篆刻名家丁敬为师。当时身为"西泠八家"之首的丁敬，已是弟子云集，名噪大江南北。但他也没有讲究什么排场，不仅收下了这位来自农村的弟子，还当场把那两个南瓜煮了，与大家一起分享。后来张燕昌没有辜负师父的厚爱，最终也成为浙派篆刻名家。

立冬时开花的植物，有羊蹄甲、胡颓子、八角金盘、亚菊、油茶等，名字都很怪，似乎都不是嘉兴本地的植物，但现在也能在嘉兴经常见到。比如八角金盘，在园林中常种植于假山边上，或路边树旁，还能作为室内的观叶植物，常用来遮挡一些犄角旮旯的难堪之处，大多数宾馆、饭店和办公楼的大厅里都有，四季常青，叶子如手掌一般，但花不怎么好看，像一把胡葱花似的。要说这个节气里勉强像样一点的花，那只能是油茶花了。油茶花如蔷薇花般大小，白色，但花瓣饱满，因而在寒风中也不显得凄凉。油茶本不是观赏植物，而是四大木本食用油料植物之一，茶油的不饱和脂肪酸含量远远高于菜油、花生油和豆油。它会出现在城市的路边和小区里，估计是因为这个时节实在是没什么开花的植物，实属无奈。

　　值得欣喜的是，立冬的时候，南天竹的果子红了。南天竹长得像一小丛竹子，但比竹子耐看。南天竹的叶子颜色在初生时为朱标色，慢慢变成了青绿色，到了秋天，青绿的叶子又会泛红，再变成紫色，真是变幻莫测。它的果子也由青绿变红发紫，而且在冷雨风雪中经久不落。南天竹有吉祥、长寿的寓意，嘉兴人特别喜爱，过去人们在冬天拜访老人时，总会带上一把连叶带果的南天竹。汪曾祺似乎也对南天竹情有独钟，他在随笔《岁朝清供》中流露出这么一种情绪："在安徽黟县参观古民居，几乎家家都有两三丛天竹。有一家有一棵天竹，结了那么多果子，简直是岂有此理！"

小雪

始于11月22日/23日

　　中国古代将小雪分为三候：一候虹藏不见，二候天气上升，地气下降，三候闭塞而成冬。也就是说，在小雪的第一个五天，气温已经下降到零度以下，空中飘下来的水分子都凝结成了雪花，彩虹就不会再出现了。第二个五天，因天空中的阳气上升，地下的阴气下降，天地不通、阴阳不交。第三个五天，由于万物失去生机，天地闭塞而转入严寒的冬天。

小┃雪

　　小雪在二十四节气中，是一个气候概念，表示降雪的起始时间，但在平时的天气预报中，则是指降雪的程度。随着冬天的来到，气候变得寒冷，不仅接近地面的水蒸气凝成了霜，就连天空中的雨也时常会变成雪花。而小雪，通常是指下得不大的雪，有时候，小雪中还伴着小雨，嘉兴人叫"雨夹雪"，气象学上称为"湿雪"。明代《群芳谱》中说："小雪气寒而将雪矣，地寒未甚而雪未大也。"这就是说，小雪节气时因天气寒冷，降水形式由雨变为雪，但此时由于"地寒未甚"，降雪量不大，所以称为小雪。雪下得小，地面上又没有积雪，这正是小雪节气期间的气候特征。小雪和雨水、谷雨等节气一样，都是直接反映降水的节气。

　　到了小雪节气，就意味着冬季的降雪拉开序幕。不过，节气上的小雪，一般反映黄河中下游区域的气候情况，与反映天气降雪的小雪并没有必然的联系。在小雪节气期间，北方许多地区已经是大雪纷飞，而地处江南的嘉兴，依然是秋冬交替的气候，根本就见不到雪花的影子。嘉兴人喜欢雪，好多人名字中也带有"雪"，雪珍、雪琴、

145

雪英，还有干脆叫雪花的。也许是冬季下雪的日子不多，嘉兴人一到冬天就盼着下雪。记得有一年，在小雪节气的当天下午四点多钟，天气突然阴冷起来，大家都以为要下雪了，甚至有朋友在微信上发了天空灰暗的照片，配上白居易的诗《问刘十九》："绿蚁新醅酒，红泥小火炉。晚来天欲雪，能饮一杯无？"看着好玩，我随手留言：即便天无雪，也可来一杯。不料，他马上来了电话，邀我到他工作室的楼上喝酒，顺便等待雪花飘落月河。那天晚上一直喝到八九点钟，还是没看到半点雪花。出门后，走在月河的石板路上，倒是飘到了几点零星的小雨。

小雪的三候，都直接描述气候现象。一候虹藏不见，是说小雪节气后，由于气温降低，空中飘下来的水分子都凝结成了雪花，所以就见不到彩虹了。彩虹是通过雨滴反射和折射形成的一种日光照射现象，需要雨水、阳光和温度。在嘉兴，一般在夏天的雨后，才会出现彩虹。二候天气上升，地气下降，说起来要复杂一点。清代的《医学读书记》中说："阳气，天气也；阴气，地气也。"可见，古人所说的阳气，就是指天生之气；阴气，则是指地上之气。也就是说，在小雪节气时，阳气会上升，阴气会下降，因为阴阳两气一降一升，两者之间无法相通，难以达到平衡，于是阴阳失调不通，导致万物没有生机。这也是小雪节气的一个气候特点。三候闭塞而成冬，要与二候联系起来看，阴阳不通，使万物失去了生机，天地闭塞而转入严寒的冬天。

小雪的习俗，就是腌菜。在嘉兴农村，有"小雪腌菜，大雪腌肉"的传统。清代嘉兴美食家顾仲估计是腌菜的爱好者，他在《养小录》中介绍了七种腌菜的方法，从配料、腌制到食用时间和味道，都做了详细的记述。嘉兴人腌的菜，一般是青菜、雪菜和大头菜。

腌菜前，先要将洗净的菜晾在竹竿或晾衣绳上，也有的晾在墙头上，甚至自家屋子的瓦上。在小雪节气时，这也是嘉兴农村的一道风景。腌制后的青菜，嘉兴人称作盐齑菜，城里人特别爱吃，尤其是在吃了大鱼大肉之后，来一盘生的盐齑菜，比吃什么都爽。雪菜，在北方下大雪的时候，它的叶子会变红发紫，所以也叫雪里红。而在江南，即使下大雪，雪菜的叶子也不会冻得发红，于是就改成了"雪里蕻"。清代《广群芳谱》中记载："四明有菜名雪里蕻。雪深，诸菜冻损，此菜独青。"雪菜在嘉兴人的菜谱里，是百搭的，主要用来吊鲜，可以炒鱼、炒鸡、炒肉等，最有名的是雪菜炒冬笋，简称"雪冬"，是旧时年夜饭的必备之菜。嘉兴人经常吃的是大头菜，做法也简单，切成丝，放点糖，用油炒一下，就是最好的过粥菜。过去，嘉兴塘汇乡也出产腌制的大头菜，干而香，老嘉兴人都知道。卖塘汇大头菜的，基本上都集中在东门菜场。这是一个路边的自由菜场，几个头上包着头巾的农村妇女席地而坐，看到来买菜的女人，不分年龄大小，就问："阿妈，大头菜要啦？"城里一些顽皮的孩子，经常会在小弄堂里无端地叫喊："阿妈，大头菜要啦——"塘汇大头菜的名气，有一半是被这些顽皮的孩子叫喊出来的。除了腌菜以外，也有人喜欢从小雪节气这一天开始做酱鸭、酱鱼、酱肉等。因为小雪节气后，气温急剧下降，天气变得干燥，酱东西不容易坏，而且这时离"小年"也不远了，可以边准备年货边开始食用。不过，随着全球气候变暖，现在想要酱鸡鸭鱼肉之类的东西，还是等天气更冷一点比较好。

　　一般来说，在小雪节气期间，嘉兴会正式宣布入冬。入冬之后，早晚温差较大，特别需要注意防寒保暖，尤其要注意背、足的保暖。中医学认为，人的背部是身之表，是督脉循行之处，两旁的足太阳膀胱经贯穿全身，风寒易从背部入侵肌体。所以一旦受寒，就会损伤人体的阳气。从养生角度讲，小雪节气时，要通过保养肾气来抵御寒冷，饮食上可适当吃些温热的东西。除了羊肉以外，嘉兴人喜欢吃的红烧肉、老鸭煲和白斩鸡，也都是这个时节的进补食品。适当进补，可以平衡阴阳，但诸如羊肉、麻辣火锅等热性食物不能经常食用。因为这时的气温一般都在零度左右，室内外温差较大，现在的人又穿得暖和，体内的热气散发不出，容易产生"内火"。进食过多的高热量补品，会导致胃、肺火盛，表现为上呼吸道、扁桃体、口腔黏膜等的炎症。因此，进补的时候尤其要注意是否符合自身的条件，同时还要分清补品的性能和适用范围，再吃些凉性食物，如萝卜、苦瓜、西红柿、芹菜等。另外，多晒晒太阳也是很好的保健良方。阳光对人体的作用很大，常晒太阳能助发人体的阳气，特别是在冬季，在大自然处于"阴盛阳衰"的状态下，阳光能起到壮人阳气、温通经脉的作用。

要提醒的是，在这个季节，由于草木的突然凋零，人们容易多愁善感。清代医学家吴尚先说："七情之病，看花解闷，听曲消愁，有胜于服药者也。"在小雪节气里，要经常参加一些户外活动，走走绿道，听听音乐，以保持良好的精神面貌。

小雪节气时，因为气温太低，在自然的气候条件下，开花的植物已经很少了。月季花和美人蕉虽然还在开放，但它们是花卉中的"三朝元老"，不能算是这个节气所对应的花。能代表这个节气的开花植物，应该是茶梅和寒兰。茶梅是我国的传统名花，早在宋代就已经成为文人墨客的歌颂对象。北宋诗人陶弼称其："浅为玉茗深都胜，大曰山茶小树红，名誉漫多朋援少，年年身在雪霜中。"在我的感觉里，茶梅一点也不像开在小雪节气里的花，它似乎应该挤在春天的大红大绿之间。寒兰是兰花中的一种，和春兰相比，显得过于纤细，花形像鸡爪，且比鸡爪还瘦。其虽然脱俗，却也不见得高雅，所以种的人不多，名气不大。有一年，会展中心办冬季兰花展，其中有一个地方香气很浓，寻去一看，就是这貌不惊人的寒兰。于是有人就说，花虽然不像样，香倒是蛮香的。养花的主人立马纠正：欣赏寒兰要跳出看春兰的框框。寒兰的最大特点是整体修长、匀称、飘逸，花色秀丽多变，凌霜冒寒吐芳，充满生机和神秘色彩。原先说话的也很知趣，忙说：是的是的，我的审美还停留在唐朝……

　　说实在的，小雪节气观花，还不如看看树叶。微信朋友圈里见到的照片，也都是树叶。因为天气寒冷，树叶的颜色就变得非常好看，用五彩缤纷来形容一点也不为过。红色的枫叶，金黄的银杏叶，还有黄得深深浅浅的榉树叶……最好看的，是无患子，整个树冠，满满的，全是金黄透明的。在色彩丰富的树叶中，偶然发现一棵石榴还开着两朵红花，是想和树叶比美，还是周围的暖色使它乱了芳心？

大雪

始于12月6日/7日/8日

　　中国古代将大雪分为三候：一候鹖鴠不鸣，二候虎始交，三候荔挺出。也就是说，在大雪的第一个五天，因为天气寒冷，平时好斗爱叫的鹖鴠，也不再出声了。第二个五天，作为猛兽之王的老虎，感受到天地间已出现阳气的萌动，就有了求偶的行为。第三个五天，一种多年生的兰草类植物，也因感受到阳气的萌动而开始抽出新芽。

大雪

　　大雪是冬季的第三个节气，标志着仲冬时节的正式开始。《月令七十二候集解》中说："大雪，十一月节。大者，盛也。至此而雪盛矣。"其实，这个说法并不正确，容易让人产生误会，以为到了大雪节气，天上就会降下鹅毛大雪。在天气预报中，大雪可以用"大者，盛也"来形容，是表示降雪量的大小。但作为节气的大雪，和小雪节气一样，只是一个气候概念，表示在大雪节气期间的气候特征，也就是气温与降水量。有学者认为，在黄河中下游区域，小雪是初雪来临的季节，大雪则是积雪出现的季节。一般来说，在江南，大雪节气时，天气会变得更冷，降雪的可能性也比小雪节气时要大些。按照往年的天气来看，虽然到了大雪节气，但地处江南的嘉兴，下雪的可能性仍然不大。这不是因为现在气候变暖才出现"大雪不见雪"的状况，其实古代也一样，陆游在他的《大雪》诗中就写过"大雪江南见未曾，今年方始是严凝"。可见，即便在很久以前的南宋，在大雪节气时，江南也很难见到大雪纷飞的情形。

　　俗话说：小雪封地，大雪封河。到了大雪节气，北方很多地区已经是冰天雪地。在古代，人们已经很少出门，除了猎人以外，也不再进行户外劳作。就如宋人陈允平在词中所写："昨夜西风吹过，最好是、睡时节。"不过，在古代的江南，尤其是杭嘉湖一带，情形就大不一样了。在大雪期间，虽然江南也进入了隆冬时节，但远未达到天寒地冻的程度。而大雪到冬至的半个月，是白天最短夜间最长的时候，要想多做点事情，白天的时间就不够了。所以，在大雪节气前后，古代的各种手工作坊纷纷开夜工，俗称"夜作"。北宋诗人梅尧臣在《续永叔归田乐秋冬》之一中写道："织妇夜作露欲冷，社酒已熟人相呼。"手工的纺织业、刺绣业、染坊等往往要做到深夜，于是就有了"夜作饭"和"夜宵"。馒头、包子、馄饨等各种小吃摊也纷纷开设夜市，一直要到五更才结束。"夜作"一词最早见于东汉，班固的《白虎通义·封禅》中云："月或不见，景星常见，可以夜作，有益于人民也。"不知道那时的夜间工作干点什么，也没有吃夜宵的文字记载，估计时间不会太长，所以"夜作饭"直到北宋才出现。

大雪的三候，主要是说天气寒冷，阴气盛极而衰，阳气开始萌动。一候的鹖旦不鸣，是说平时好斗爱叫的鹖旦，到了寒冷的大雪节气，也不再鸣叫了。晋人郭璞认为："鹖旦，夜鸣求旦之鸟。夏月毛盛，冬月裸体，昼夜鸣叫，故名寒号。"寒号虫是一种啮齿类动物，就是那种会飞的"松鼠"。因其生性怕寒冷，冬天日夜不停号叫，所以又叫"寒号鸟"。于是，古代专家就提出了质疑："夜既鸣，何为不鸣耶？"既然寒号虫冬天叫个不停，那么大雪节气时不叫的鹖旦就不是寒号虫了。他们认为，鹖旦是一种属阳的鸟，非常好斗。其实，这就是现在的褐马鸡。古籍《玉篇》记载："鹖，鸟，似雉而大，青色，有毛角，斗死而止。"褐马鸡有点像锦鸡，是我国特有的稀有珍禽，属于国家一级保护动物。褐马鸡性情暴躁，健勇善斗，耳羽成束状向后延长，看上去像头颈之上的一对角，古时常用它来比喻斗士。

二候虎始交，是按照古人的阴阳转换观念来设定的。就是说，在大雪至阴的节气里，作为猛兽之王的老虎，感受到天地间萌动的阳气，开始有求偶的行为。老虎平时喜欢单独活动，每只虎都有自己的领地，只有到了大雪节气之后，雌雄老虎才会生活在一起。在求偶期间，老虎的叫声特别响亮，在没有树叶遮挡的深林里，据说能传两千多米远。宋人小说《太平广记》中，有"虎交而月晕"之说。月晕，就是天上没有云，但月亮却不明亮，有些朦胧。老虎的行为，居然能让月亮发毛，不大可信。不过，这种民间俗称的"毛月亮"，在大雪节气期间，经常能够看到。

大雪的三候是"荔挺出"。荔是什么？当然不是我们平时吃的荔枝。有人猜它是零陵香之类的香草，也有人说它是马齿苋，都没说对。《说文解字》中说："荔，似蒲而小，根可为刷。"这种植物的根系非常发达，古人常用来做刷子。这与《本草纲目》中的一种草药非常相似，叫蠡实，"叶似薤而长厚，三月开紫碧花，五月结实作角子，如麻大而赤色有棱，根细长，通黄色，人取以为刷"。又说"江东颇多，种于阶庭，但呼为旱蒲"。蠡实，属鸢尾科，也叫荔实。这种植物在大雪节气前后会"感阳气萌动而抽新芽"。大雪三候的"荔"，说的应该就是它。

古人认为，大雪是进补的好时节，素有"冬天进补，开春打虎"的说法。冬令进补确实能提高人体的免疫功能，促进新陈代谢，使人体畏寒的现象得到改善。但大雪食补要以补阳为主，不可过于机械，应根据自身阴阳气血的偏盛偏衰，结合食物之性来选择。同时，冬季日照时间缩短，人体往往容易缺乏铁、钙、钠等元素，尤其是老年人。这时候要多吃含铁元素和碘元素的食物，如牛肉、羊肉、黑木耳、大枣等，也要多吃一些橙子、香橼之类的水果。俗话说："大雪补得当，一年不受寒。"其实，冬季最简单的补法是多吃萝卜，萝卜也比较适合老年人食用。羊肉或猪排炖白萝卜，是不少人喜爱的佳肴，既能补充阳气，温暖人的五脏，还可以提高御寒能力。除此之外，在过去，到了大雪节气，嘉兴的老人还会叮嘱自己的家人："早睡迟起防风寒，出门不忘戴围巾。"大雪时节，万物潜藏，起居调养宜早睡晚起，早睡以养阳气，迟起以固阴精。

按照"小雪腌菜，大雪腌肉"的习俗，大雪节气一到，嘉兴家家户户都忙着腌制"咸货"。无论是鸡鸭还是鱼肉，嘉兴人都喜欢用盐和花椒炒制后涂抹其内外，然后放两个小时，等到肉色由鲜转暗，表面有液体渗出时，再浇上一点白酒，放进提前洗好晾干的腌缸内，盖上一层棕叶或干荷叶，用石头压住，就算完工了。等到一个月后，再把肉取出，挂在朝阳的屋檐下晾晒干，差不多就过年了。"准备过年，先肥屋檐"，用传统的腌制方法加工鱼肉制品，也是嘉兴人迎接新年的一份喜气。

大雪节气的时候，开得最显眼的是叶子花，嘉兴人叫三角梅，其实更像杜鹃花。叶子花有多种颜色，白色的和粉色的常常互相客串，远远看去，特别像樱花，而玫瑰红的，虽然娇艳美丽，却没有一点脂粉气。叶子花原产于南美洲的巴西，20世纪中叶引入广东等地，出现在嘉兴不过二十来年。叶子花喜欢温暖湿润和阳光充足的环境，不太耐寒，在嘉兴基本上都是盆栽或温室栽培。

对嘉兴来说，在大雪期间能对应上的开花植物，应该是枇杷。枇杷是嘉兴本地植物，公园、小区和大面积绿化地带都有，开花时并不显眼，要到 6 月份果子开始成熟发黄，才会引人注目，甚至诱人上树采摘。枇杷花呈黄白色，众花成簇，并不十分好看，却有着很好闻的香味。枇杷花也是一种中药花，具有疏风止咳、通鼻窍之功效，可以治疗感冒咳嗽、鼻塞流涕、支气管炎和青年痤疮等。大雪节气前后，正是感冒咳嗽和支气管炎的高发期，枇杷花在这个时候开放，或许也是大自然的安排。

冬至

始于12月21日／22日／23日

中国古代将冬至分为三候：一候蚯蚓结，二候麋角解，三候水泉动。也就是说，在冬至的第一个五天，阳气已经开始生长，但阴气依然十分强盛，传说是阴曲阳伸的蚯蚓，此时在土中仍然蜷缩着身体，不敢轻举妄动。第二个五天，阴极而阳生，因为阴气开始衰退，属于阴性的麋也脱下了麋角。第三个五天，由于阳气初生，泉水或井水中已有热气向上冒出。

冬 ｜ 至

冬至又名"一阳生"，俗称"数九""冬节""亚岁"等，和夏至是二十四节气中最早的两个节气，同时也是中国的传统节日。从字面上看，冬至的"至"，有到达的意思，又有极致的意思。前面加上一个"冬"字，就是冬天刚刚到达，或者已经到了极致状态的意思。如果从气温上来感觉，北方一些地区确已到了冬天的极致状态，而长三角地区则是冬天开始。从天文学上来解释，冬至是太阳运行的转折点，过了这一天，它将走"回头路"，直射点从南回归线向北移动。中国位于北半球，所以，冬至日后白天就会一天比一天长。

冬至后逢壬日时，中国就进入了传统意义上的"数九"寒天。在古代，由于御寒保暖条件较为简陋，寒冬被视为上苍对人类的威胁和惩罚，直接影响了人们的情绪。于是，古人就发明了"数九"的方法，来消遣寒冷而又漫长的冬季。"数九"，就是以每九天为一个单位，过了九个"九"，到了第八十一天，即为"出九"，也就春暖花开了。虽说是进入了"数九"寒天，但南北气温的差别还是比较大的，于是就有了各地不同的"数九歌"。北京的"一九二九不出手，三九四九冰上走"，到了江南就成了"一九二九，相唤弗出手；三九二十七，篱头吹觱篥；四九三十六，夜眠如露宿"。过去，嘉兴北门有一家卖纸张笔墨的小店，在冬至前还会提供一种"九九消寒"的描红纸，有写文字的，也有画梅花的。文字一般是"亭前垂柳珍重待春风"，每个字（繁体）都是九画，九个字加起来正好是八十一画。消寒的人每天用笔描一画，九个字描完，春天就来了。画梅消寒也是如此，共有八十一朵梅花，每天填色一朵，等到一纸梅花全部红了，冬天也就过去了。

冬至的三候，主要是说阴极而阳生。南北朝时期的《三礼义宗》中说："冬至中者，亦有三义：一者阴极之至，二者阳气始至，三者日行南至，故谓之冬至也。"古人认为，蚯蚓是阴曲阳伸的生物，阳气未动，屈首下向，阳气已动，回首上向，而在冬至时，虽然阳气已经生长，但阴气仍然十分强盛，所以土中的蚯蚓还是如打结的绳子一般屈曲着身子。二候麋角解，是说麋和鹿虽然相似，但性质不同。鹿是山里动物，角是朝前生的，属于阳性，麋是水泽之兽，角是往后生的，属于阴性。在夏至时，因阴气生而阳气始衰，属于阳性的鹿角通常会脱落。到了冬至，由于阳气初生，麋感受到阴气的衰落，开始脱角。三候水泉动，是说山里的泉水和地下的井水，因阳气引发而流动。在冬至的第三个五天，水泉因"一阳生"而流动，并冒出热气。

有一种说法，叫"冬至大如年"。由周到秦，以冬至日当作岁首一直不变。至汉代依然如此，《汉书》有云："冬至阳气起，君道长，故贺。"也就是说，人们最初过冬至节是为了庆祝新的一年的到来。在古人看来，从冬至日起，天地间阳气初生，代表着下一个循环的开始。因此官府要举行祝贺仪式，称为"贺冬"，例行放假。《后汉书》中有这样的记载："冬至前后，君子安身静体，百官绝事，不听政，择吉辰而后省事。"到后来改为夏历（农历）时，冬至依然排在二十四节气的首位，称为"亚岁"。而在江南一带，春节期间的民间祭祖习俗，至今还是放在冬至。

嘉兴人过冬至夜，大约是从宋朝开始的，那时候家家都要祭拜祖先，小辈还要穿上新衣到长辈处拜谒，称为"贺节""贺冬"或"拜冬"，一切礼仪都和过大年一样。其实，在更早的时候，对于嘉兴人来说，冬至就是过年。因为在三千年前，泰伯携弟仲雍南奔，建立勾吴国，把周朝的历法也带了过去。周朝所用的历法是太阳历，以冬至夜为岁末，也就是大年三十夜；冬至日为岁首，也就是新年的开始，所以过冬至节就是过年。嘉兴在古时属于吴国，所以奉行周朝的历法。虽然后来历法变更，冬至不再是新年的开始，但"冬至大如年"这种传统的地域文化，仍在嘉兴民间传承了下来。汤圆是冬至的必备食品，"圆"意味着团圆、圆满。古人有诗云："家家捣米做汤圆，知是明朝冬至天。"汤圆又分粉团和粉圆两种，《清嘉录》曰："有馅而大者为粉团，冬至夜祭先品也；无馅而小者为粉圆，冬至朝供神品也。"

冬至的传统习俗，主要是祭祖。一般是在冬至日的晚饭前，家家户户会把祖先像、牌位安放在供桌（长桌）上，摆好香炉、供品等，进行祭祖。有些地方在祭祖的同时，也祭祀天神、土地神，以祈求来年风调雨顺、家和业兴。现在的住房条件显然是不适合在家里烧香祭祖的，所以现在民间祭祖已变成了扫墓，在冬至前后这几天，通往公墓的几条路往往会十分拥堵。

旧时，嘉兴还有冬至动土的习俗。据地方民俗专家说，动土主要是指排粪缸、修石埠、葬骨殖和刮灶脚泥。按照传统的说法，碰粪缸有晦，而石埠坏的地方往往是有人落水之处，动骨殖和刮灶脚泥也都是不吉利的。那么，为何冬至可以"动土"？传说冬至是姜子牙的生日，"姜太公在此，百无禁忌"。其实，应该是冬至时没有蚊蝇，细菌也相对要少，加上又是农闲时期，比较适合干这些事情。

冬至吃"捏冻耳朵"，也就是饺子，是源于河南人的食俗，据说与医圣张仲景有关，与嘉兴没什么关系。嘉兴人冬至的食俗是进补，除了鸡鸭牛羊肉和进补膏方外，以前还有赤豆糯米饭、人参汤、白木耳、核桃仁炖酒等，最普遍的是桂圆烧鸡蛋，也有团圆和圆满的意思。现在生活条件好了，许多人都在减肥，进补也就成了一种形式，往往是亲朋好友聚上一桌，但千万不要暴饮暴食。冬至是一年中阳气最弱的时候，身体消化不了太多的食物，管住自己的嘴巴，才可以避免发生肠胃疾病。

冬至在嘉兴还有一个比较特殊的习俗就是卜晴，也就是民间所说的"邋遢冬至，干净年"或者"干净冬至，邋遢年"，也许是空气污染和气候变化的缘故，现在这种预测好像也不那么准了。

冬至的时候，一些跨季开放的花还在坚持，诸如月季、美人蕉之类，但被霜打后也抬不起头来了。偶尔有几朵迟开的菊花，也显得无精打采。有一年冬至时，我种在阳台上的君子兰倒是红红火火地开了。

君子兰是原产于非洲南部的一种野花，后来传入欧洲和日本。20世纪30年代，日本将此花赠送给溥仪，作为珍贵花卉种植在伪皇宫中。那时候，君子兰在民间没有栽培，能见到它的，都是达官贵人。后来，君子兰从长春等地逐渐向全国普及。到了20世纪80年代初，君子兰一度被炒作成风。据说，在巅峰时刻，端一盆君子兰，不用走完整条街，价格就能上涨三次。曾看过一篇名为《疯狂的君子兰》的文章，说某城市把君子兰命名为市花之后，这个城市的家家户户都以种君子兰为荣，于是投机者就开始炒作，全国跟风。不到半年，一盆珍品君子兰的市价，被炒到十四万元，这在当时可以买好几套房子。明星为君子兰歌唱，画家为君子兰画画，相声大师为君子兰说相声。市场完全失控时，政府不得不进行干预，出台各种措施，紧急叫停炒作。全国各级媒体也纷纷发表时评，没过多久，君子兰的价格就一落千丈，甚至在垃圾堆里也能见到它的身影。

小寒

始于1月5日/6日/7日

中国古代将小寒分为三候：一候雁北乡，二候鹊始巢，三候雉始雊。也就是说，在小寒的第一个五天，阳气开始回升，过冬的大雁在南方觉得有些热了，开始向北迁移，但并不是飞回到北方。第二个五天，虽然天气寒冷，但喜鹊感受到了阳气的萌动，开始筑巢，准备孕育后代。第三个五天，躲藏在山里的野鸡也察觉到阳气的滋长，开始鸣叫求偶。

小 | 寒

　　小寒是反映气温变化的节气。"寒"字初见于商代甲骨文，古字形像一个人垫着、盖着草待在屋子里，外边有冰。古人用一个"寒"字告诉人们，外面已经冰天雪地，太冷了，应该躲在屋子里取暖，别出门了。小是程度，是说天气的寒冷还没有到极点。不过，小寒和大寒到底哪个更冷，这跟小暑和大暑到底哪个更热一样，没有一个标准答案。近百年来的气象资料表明，小寒是一年中气温最低的节气，只有少数年份，大寒的气温比小寒要低。俗话说"冷在三九"，小寒正处在三九前后，其寒冷的程度也就可想而知了。所以，进入小寒就意味着我国大部分地区进入了严寒时期，是一年中最冷的时段。即使在气候比较温和的嘉兴，也有"小寒大寒，冷成冰团"的说法。那么，为什么此时要叫小寒而不叫大寒？因为节气起源于黄河流域，《月令七十二候集解》中说："小寒，十二月节，月初寒尚小，故云。月半则大矣。"也就是说，在制定节气时，黄河流域的大寒要比小寒冷。并且，冬季的小寒正好与夏季的小暑相对应，所以称为小寒。

　　之所以"小寒胜大寒，常见不稀罕"，其实还有个人的感觉因素。尤其是在江南，从冬至到小寒，气温一下子降到了零度以下，人体还来不及适应，也就是老人们常说的"汗毛孔还没收紧"，就会感到特别寒冷。到了大寒节气时，人们的保暖防护措施已经完善，人体也已经适应了寒冷，对于小幅度的气温变化并不会有太大的感觉。

　　小寒节气时，虽然天气寒冷，但古人却发现，此时阳气已经开始上升，于是就找了三种对阴阳较为敏感的鸟，作为小寒的物候：大雁、喜鹊和野鸡。

　　一候的大雁，是大家很熟悉的鸟类，它在迁徙时总是几十只、数百只甚至上千只汇集在一起，互相紧接着列队而飞，古人称为"雁阵"。过去在嘉兴的上空，也常常能看到正在迁徙的大雁，时而"人"字形，时而又换成"一"字形。据说大雁非常重情，在迁徙中，壮年的大雁对老弱者不会弃之不顾，会不断用叫声鼓励同伴飞行。所谓"雁北乡"，从字面上看，是大雁回归北方故乡的意思。但是大雁的故乡并不是中国的北方，而是西伯利亚。小寒节气时，西伯利亚正是天寒地冻之时，既没有食物，也不利于繁殖，假如大雁在这个时候飞回故乡，那么白露时它就用不着南迁了。所以，《月令七十二候集解》中说："二阳之候，雁将避热而回。今则乡北飞之，至立春后皆归矣。禽鸟得气之先，故也。"就是说，此时阳气已动，在南方过冬的大雁觉得热了，开始往北方飞，但并不是飞到了北方，只是离开了南方最热的地方，到立春过后才会飞到北方。

　　二候的喜鹊，是深受中国人喜爱的鸟类，自古以来就是吉祥的象征，无论是玉佩上的雕饰，还是逢年过节时的窗花，都有它的影子。就连诗写得不是太好的乾隆，高兴时也要来一句"喜鹊声喳喳，俗云报喜鸣"。古人认为，喜鹊一年到头，自幼到老，不管在什么样的状态下，都始终保持着一种乐观开朗的声调，积极向上，象征着喜事临头。也正因为如此，从古到今，没有听说过人类伤害喜鹊的事情。所以，喜鹊也似乎特别喜欢人类，哪里有人，哪里就有它们。小寒节气的第二个五天，其实是一年中最冷的时候，喜鹊却冒着严寒开始筑巢了。喜鹊繁殖后代都在惊蛰节气之后，在三四月份，因为喜鹊营巢比较讲究，衔枝，搭梁，盖顶，加上内部装潢，历时总要三个多月。所以，一旦阳气已动，即便再冷，喜鹊也必须开工营巢了。

三候的"雉"，就是我们所说的野鸡，平时生活在植物荫蔽的丘陵地带，冬天寒冷时迁至山脚下，嘉兴比较少见。小时候偶尔听到有人用于骂人，觉得野鸡大约是丑陋无比的鸟类，后来在公园见到，不由大吃一惊，它与想象中的样子截然相反。再后来读到《诗经》中的《雄雉》，才明白古人把野鸡看作"耿介之鸟"，常用以比拟君子的品行，现代人却完全用错了地方，更没有人出来为它平反昭雪。三候雉雊的"雊"，专指雄性野鸡的鸣叫。意思是说，躲藏在山脚下的野鸡察觉到了阳气的滋长，开始出来鸣叫求偶。

跨入小寒节气后，也就走近了年味，商店已经开始出售年画、剪纸、彩灯和鞭炮，陆续为春节做准备。一些文艺团体也会在这个时候，分批组织书画家下基层，为老百姓画画、写春联。大雪节气时腌制的肉类，也可以先尝尝。拐进社区或走过小弄，时常能闻到腊肉烧菜饭的香味。在这样一种接近过年的氛围中，节气的风俗似乎可以忽略不计。

小寒是腊月迎春中的一个节气，一般会撞上"腊八"，所以，吃腊八粥也算是嘉兴人在小寒常年不变的传统习俗。其实，这一习俗来源于佛教，与佛陀成佛的故事有关。据南宋吴自牧的《梦粱录》

记载，农历十二月初八，"寺院谓之腊八。大刹等寺俱设五味粥，名曰'腊八粥'"。因寺院每年都会将腊八粥分发给穷人，大家认为吃了可以得佛陀保佑，这一习俗就逐渐在民间得到了普及。腊八粥的食材各地都不一样，品种繁多。嘉兴人一般用糯米、赤豆、枣子、栗子、花生、白果、莲子、百合等煮成甜粥，也有加入桂圆、蜜饯等同煮的。清代海宁名医王士雄在《随息居饮食谱》中称："粥饭为世间第一补人之物。"李时珍在《本草纲目》中也说粥能"益气、生津、养脾胃、治虚寒"。所以，民间认为，吃腊八粥可以益气养胃，延年益寿。

天气突然变冷时，无论是家人的叮嘱，还是微信中朋友圈的提醒，都是"别忘记添加衣服"，而没有人会说"戴上帽子"。但是，在我小时候，到了冬天，孩子们外出时，家长首先想到的是"戴上帽子"。特别是女孩，个个都会戴上母亲用毛线织成的"风雪帽"，五颜六色的，印象中粉红色好像要多一些。其实，头部的保暖非常重要，冬天在室外戴上帽子，即使是一顶单薄的布帽，其保暖效果也是非常明显的。我的外婆有个形象的比喻，她说，冬天出门不戴帽子，就像烧水不盖壶盖一样，热气都跑光了。当然，还要适当进行户外运动，如走路、慢跑、跳绳、踢毽子等。活动时间以上午为好，晚上不宜过量运动。按照传统的说法，白天为阳，夜晚为阴，白天工作消耗了阳气，晚上就不能再过度消耗自己了。

也许有人以为，小寒节气时，天地早已闭塞成冬，哪里还会有什么植物开花。可是别忘了，小寒时阳气已经萌发，自然就有开花的植物。古人在为春季挑选"二十四番花信风"时，早就把小寒当作了春之前奏。南朝梁宗懔的《荆楚岁时记》中说："始梅花，终楝花，凡二十四番花信风。"从小寒到谷雨，共有八个节气，二十四候，始于梅花，终于楝花。

　　"二十四番花信风"中，第一个开花的，是迎接小寒的梅花。当然，这个"梅花"并不是指红梅，而是蜡梅。其实，蜡梅并非梅类，两者非亲非故。在植物分类学上，蜡梅属蜡梅科，落叶灌木，梅花则是蔷薇科植物。梅花一般要在立春之后才会开放，能在小寒中凌雪吐芳的，唯有蜡梅。据王世懋《学圃杂疏》考证，蜡梅的名称是由苏东坡和黄山谷命名的，说是他俩在一次游玩中，见到此花"香气似梅，类女工捻蜡所成，因谓蜡梅"。蜡梅花开腊月，后来也被叫作腊梅。蜡梅有一点传统文人的气质，开花时能让人感到幽香彻骨，却从不张扬，即便在盛开时，也是垂口半含，显得十分低调。嘉兴最有名的蜡梅，应该是在《瓶山积雪》这首诗中，当年作为嘉兴知府的许瑶光，估计就是在小寒节气期间上了瓶山，看到了斗寒傲雪的蜡梅，于是才落笔写下："试上瓶山莫畏寒，楼台白玉倚栏杆。雪晴海国阳春早，搀入梅花一色看。"

大寒

始于1月20日／21日

　　中国古代将大寒分为三候：一候鸡乳，二候征鸟厉疾，三候水泽腹坚。也就是说，在大寒的第一个五天，由于光照日益增加，鸡提前感知到春天的阳气，开始孵小鸡了。第二个五天，杀气盛极的老鹰持续在空中盘旋，到处寻找食物，以补充身体能量来抵御严寒。第三个五天，水面上的冰已经结到了湖的中央，而且整个冰面变得非常坚固。

大　寒

　　大寒与小寒一样，是表示天气寒冷程度的节气，从字面上看，是寒冷到达了极点。北宋诗人邵雍写过一首《大寒吟》，描述了北宋时大寒的情形："旧雪未及消，新雪又拥户。阶前冻银床，檐头冰钟乳。清日无光辉，烈风正号怒。人口各有舌，言语不能吐。"意思是说，前面下的雪还没有来得及融化，新下的雪又封堵了屋门。石阶上厚厚的白雪像一床银色的被子，屋檐上的冰柱如钟乳石般悬挂着。冬阳没有一点温暖的光辉，寒风却在疯狂地呼啸。人的舌头仿佛被冻住了，天冷得连话都说不出来。这应该是说北方的大寒天气，在江南一带，就算是在北宋，也不至于冷到这种程度。

　　在古代，到了大寒，由于保暖措施跟不上天气的寒冷程度，加上又是农闲时节，人们基本上就不再出门干活了。当然，也有冒寒开工的人。《周礼》记载："凌人掌冰，正岁十有二月，令斩冰，三其凌。"就是说，掌管藏冰的官员，在农历十二月的大寒之时，主持斩冰之事。要窖藏到夏天的冰块，则需要斩三倍的量才够用，其中的三分之二会在冰窖中融化。从周代起，各个王朝都设有专门管理冰政的官吏。冰窖里的冰一般都不直接食用，一是用于室内降温，二是用来冰凉食品。

大寒的三候，主要是说天气极其寒冷，已经到了冬终春及的转折点。

一候鸡乳，是指由于光照日益增加，家养的鸡也提前感知到春天的阳气，开始孵小鸡了。孵小鸡是一件非常有趣的事，小时候看外婆操作过，总共需要二十一天。过去到了冬天，饭烧好后怕冷掉，就捂在一个用稻草编的饭捂屯里，在孵小鸡时，这个草屯就变成了鸡的"产房"。每次孵小鸡，一般是放十二个有色蛋，然后把抱窝的母鸡从鸡棚捉到饭捂屯里，再放到床底下。这样既安静，又比外面要暖和些。母鸡每天出来一次，吃喝拉撒后立马回到窝里，前后也就十来分钟。二十一天后，听到床底下叽叽叽的叫声，小鸡就出壳了。因为天气寒冷，小鸡出壳后，一不留神就会被冻死，所以每次孵小鸡时，我就会问外婆，为什么不在夏天孵？外婆也不知道，只说夏天母鸡不抱窝，人也没有办法。那就是母鸡的原因了，于是才有了大寒的一候鸡乳。也许，这就是强者生存的自然法则。

二候征鸟厉疾，是说北方的鹰隼，在冰天雪地的大寒节气中，由于猎物稀少，会比平时飞得更快，攻击性更强，绝不会放过任何见到的猎物。《礼记·月令》："（季冬之月）征鸟厉疾。"孔颖达疏："征鸟，谓鹰隼之属也。"还有另一种说法是把征鸟说成雁。《吕氏春秋·季冬》："征鸟厉疾。"陈奇猷校释："征当读'出征'之征。征鸟即指雁言。"那么，"征鸟厉疾"只能解释为，大雁在向北迁移途中，为了抵御寒冷，在捕捉鱼虾时变得更加迅速而猛烈。陈奇猷的这个校释，我以为不太靠谱。

三候水泽腹坚，在古代也有多种注解。《礼记·月令》："（季冬之月）冰方盛，水泽腹坚，命取冰。"郑玄注："腹，厚也。"
孙希旦集解："腹，谓水之深处，言其在水之中，若人之腹然，由
上以渐及于下，至是月而水泽之腹皆凝结而坚固。"《逸周书·时
训》："水泽腹坚。"朱右曾校释："腹坚，言冰坚固凸出如腹。"
这些主要是对"腹坚"两字有不同的看法，而对大寒时冰结得很厚
似乎没有异议。

　　大寒时天气虽然很冷，但已接近立春，正所谓冬去春来，在人
们的感觉里，不会像古人解释的"腹坚"那么寒冷。不过也不能太
大意，大寒时的作息时间应该和小寒一样，早睡晚起，避开阴寒之
气，如果要进行户外活动，也要等太阳出来以后。大寒的养，要着
眼于"藏"，古人讲究"春发、夏长、秋收、冬藏"的养生原则，
认为这样才能"春安、夏泰、秋吉、冬祥"。因为大寒与立春相交接，
在饮食上也要顺应季节的变化，进补的食物量要逐渐减少，多添加
具有升散性质的食物，以适应春天万物的升发。另外，有心脑血管
疾病、肺气肿、慢性支气管炎的人，清晨和傍晚时分尽量不要出门。

　　大寒作为全年的最后一个节气，已经进入了岁末期间，有的年
份还会与春节相重合，因此民间有"大寒迎年"的说法。大寒的习
俗也比较多，大多与过年有关。归纳起来，有八大习俗，分别是除
尘、糊窗、祭灶、封井、食糯、蒸供、洗澡、做牙。

　　除尘也叫"除陈"，就是大扫除的意思。平时搞卫生只是扫地
抹桌，此时却要屋内屋外、上上下下全部打扫干净。古代窗户没有
玻璃，都是用纸糊的，一年下来也该换新纸了。有了玻璃之后，就
演变为贴窗花，将红纸剪的吉祥图案，如"年年有余""事事如意"
等，贴在窗户上，图个喜庆和祥和。总之，家里的面貌要焕然一新，
就如俗语所说："家家刷墙，扫除不祥。"除尘之后，便是祭灶，

一般放在腊月二十三、二十四进行。祭灶也叫送灶和接灶。中国人讲究吃，一年到头忙个不停的就是灶，出于人道，也该让灶歇息，供奉一番，然后再叫它继续干活。而人呢，大年三十没到，也可趁早找个借口先吃起来。所以，祭灶的目的是过个小年。祭灶过了，就是封井，把井盖上，再用石头压住。井也是一年忙到头的，也要让它歇息。但封井的实际意义是，因为过年人多事杂，怕一不留神小孩就掉入井内。大人要用水，可以随时启开。

接下来的四个习俗，主要是吃和个人卫生。食糯和蒸供是同时进行的。食糯就是吃用糯米制作的食物，嘉兴人过年喜欢吃年糕、糖糕、松糕、汤圆、糯米圆子等，除了取意"年年高"和"事事圆"之外，糯米的制品也确实好吃。因此，一到大寒节气，家家户户就开始磨米粉做糕点。条件稍好的人家，还会在半个月前用白糖腌制猪油，这时正好用来做猪油桂花糖糕。除夕祭祖用的糕团，此时也要蒸好备用，也就是俗称的"蒸供"。这些都做好了以后，剩下的就是洗澡。"洗浴"与"除尘"有着相同的用意，洗去一年的烦恼和晦气。到了年底，就是再忙的人，也要洗个澡，过去有句俗话，叫作"有钱没钱，洗澡过年"。也许有人会纳闷，洗个澡也是习俗？居住在白墙黑瓦里的那些年代，生活在江南的家庭冬季没有供暖，洗澡是一件非常麻烦的事情，因而许多老人冬天是不洗澡的。即便在 20 世纪 70—80 年代，过年洗澡也还得排半天的队，尤其是女人，排半天的队也不一定能轮到，于是只好托人找关系，赶到很远的女工厂去洗澡。

另外，还有一个遗俗叫"做牙"，也叫"做牙祭"。做牙有"头牙"和"尾牙"之分。头牙在农历二月二日，也就是"龙抬头"，又被称为春耕节，是民间的传统节日。尾牙在腊月十六，差不多就在大寒时，全家人坐一起吃一顿，叫"吃尾牙"。在旧时，对于雇工来说，尾牙不是那么好吃的，因为雇主往往会在餐桌上决定雇工来年的去留。尾牙餐很丰盛，硬菜少不了一只鸡。鸡头朝着谁，就表示准备解雇谁，用不着点穿，大家心里都明白。如果端上来的鸡切去了头，那就皆大欢喜了。

大寒的花信风是：一候瑞香，二候兰花，三候山矾。瑞香花不大，也算不上好看，但因早春开花，且香味好闻而久远，所以深受人们的喜爱。瑞香被誉为"上品花卉"，据说是沾了点佛缘。宋《清异录》记载："庐山瑞香花，始缘一比丘，昼寝磐石上，梦中闻花香酷烈，及觉求得之，因名睡香。四方奇之，谓为花中祥瑞，遂名瑞香。"二候的兰花应该是春兰，也叫国兰，花不大，但幽香清远，叶也纤细，质朴而文静。春兰虽然名气很大，但价格不贵，老百姓特别喜欢。三候的山矾，我不清楚是什么花，只知道柳如是特别喜爱。钱谦益在《玉蕊轩记》中写道："河东君评花，最爱山矾。以为梅花苦寒，兰花伤艳。山矾清而不寒，香而不艳，有淑姬静女之风。蜡梅、茉莉，皆不中作侍婢。"